渡来人と帰化人

田中史生

角川選書
614

渡来人と帰化人　目次

図版作成　村松明夫

プロローグ――渡来人・帰化人・日本人

帰化人・渡来人論争

ご存じの方はよくご存じだと思うが、日本古代社会の実相に迫るオーソドックスな方法に、過去の人々が残した文字資料を分析する方法と、過去の人々が残した遺跡や遺物を分析する方法がある。前者は主に文献史学が、後者は主に考古学が担っている。渡来人は、その両学が大きな関心を寄せる研究テーマの一つである。特に近年は、日韓両国の考古学研究の進展で、列島社会に文化的変容を促した東アジア規模の人の移動が具体的につかめるようになった。その成果が、文字資料の分析にも大きな影響を与えている。文献史学を専門とする私も、渡来人に関するシンポジウムなどでは考古学者とともに登壇する機会が増えた。考古学の情報を踏まえてあらためて文字資料を読み直すと、新しい発見に出会うことも少なくない。

それからもう一つ。これもご存じの方はよくご存じだと思うが、渡来人はかつて帰化人と呼ばれていた。このため、市民講座やシンポジウムで渡来人の話をすると、市民の方々から、なぜ現在は帰化人でなく渡来人の語を使うのか、と尋ねられることがある。帰化人をやめて渡来人の語を用いるべきだという見解は、一九七〇年代に急速に広まった。七〇年代後半以降は渡来人を採用する教科書も徐々に増えていった。だからこうした質問は、ある一定の世代以上の方から出されることが多い。

この手の質問を受けると、隣に考古学者がいても、回答権はこちらにまわってくることが多い。確かに、戦後、帰化人と渡来人のどちらを用いるべきかを盛んに議論したのは、主に文献史学の方であった。けれども私には、その率直な問いに簡単に答えることができない。文献史学の研究者の間では、この論争自体が今も続く難しい問題となっているからである。私自身、帰化人をただ渡来人の語に置き換えるだけでは、古代社会の実相がかえって見えなくなってしまうと思っている。だからといって渡来人よりもむしろ帰化人を使うべきだとも考えていない。両者はそれぞれ異なる意味を持つ歴史用語として、使い分けるべきだと考えている。

ふりかえるに「帰化人・渡来人論争」とでもいうべきこの論争は、帰化人とは何か、渡来人とは何かという、本質的な問いを抱えた議論として起こった。右の問題に、考古学も無関係というわけにはいかない。現在の考古学では渡来人の語を使うことがほとんどだが、それを分析者がどのようなヒトと考えているかによって、遺跡・遺物から読み取る渡来人の痕跡《こんせき》も、私たちに示される過去からのメッセージも変わってくるはずだからである。

またふりかえるにこの論争は、その背後に日本とは何か、日本人とは何かという問いが絶えず意識された論争であった。帰化人も渡来人も、日本と日本人を歴史的に捉えるための有効な歴史素材として注目され、研究され、議論されてきたのである。だから右の問題に、日本人は無関心でいられないのである。

「帰化」と「渡来」の語義

現代の日本では、外国人が国籍を取得し国民となることを「帰化」という。日本の国籍法第四条には次のように記されている。

日本国民でない者（以下「外国人」という。）は、帰化によって、日本の国籍を取得することができる。

つまり現代の「帰化」は、国民があって初めて成り立つ概念である。けれども古代には、右のような近代的な意味の国民が存在しない。古代に生み出された漢字語の「帰化」は、もともと今とは異なる政治的意味を持っていた。国民ではなく、王を中心とした中華思想、王化思想と密接な関係にあったのである。

中国において春秋戦国時代頃から形成される中華思想は、自国の王・民族・文化に優越性を見いだし、これらを中心に世界が成り立っているとする思想である。一方、周辺の民族は文化レベルの低い夷狄《いてき》と蔑《さげす》んだことから、これを華夷《かい》思想ともいう。ここでは、中華の王の支配・教化が直接及ぶ文明世界を「化内《けない》」、その外側の未開世界を「化外《けがい》」と呼んで、国の内と外を分けた。それだけでなく、中華の王の徳を慕って化外の未開な民族（蕃《ばん》夷《い》）が王に服属するとも考えた。聖王の徳化によって、中華の秩序と文化が外へと広がり、文明世界が拡大する。これが王化思想である。こうした考えに基づき、化外から外交使節がやってくると、これを「蕃客《ばんかく》」と呼んだ。化外人が中華の王の民となることを自ら望むと、これを「帰化」と呼んだ。そして王は儒教的精神のもと、哀れみと礼をもってこれらを受け入れ、中華の国は拡大すると考えた。こうした考えを具現化する法制度も整えられた。

このように古代において「帰化」は、明確な政治的価値・思想を帯びた漢字語としてある。そして古代の日本も、この中国の思想、考え方を取り入れた。中国の律令体制をモデルに国を運営した律令国家の時代、それははっきりとした制度としてあらわれる。古代の日本にも、帰化人は今とは異なる意味をもって存在していたのである（図1）。

一方、一般に「渡来」というと、「南蛮渡来」のように、海外からの移動を指すイメージが強い。しかし例えば、奈良時代初期に編纂《へんさん》された『播磨国風土記《はりまのくにふどき》』の揖保郡《いぼぐん》条に、讃《さぬ》岐国《きのくに》の神が播磨国に「度来」（渡来）したという表現がある。四国と本州の間で瀬戸内海を横断しても「渡来」なのである。それどころか『万葉集』には「泊瀬川《はつせがわ》夕渡り来て」（中・一七七五）とあって、川を渡る程度でも「渡来」である。さらに『古事記』応神段に「天之日矛《あめのひぼこ》の持ち渡り来し物」とあるように、モノが移動しても「渡来」である。つまり

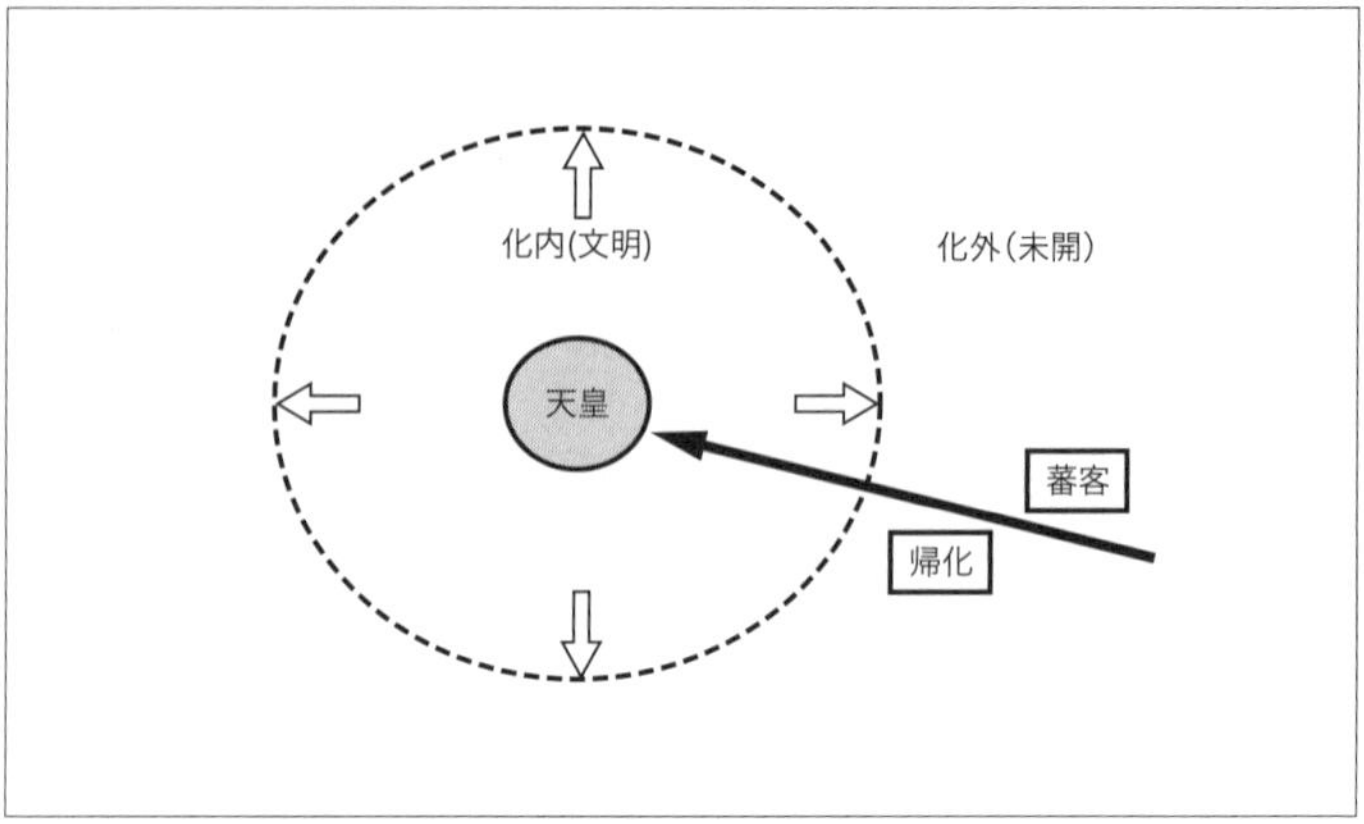

【図1】日本律令国家の中華的世界観と「蕃客」「帰化」

「渡来」は、人やモノが外から渡って来たことを示す一般的な語で、それ自体は「帰化」のような政治的価値・思想を含まない。どこを〈内〉とするかによって様々な意味を持ちうる語でもある。『豊前国《ぶぜんのくに》風土記』逸文に「新羅《しらぎ》の国の神、自ら度《わた》り到り来て」とか、『播磨国風土記』飾磨《しかま》郡《ぐん》条に「韓人《からひと》等始めて来たりし時」などとあるように、「度到来」でも、ただの「来」でもよい。要するに「来」なのである。

そのなかにあって、『古事記』が「新羅人」、「新羅国主の子」、「呉人」などの「参渡来」を記すように、古代の支配者たちが、「新羅」や「呉」を〈外〉、「倭《わ》」「日本」を〈内〉とし、その〈外〉から〈内〉への移動を「渡来」と捉えていたことも事実である。

以上のように古代には、「倭」「日本」にとっての〈外来者〉を「帰化」人とか、「渡来」人とする考え方が確かにあった。だから、古代の帰化人や渡来人について考えることは、その背後にある〈内〉なる「倭」「日本」について考えること、つまりは古代の「倭」「日本」の枠組みについて考えることにもつながる。

「帰化」と「渡来」の違い

ただ、こうして古代の「帰化」や「渡来」の語にこだわってみると、帰化人と渡来人が、似て非なるものであることにも気づく。「帰化」は特定の政治的価値・思想を前提とする概念であるから、単なる移動を意味する「渡来」よりも、様々な前提条件がついている。

まず、古代の帰化人という場合、古代の「倭」「日本」に華夷思想や王化思想と、「帰化」を受け入れる体制があることが前提となる。それがなければ、そもそも「帰化」の概念が成り立たないし、「帰化」を捉える主体も存在し得ない。古代において帰化人は、「倭」「日本」がそうした思想や体制を持った段階で、初めて存在することができる。帰化人は、古代社会にいつもいたわけではない。「帰化人」ではなく「渡来人」を用いるべきだと主張する論者は、この問題を特に意識している。

また「帰化」は、その国への移住者、移民としての意味を包含することがある。中華の王は、王化思想と儒教的な考え方のもとに「帰化」を受け入れると、それを自らの支配秩序に恒久的に編入することを理想としたからである。

ただ、このように言うと、渡来人も同じく移住者のはずだと、意外に思われるかもしれない。確かに教科書や辞書において、古代の渡来人は中国大陸や朝鮮半島から「移住」「定住」した人と説明されている。海外では日本の渡来人研究を移民研究と翻訳して紹介している。

けれども先ほどみたように、「渡来」は単に外から渡ってきたという意味で、この言葉をどうひっくり返しても、「移住」「移民」とイコールで結ぶことはできない。にもかかわらず、渡来人が移住者となったのは、「渡来人」が「帰化人」の代用語として使われ、それが広く受け入れられたからである。実は私たちの渡来人像は、古代の「渡来」にではなく、「帰化」に縛られている。このような縛りは、古代人ではなく現代の私たちが行ったものである。だから「帰化人」を用いるべきだと主張する論者は、「渡来人」を歴史用語としてふさわしくないという。

古代の移住者について考えたいのに、「帰化人」にも「渡来人」にも用語上の問題があるというのならば、いっそのこと「移住民」としてはどうかと思う。実際、そうすべきだという意見もある。「渡来系移住民」とすれば、その意図はよりはっきりとするだろう。あるいは、翻訳語でよく使われる「移民」を用いる方法もあると思う。そうすれば、学際的な議論の道がもっと開けるだろう。

本書のねらい

けれども本書では、古代の「渡来」の語義に基づき、移動者としての「渡来人」に敢《あ》えてこだわってみたいと思っている。

その理由の一つは、古代の「倭」「日本」の国際交流を、〈外来者〉の多様性から捉え直したいと考えるからである。従来、古代日本にとっての〈外来者〉は、外交使節か渡来系移住民に分けられ、前者が外交史、後者が帰化人・渡来人史として論じられてきた。こうした二分論には、律令国家が〈外来者〉を「蕃客」と「帰化」に二分した影響があるだろう。しかし倭国の時代の〈外来者〉を、このように単純に二分することはできない。

例えば教科書は、渡来人の活躍などを記述する箇所で、六世紀に「百済《くだら》から渡来した五経博士」が儒教を伝えたと説明している。このため、五経博士を渡来人だと思う方も少なくないだろう。けれども五経博士は百済から交代で派遣された。渡来人を移住者・定住者に限定すると、厳密には彼らを渡来人から除かねばならない。では、外交交渉のために派遣された外交使節かというと、そうでもない。倭国にとっての〈外来者〉は、「蕃客」か「帰化」かに単純に分けられないのである。けれども渡来人を古代の「倭」「日本」への移動者と定義するならば、渡来人研究は、こうした多様な移動を歴史的に分析するレンジを獲得できる。

そしてまたこうすることで、律令国家における「蕃客」「帰化」の分類がいかに特異な分類なのかも、相対的に捉えることができると考える。本書では、渡来人が移住・定着することはあっても、渡来人＝移住民とは考えない。移動者としての渡来人と、移住者としての渡来系移住民は、概念上、区別しておきたいと思う。そうすることで、「帰化」もある段階で歴史的に成立した「渡来」につらなる一形態であったことを明らかにするつもりである。

また右の観点から、渡来人、渡来文化、渡来系氏族の違いにも留意したいと思う。現在の渡来人研究ではこの三者が混然と議論されがちである。しかし、移動するヒト、移動する文化、その文化を身体化し再生産する氏族は、互いに関連しつつも、それぞれの抱える問題領域が異なっている。だから本書では渡来人を、渡来系氏族を包含する上位概念とはしない。

それからもう一つ、私が渡来人を移住者や移民とせずに移動者とする理由。それは、自戒を込めた、やや複雑な歴史学の問題である。

これまでの帰化人・渡来人研究は、渡来の移住者が古代日本に与えた影響を、その「特殊性」が失われる数世代にわたって観察するというスタンスをとってきた。一方、移動を生み出したアジアの歴史への言及は薄い。

なぜ私たちは、「帰化人」を「渡来人」の語に無理に置き換えてまで、「日本」への「同化」を暗黙の前提とする人々を探し求めてきたのか。私はここに、帰化人・渡来人を日本国民史の枠組みだけで捉えようとする、近代国民国家の視点が無自覚的に持ち込まれてはいないだろうかとの疑念を持っている。

現在の歴史学は、教科書で描かれるような国民史が、近代ナショナリズムを強化する目的で生み出され、編まれてきたことをよく知っている。そこからの脱却を目指す今の日本史研究には、現代「日本」の原像や国民のルーツを探し求めるだけでなく、現代「日本」の金縛りから抜け出す視点と研究方法が求められている。もちろん渡来人研究も、こうした問題意識と課題にきちんと応《こた》えていかねばならない。本書が渡来人を、教科書的な説明から一旦《いったん》離れ、古代の「渡来」の概念に基づいて捉え直そうとするのは、ここに近代「日本」の枠組みを無前提に持ち込みたくないからである。しかも移動には始点と終点がある。渡来人を移動者と捉え直せば、終点となる「倭」「日本」からだけでなく、始点となる渡来人の出身地域や国際環境からも、「渡来」の背景を多面的に捉えなければならない。観察の軸足を移動の始点・終点の双方に置くことになれば、両点の関係性、つまりは「日本史」と「世界史」の分かちがたいつながりと、そのなかで浮沈する古代の「倭」「日本」を、相対的にのぞき見ることができるようになる。

以上のねらいのもと、本書ではまず、近・現代の日本が古代の帰化人・渡来人をどのように捉えてきたかを概観する。私たちの〝近代の眼〟を少しだけ相対化した上で、未《いま》だ決着をみない帰化人・渡来人論争のなかに、本書の課題を見いだしたいのである。その上で、国際社会の動きと列島社会の動きの関連性に注目し、渡来人、帰化人の実態や変遷を追っていく。こうした手続きによって、今日的課題を捉えた古代の渡来人史を描いてみたいと思う。

Ⅰ「帰化人」か「渡来人」か

1　近代の日本と古代の帰化人

内地雑居論争

かつて一般的に用いられた帰化人の語は、『日本書紀』（以下『書紀』と略す）などの古代史料が、中国大陸や朝鮮半島から日本に「帰化」する人々があったと伝えることに基づいている。近代の日本は早くから、「日本」や「日本人」について論じるに際し、この古代の帰化人に注目してきた。

例えば、明治時代にはこのようなことがあった。明治政府は、欧米列強との間で幕末期に結ばれた不平等条約の改正を重要課題とした。一方、幕末以来、外国人には居留地が定められ、活動できる範囲にも制限が設けられていた。このため、条約改正と引き換えに居留地制度を廃止し、外国人にも内地の居住や旅行、経済活動などを認める案（内地雑居）が浮上する。ところがこれに反対する声が高まり、内地雑居をめぐる論争が巻き起こった。この論争において、古代の帰化人がクローズアップされたのである。

この時、内地雑居に強く反対した一人に哲学者の井上哲次郎《いのうえてつじろう》がいる。彼は一八八九年の『内地雑居論』で、「日本人が進歩して、強大の国民となり、世界に横行し、海外に移住し

【図2】横浜の外国人居留地(国際日本文化研究センター所蔵)

得べき様な変化」は「容易に希望すべからざる事なり」と述べている。だからこそ日本人は「微小なる日本国のみを以て、其生活すべき区域とすべき」ところ、内地雑居を認めれば、「優等人種」である欧米列強が「我れより優等なる知識を適用し」、日本人を駆逐し支配するだろうと、欧米列強への警戒心をあらわにした。

　これに対し、内地雑居推進を唱えた代表的な論者の一人に経済学者の田《た》口《ぐち》卯《う》吉《きち》がいる。彼は、一八九三年の『居留地制度ト内地雑居』のなかで、「我《わが》日本人種の宜《よろし》く執るべき策は進取的に我同族を世界に蔓延せしむるにあり」と、井上と逆の日本の将来像を訴えつつ、次のように反論する。

　我邦《わがくに》古代にありては秦漢の人は帰化し紡織文芸を伝え、韓人は帰化して建築、彫刻、絵画等の技を伝え、終に能《よ》く我奈良朝及び平安朝の文化を発育せり。若《も》し此事《このこと》なかりせば我邦は今なお依然たる蒙昧《もうまい》の邦ならんのみ。当今非内地雑居論を主張するものの多くは此際我邦に帰化し内地に雑居したるものの子孫なり。何ぞ自ら其姓氏の源を尋ね、其祖先の日本国を利したることを思い、以て当今に処するの策を講ぜざるや。

要するに田口は、かつての古代日本は高度な文明を持つ帰化人を受け入れて発展したと説き、日本人である内地雑居反対論者の多くも帰化人の子孫だと主張して、欧米列強への警戒心には歴史的根拠が無いとしたのである。

韓国併合と古代の帰化人

結局、条約は改正され、一八九九年には内地雑居も実施されて、論争自体は終結する。しかし古代の帰化人に着目した日本人論は、一九一〇年の日本による韓国併合後、帝国の植民地支配を正当化する論理へと取り込まれていく。

併合条約は一九一〇年八月二九日に公布施行された。その翌三〇日、読売新聞は併合を「必然の運命」とする大隈重信《おおくましげのぶ》の談話を掲載している。大隈は、不平等条約の改正交渉において外務大臣として臨み、総理大臣も経験したが、この時は政界を退き、早稲田大学の総長としてあった。翌三一日、今度は東京朝日新聞が大隈の談話を載せる。そこにおいて大隈は、次のように述べている。

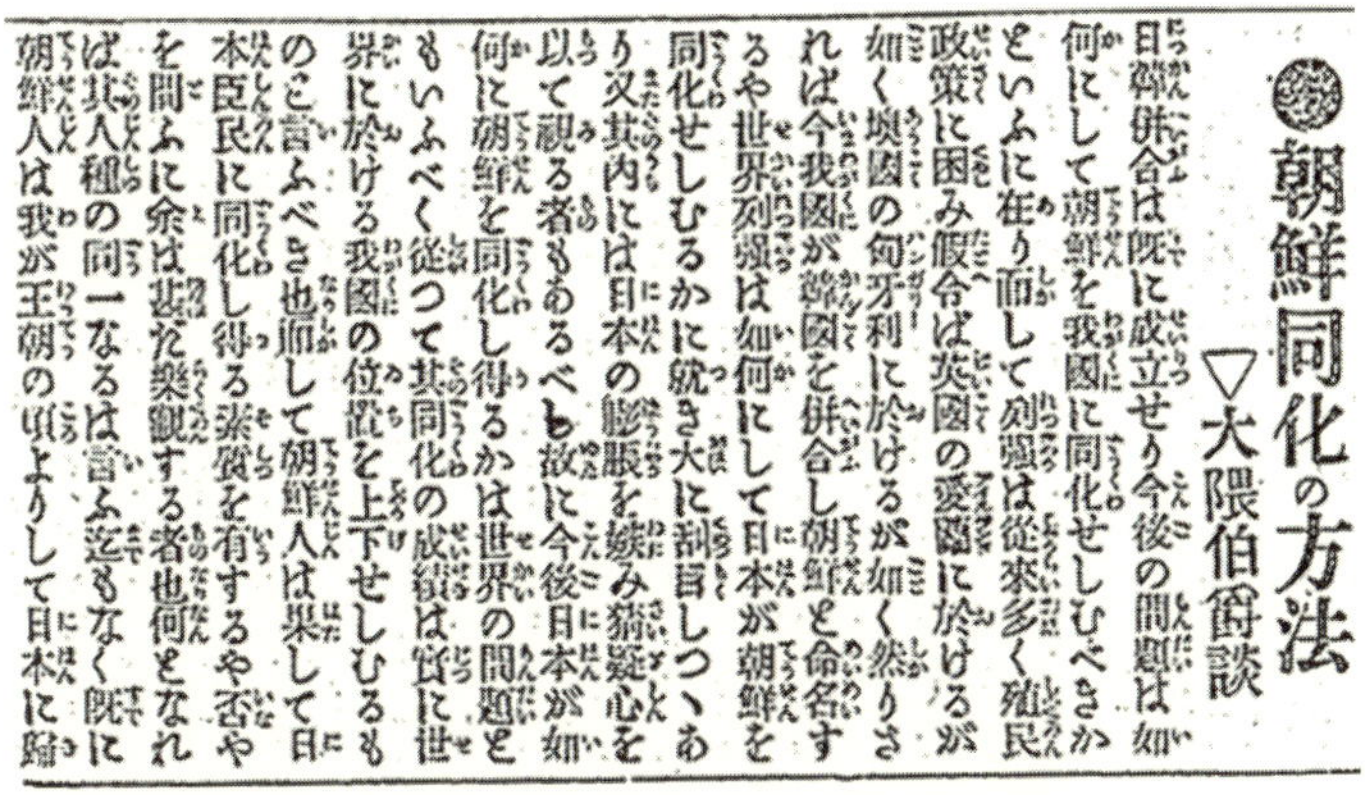

朝鮮同化の方法
▽大隈伯爵談

日韓併合は既に成立せり今後の問題は如何にして朝鮮を我國に同化せしむべきかといふに在り而して列強は從來多く殖民政策に困み假令ば英國の愛蘭に於けるが如く墺國の匈牙利に於けるが如く然りされば今我國が韓國を併合し朝鮮と命名するや世界列強は如何にして日本が朝鮮を同化せしむるかに就き大に刮目しつゝあり又其内には日本の膨脹を嫉み猜疑心を以て視る者もあるべし故に今後日本が如何に朝鮮を同化し得るかは世界の問題ともいふべく從つて其同化の成績は實に世界に於ける我國の位置を上下せしむるものと言ふべき也而して朝鮮人は果して日本臣民に同化し得る素質を有するや否やを問ふに余は甚だ樂觀する者也何となれば其人種の同一なるは言ふ迄もなく既に朝鮮人は我が王朝の頃よりして日本に歸

【図3】東京朝日新聞に掲載された大隈重信の談話（1910年8月31日）

而《しか》して朝鮮人は果して日本臣民に同化し得る素質を有するや否やを問ふに、余は甚だ楽観する者也。何となれば其人種の同一なるは言ふ迄《まで》もなく、既に朝鮮人は我が王朝の頃よりして日本に帰化し、而して其朝鮮人たりしや否やの痕跡を留めざる迄に同化し居《を》れる事実あり。又其宗教、文字等も其根元を我国と同《おな》じうすれば同化せしむるに十分なる素質を有する者と言はざるを得ず。

つまり、朝鮮人は日本人と人種や文化が同根で、古代の帰化人が今や「朝鮮人たりしや否やの痕跡を留めざる迄に同化」しているのだから、日本臣民に容易に同化できるはずだというのである。

併合条約公布の二日前の二七日、東京日日新聞に掲載された歴史学者の喜《き》田《た》貞吉《さだきち》の談話も興味深い。ここで喜田は、古代の帰化人の歴史にも触れながら、「是等同化の歴史を研究して将来韓人の上に臨むは、為政者に取り尤《もっと》も必要なりと信ず」と語り、併合政策成功のためには、古代の帰化人らが「同化」した歴史の研究が必要だと説いている。また同年一一月発行の『韓国の併合と国史』で喜田は、古代史料を繙《ひもと》きつつ、かつて倭国が朝鮮を支配していたこと、「扶余人たる高句麗人・百済人が、多く我が国に帰化し、少なからぬ血統を大和《やまと》民族中に止めて居《い》ること」、さらには桓《かん》武《む》天皇の生母も百済系であることなどを述べて、「大和民族が朝鮮人と其の根本に於て区別なきものなりとの結論に到達し得べし」と断じている。そして「韓国は実に貧弱なる分家で、我が国は実に富強なる本家」とし、「韓国併合は実に日韓の関係が太古の状態に復帰した」と評価する。桓武天皇の生母が百済系であることは、かつて田口卯吉も『居留地制度ト内地雑居』において、「混同融和」の「著しき」例としてあげていた。

こうした論調は、当時の政治家や学者の大勢の認識に沿ったものといってよい〔小熊英二・一九九五〕。それはメディアも同様であった。一九一七年六月一二日の東京日日新聞の社説は、「日鮮両土は一にして二ならず」なのだから、同化の語すら意味をなさないとする。そして、韓国併合を一般的な母国と植民地との関係として捉《とら》えるべきではなく、「地理・人種等の自然的約束を以てする結合」だと主張している。さらに一九二〇年四月二八日の社説は、その日行われる朝鮮李王家《りおうけ》の李垠《イウン》と日本皇族の梨本宮方子《なしもとのみやまさこ》の婚儀を取り上げ、「其祖先を同じくして居《い》るといってもよい日鮮人の結婚は寧《むし》ろ当然」とし、「併合後更に必要なものは、日鮮人の完全な一致である」と述べている。

このように当時の日本の言論は、日・鮮の祖先は同じとする「日鮮同祖論」、あるいはそれに類する論を掲げて、併合に内在する民族抑圧や侵略の印象を薄めようとしていた。古代の帰化人は、そこに歴史的根拠を与えていたのである。

帰化人論再び

一九四五年八月、膨大な犠牲者を出した第二次世界大戦は、日本の敗北とともに終結した。敗戦にともない日本の植民地支配も終わり、アジアに膨張した「皇国」―「臣民」の世界は崩壊する。

一九五〇年代になると、日本の歴史学界では帝国主義への批判と反省のもと、「日本」の歴史的、民族的固有性を強調する論調が支配的となる。その傾向は、戦後歴史学の主流をなし、階級闘争史観を持つマルクス主義史学において顕著であった。民族を、帝国主義的な支配階級に対する闘争の主体、歴史の主体と位置づけ、「日本民族」の固有の歴史を掘り起こすことで、「国民の民族的自覚と愛国心」を再構築しようとしたのである〔田中史生・二〇〇二〕。一九五〇年代前半は、「歴史学を国民のものに」のスローガンのもと、民族主義的色彩を帯びた「国民的歴史学運動」も盛り上がりをみせる〔小熊英二・二〇〇二〕。

こうしたなかで、関晃《せきあきら》の『帰化人』が一九五六年に出版された。この本は一般向けのス

【図4】関晃『帰化人』（至文堂、1956年）

タイルをとりながら、実証に基づく研究書として充実した中身を持ち、戦後の帰化人・渡来人研究の出発点となった書籍といっても過言ではない。ただ、ここで展開された帰化人論には、かつての「日鮮同祖論」と似た部分があることは留意が必要だろう。

関はその「序論」で、帰化人のもたらした文化が日本の新しい時代の主人公となったことを簡単に述べた後、八一五年（弘仁《こうにん》六）の『新撰姓氏録《しんせんしょうじろく》』（以下『姓氏録』と略す）を紹介している。この書物は、平安初期に京・畿内《きない》に居住していた氏族の系譜について収録したものだが、氏族の分類の一つとして、中国大陸や朝鮮半島をルーツとする「諸蕃《しょばん》」が掲げられている。関はここにおいて「諸蕃」氏族が全体の三〇％を占めることに着目し、「われわれは、誰でも古代の帰化人たちの血を一〇％や二〇％は受けている」と述べて、次のように記している。

> われわれの祖先が帰化人を同化したというような言い方がよく行われるけれども、そうではなくて、帰化人はわれわれの祖先なのである。彼らのした仕事は、日本人のためにした仕事ではなくて、日本人がしたことなのである。

もうお気づきであろうが、このような論の立て方だと、先にみた田口卯吉の議論や東京日日新聞の社説との差が見いだしにくい。ただ、戦前を「国粋主義の独善的な史観」と批判する関に、日本の植民地支配を擁護する意図はない。関は「序論」でこのようにも言う。

帰化人という場合には、はじめに渡来したその人だけでなくその数代のちの子孫までを含める。それはやはり帰化人としての特殊性が、そのくらいの世代の間は失われないで残っており、その特殊性にこそ歴史的な意味が認められるからである。《中略》帰化人がその特殊性を失ってゆくのが、大たい平安時代の初期なのである。

つまり関にとって帰化人研究は、彼らの血と文化が「特殊性」を失い、日本の基層部に取り込まれるまでの歴史を明らかにするものとしてあった。その「特殊性」は数代のちの子孫までは失われないという。また関は、九世紀にかかる頃、つまり平安時代の初頭頃を「帰化人の歴史の終末期」と位置づけている。この時代で「大陸で形成された古代文化」をひたすら吸収する時代が一段落し、「大陸文化の導入者あるいは担当者」としての帰化人の「特殊性」が低下したと考えたからである。しかも中国史・朝鮮史に触れるところはほとんどなく、そこから中国・朝鮮の歴史的展開は切り離されていた。その意味で関の帰化人論は、あくまで戦後「日本」の空間的枠組みを前提に、そのルーツを探ろうとするものである。

それでも関には、かつての「日鮮同祖論」と親和的な立論を行ってまで、帰化人を「われわれの祖先」と言うことが、極めて重要な意味を持っていた。そのことは、本の「はしがき」を次のような文章でいきなり書き始めていることからも、はっきりとしている。

古代の帰化人は、われわれの祖先だということ、日本の古代社会を形成したのは主に彼ら帰化人の力だったということ、この二つの事実が、とくに本書ではっきりさせたかったことである。

右の文章が、日本の歴史的、民族的固有性を強調する当時のマルクス主義史学に向けられていたことは間違いない。なぜならば、これに続けて、「最近では、史料批判の上に立って彼らの活動をできるだけ跡づけることを省略し、理論などによって直ちに古代社会の形成を考えることが多くなった」と嘆き、帰化人研究の必要を感じて筆をとったと述べているからである。関は、理論先行の歴史学界に対し、実証研究で、ハイブリッドな「日本」にもっと目を向けるよう注意を喚起したかったのである。

こうして関のやや「古い」衣装をまとった問題提起が、戦後の古代史研究のなかでは「ラディカル」と評されることにもなっていく〔田中史生・二〇〇二〕。また、本書を契機に帰化人の実証研究が進み、彼らが日本古代社会のなかで大きな役割を果したこともよく知られるようになっていく。

2　帰化人・渡来人論争へ

「渡来人」の登場

一九五〇年代後半になると、民族主義的な「国民的歴史学運動」は方法論的、組織的な問題を抱えてすっかり影をひそめる。一方、日本を取り巻く国際環境の変化は安保闘争へと発展し、研究者の関心は日本と世界の関係性へと向き始めた。こうして六〇年代に入ると、今度は日本史を東アジア史とのつながりで捉えようとする古代史研究が主流となっていく。

一九六五年、こうした動きと連動するかのように、新たな帰化人論が提起された。上田《うえだ》正昭《まさあき》の『帰化人』である。

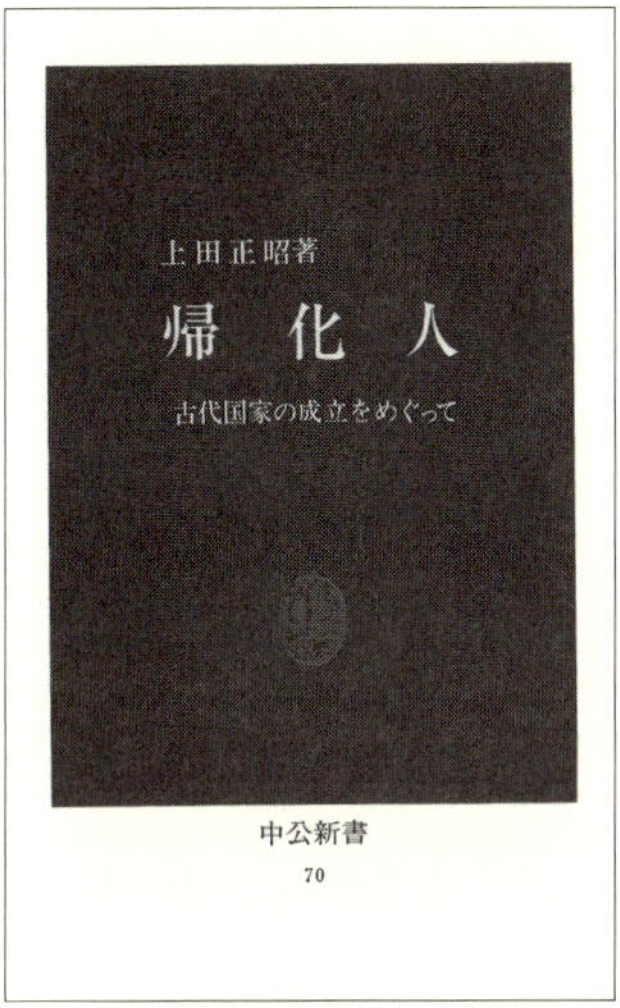

【図5】上田正昭『帰化人』(中公新書、1965年)

この本も新書という一般書のスタイルをとりながら、史料に基づく具体的・実証的な記述が充実している。しかし関の『帰化人』と異なるのは、関の段階で言及の少なかった帰化人を生み出す史的背景、すなわち当時の東アジアの動向に、一定の留意が払われた点である。列島への数度の「渡来の波」も、こうした視点で整理されている。

さらに、「古代の支配者層がいだいていた蕃国の観念」への批判的眼差《まなざ》しが、帰化人の語に向けられたことも重要である。「帰化」という漢字語は、前述のように、化外《けがい》にある未開の周辺諸民族が中華の王の徳に感化され、王を慕って自ら帰服を願い出る行為を指す。上田は、帰化人の語がまずはこうした政治思想を媒介とする支配者側の観念としてのものであること、その観念は律令体制の確立とともに熟したことを指摘し、史料に「帰化」と記されているからといって、これに無批判であってはならないとした。そして、『古事記』や『風土記』が「帰化」ではなく「渡来」「度来」を用いることに着目し、「渡来」こそが「帰化」観念成立以前の「より素朴なもとの形に近い用字」とみなしたのである。

上田は「帰化人」をタイトルに冠したこの本で、「帰化人」「帰化系」を律令国家とかかわり活躍した者に限定的に使用しつつ、それ以外はほとんど「渡来」「渡来人」を用いている。ここでの渡来人とは、「わが国土に土着した外来の人々」という意味である。

右の上田の指摘は、帰化人という用語そのものの見直しへとつながる問題提起となった。奈良時代に成立した『書紀』が、編纂《へんさん》当時の支配層の認識で史実を改変・創造していることはよく知られている。このため、『書紀』に「帰化」と記されている人々が本当に自らの意思でやってきた者なのかという疑念は、上田以前から出されていた。その疑念が、上田の『帰化人』によってさらに大きくふくらみ、「帰化」成立の前提となる政治思想はそもそも古墳時代以前に大きく遡《さかのぼ》らないといった指摘や、帰化人史観は戦前の皇国史観と結びついているといった批判が噴出したのである。こうして、七〇年代には最初に述べたように、帰化人ではなく渡来人の語を用いるべきだとする見解が広がった。歴史用語としての「帰化人」は、歴史用語としての「渡来人」へと置き換えられていったのである。

もう一つの渡来人論

しかし、当時の渡来人論には、上田のように渡来人を「わが国に土着した外来の人々」とか、教科書のように帰化人の代用語などとみるだけでは済まされない、「日本史」という枠組み自体を疑うものがあった。在日コリアンの作家、金達寿《キムダルス》の渡来人論である。

当時、古代・中世史研究を牽引《けんいん》していた石母田正《いしもだしょう》は、一九七三年の『日本古代国家論』（岩波書店）の「はしがき」で、旧稿を収める際に「金達寿氏等の提言にしたがって、「帰化人」を「渡来人」に改めた」と記している。この頃すでに、金の渡来人論は歴史学界でも無視し得ないものとなっていた。けれども金の理解に基づけば、文字を「帰化人」から「渡来人」と改めただけでは不十分だったろう。五〇年代に「国民的歴史学運動」を主導した石母田は、その後、日本一国史の枠組みを前提に、日本（倭国）の内政と対外関係とが密接に結びついた国家形成史を描き出し、注目をあびていた。けれども金は、そもそも七世紀以前は「日本」の枠組み自体が存在せず、渡来人が列島に移住したことによって広がる同一人種の朝日関係史だけが存在すると考えていたのである。

このように、日本人のなかに渡来人を内在させる金の議論は、日本・日本人に帰化人を内在させる関の議論と似ている。けれども関が、大陸的「特殊性」を持つ帰化人と、在来の列島住民とをひとまず区別し、列島における両者の融合・結合に日本の原像を見いだしたのに対し、金は、古代史を民族形成以前の「朝日関係史」として構想し、「日」「朝」の間の境界・区別そのものを認めないのである。

ならば金は関以上に、「同一人種」の韓国併合を讃《たた》えた「日鮮同祖論」に接近している。実際、金は渡来のプロセスを説明する際、併合を正当化したあの喜田貞吉を引用したりしている〔金達寿・一九八五〕。しかし金の議論は、日本を本家、韓国を分家と呼んだ喜田とはベクトルが逆を向く。金は『日本の中の朝鮮文化』（講談社）でこう述べている。

朝鮮からの「帰化人」といわれる者たちがのこしたもののほかに、「日本の文化遺跡」はどこにあるのか。

つまり金は、七世紀以前の列島の住人の大多数を朝鮮半島からの移住者とみていた。日本が渡来人によってつくられたものならば、同じ「日鮮同祖論」であっても、かつてのような日本中心の史観は覆される。

金のこうした立論の背景には、一九四八年から江上波夫《えがみなみお》が提唱していた騎馬民族征服王朝説や、一九六四年に『歴史評論』五・八・九号で全訳された、朝鮮民主主義人民共和国

（北朝鮮）の研究者金錫亨《キムソクヒョン》の分国論が影響していよう。騎馬民族征服王朝説は、東北アジア系の騎馬民族が四・五世紀頃に朝鮮半島を南下し日本列島に侵入して、新たな社会と文化で倭人を支配したとするものである。戦前の「万世一系」史観を否定するものとして、発表当初から大きな反響を呼んでいた。分国論は、朝鮮半島諸国が日本列島内に分国を設置して支配・経営を行っていたとするものである。これが、戦前からの古代日朝関係の「定説」を逆転させたものとして、古代史研究者に少なからぬインパクトを与えていた。金はこうした説の影響も受けながら、帰化人の語でイメージされる中心としての「日本」、周縁としての「朝鮮」を、「渡来人」の語によって相対化しようとしたといえるだろう。

「渡来人」批判論

しかしその後、騎馬民族征服王朝説や分国論は、学史的意義が認められつつも、文献史学・考古学の実証研究によってそれが成り立つ余地はほとんどなくなっていく。列島古代の遺跡や住人のほとんどを渡来人とみる金の歴史像も、渡来人以前の列島を限りなく真空とみなしていて、今の研究のレベルからみてやはり成り立ちがたい。こうして現在の渡来人は、一般に、帰化人から置き換えられた語として流通している。

ところがこの動きに、関晃は一貫して反対の立場をとった。関は、一九八四年の吉川弘文館『国史大辞典』第四巻で「帰化人」の項を執筆し、次のように述べる。

最近では「帰化人」の語が中国で本来もっていた中華思想的な発想を嫌って、「渡来人」という新語を用いることも行われているが、日本に住みついて日本人の一部となった者という意味が含まれなくなるので、あまり適切な語とはいえない。

ここには、関のいう「帰化人」が、古代の政治的意味から離れ、「日本に住みついて日本人の一部となった者」としてのものであったことが、はっきりと示されていよう。関が「帰化人」に渡来後数世代を含めたのも、その意図があったからである。「国民的歴史学運動」とは別の国民史を描こうとした関の「帰化人」には、国民国家の存在を前提に成り立つ近代的な「帰化」の意味が込められていたことになる。

関に続き戦後の帰化人研究を実証的に進展させた平野邦雄《ひらのくにお》も、同じく帰化人の渡来人への書き換えには強く反対した。けれども関と異なり、その議論を、あくまで古代史料に即した実証的な議論として展開している。

平野が注目したのは、『書紀』が、「帰化」を他の移動形態と区別していたとみられる点である。『書紀』が記す「帰化」「来帰」「投化」「化来」は、「オノズカラマウク」とよまれ、自らの意志に従って参り来たという明確な意味を持つ。一方、これとは別に、「貢」「献」「上送」「遣」と記され、「タテマツル」「オクル」とよまれる移動形態がある。これは朝鮮諸国の王が、倭王に対して技能者などを贈与した場合に用いられる。『書紀』のこの一貫した使い分けに、当時の実態がある程度反映されていると考えたのである。さらに平野は、『書紀』や『姓氏録』が、「帰化」した者を王権が「安置」したと伝えることにも着目し、これらも氏族の古い伝承に基づくものとみなした。こうしたことから、古代日本において「帰化」とは、「みずからの、または同族や集団の意志・勧誘によって渡来したもの」で、これには王権が政治的・法的な手続きを経て自らの基盤に「安置」＝居住させる行為がともなったとし、こうしたことが少なくとも四世紀末には行われていたとした。そして、「帰化」はこのようにある一定の歴史的意味を持つ語なのだから、それを物理的な移動しか示さない「渡来人」で言い換えることは不適切だと訴えたのである。

以上の、古代の「帰化」概念に基づく平野の「渡来人」批判は、古代と近代がないまぜとなった歴史用語の議論に対し、古代史料に軸足をおいた概念を与えようとしただけでなく、「渡来」が物理的移動しか示さないといった「渡来人」の用語の本質も突いた、重要な論点を提示している。

ゆれ動く「帰化人」と「渡来人」

平野の「渡来人」批判は、現在にいたるまで、特に文献史学を中心に重く受け止められている。平野の研究を受けた古代史研究が、「渡来人」と「帰化人」の間でゆれ動く現状は、岩波講座シリーズの日本史の叢書《そうしょ》にもよくあらわれている。

一九九四年の『岩波講座 日本通史』第三巻は、和田萃《わだあつむ》「渡来人と日本文化」が収載されている。そこでは平野の「渡来人」批判が紹介された上で、次のように述べられている。厳密に言えば、渡来という用語には、やや曖昧さが残っている。しかし帰化・来帰・投化・化来の用語は、『日本書紀』編者らの国家意識の反映であり、その国家の成立期をめぐってはさまざまな議論がある。また帰化・同化の用語は、近現代において不当な差別的意味あいをこめて用いられた事実もある。こうした経緯をふまえて、本稿では渡来あるいは渡来人の用語を用いて記述する。

つまり、平野の指摘する「渡来」の語の問題点を認識しつつも、『書紀』の「帰化」の語の信頼性や問題点を踏まえて「渡来人」を採用したというのである。

ところが、二〇一四年の『岩波講座　日本歴史』第二巻では、前回講座の和田の論考に対応する丸山《まるやま》裕美子《ゆみこ》の論考を「帰化人と古代国家・文化の形成」とし、教科書的な流れと逆に、「渡来人」を「帰化人」とあらためている。丸山によれば、「帰化人」はタイトルとして与えられたものらしく、本講座の編集方針がもともとそうなっていたようだ。けれどもこの論考において丸山自身、移動しか意味しない渡来人ではなく、古代において一定の意味を持つ帰化人を積極的に用いるべきだと主張する。『書紀』の「帰化」は「安置」（定住）と対応し、「献」や「貢」とも別概念であって、その「実態」は「自らの意志で渡来したもの」であると、平野説をほぼ踏襲するのである。その上で、帰化人を次のように定義する。

自らの意志で渡来し定住した人々を中心とし、結果的に定住した人々も含め、王権あるいは国家がこれを受け入れた人や集団とその子孫に対して使用し、倭国の時代まで遡らせて用いる。

しかし、平野説を根拠とする丸山の帰化人には、「結果的に定住した人々も含め」という一文で、平野説とは異質の定義が与えられている。「献」や「貢」であっても、「結果的」な定住者は帰化人に含まれるからである。この一文は、王権・国家の受け入れた渡来の定住者を帰化人と総称するに等しい。

繰り返すが、平野は、物理的移動しか意味しない「渡来」に対し、「帰化」は『書紀』においても「貢」「献」と区別される一定の意味・様態を持っていたとして、倭国時代の「帰化」を認めた。このために「渡来人」を支持する研究者からは、「帰化」が「貢」「献」などと区別されるのであれば、結局「帰化人」も「古代に朝鮮や中国から移住した人びとを総称する用語としては適切でない」との反駁《はんばく》を受けた〔加藤謙吉・一九八六〕。平野説では、倭王権の受け入れた渡来の定住者を「帰化人」で総称することなどできないはずである。しかも、「その子孫」も帰化人に含めるとなると、それは、平野説を根拠とした帰化人というよりむしろ、関の言う「日本に住みついて日本人の一部となった者」としての帰化人ということになろう。

3　帰化人は遡れるか

『書紀』の「帰化」は信頼できるか

以上にみたように、平野説以降の帰化人・渡来人論争は、「帰化」を倭国の時代に遡って認めうるかどうかが主要な論点となっている。その問いはつまるところ、『書紀』の「帰化」の信憑性《しんぴようせい》をめぐる問いである。『書紀』の「帰化」は後世の潤色なのか、それとも倭国時代の実態なのか。

結論からいえば、『書紀』の「帰化」は編纂当時の潤色を大きく受けた表現とみるのが妥当だろう。上田が『書紀』の「帰化」よりも、『古事記』『風土記』の「渡来」こそが「より素朴なもとの形に近い用字」と指摘したことを、平野説では覆せない。

それはどういうことか。平野は『書紀』が、「オノズカラマウク」の意味を持つ「帰化」と、「タテマツル」「オクル」の意味を持つ「貢」「献」「上送」「遣」とを区別し使い分けていたという。ところが『古事記』『風土記』には「帰化」が使われず、「参渡来」「度来」（渡来）などが使われる。平野は、「参渡来」「渡来」「参来」はいずれも「マキリワタリキツ」「マウク」とよみ、『書記』の「帰化」と「文字は異なるが、何ら概念に差はない」とする。しかしこれでは、『古事記』『風土記』が「帰化」を用いずに「渡来」を用いた理由がわからない。これに対し上田は、政治的意味の強い「帰化」が『書紀』に偏在することから、「帰化」は新しく「渡来」はもともとの用字とみなして、この違いを説明した。『書紀』の「帰化」と、『古事記』『風土記』の「渡来」。どちらかの用字がもともとで、どちらかがそれを新しい概念の文字に書き換えたとすれば、確かに用字の違いが説明できる。この場合、移動の意味しかない「渡来」を、政治的な意味を持つ「帰化」にあらためたとみる他ない。この三書は、いずれも王権によって編纂された書物である。王権の重要な政治性をあらわす「帰化」を、わざわざ無意味な「渡来」にあらためるはずがない。ましてや編纂の意図も契機も編者も異なる『古事記』と『風土記』が、共通して「帰化」をやめて「渡来」の文字を用いる政治的背景など、想定しようがない。

『古事記』『風土記』については、もう一つ留意すべき点がある。稗田阿礼《ひえだのあれ》の「誦習《しょうしゅう》」に基づく『古事記』や、古老の伝承する旧聞などを文字化した『風土記』は、言葉と文字の関係が深いという点である。両書が編纂された奈良時代の早い時期、「マヰリワタリキツ」「マウク」といえば「参」「渡」「来」などの文字とつながるものであって、「帰化」とは容易に結びつかなかったとみるべきだろう。

しかしそのように理解すると、今度は平野の指摘した『書紀』の「投化」「帰化」――「貢」「献」の「使い分け」説に、別の解釈が必要となる。上田説ではこの点がはっきりとしない。けれどもこの問題も、「帰化」ではなく「貢」「献」に注目することで解けるだろう。

『古事記』や『風土記』には「帰化」や「投化」の表現はないが、人の移動を「貢」「献」「送」「遣」の文字で表現する例はたくさんある。例えば『古事記』応神段には、著名な王《わ》仁《に》の渡来に関し、応神天皇が百済に「賢人」の「貢上」を依頼したところ、百済が和邇吉《わにき》師《し》（王仁）を「貢上」したとある。つまり「タテマツル」の漢字表記については、『書紀』と『古事記』の間に差がないのである。『魏志《ぎし》』倭人伝には卑弥呼《ひみこ》が魏に人や貢ぎ物を「貢献」するとあったり、癸未《きび》年（五〇三）の隅田《すだ》八幡神社人物画象鏡《はちまんじんじゃじんぶつがぞうきょう》銘には百済が倭に技能者を「遣」わしたとあったり、倭人は政治的な贈与をあらわす「貢」「献」「遣」などの漢字語に、古くから外交の場で直接触れていた。つまり七世紀以前から、「マウク」であっても、特に他王権からの「タテマツル」「オクル」という行為が意識された場合は、そのよみとともに「貢」「献」「遣」などの文字があてられていたとみられる。だから『書紀』も『古事記』も、政治的贈与による渡来の漢字表現に違いがないのである。

このことは逆に、『書紀』の「帰化」と『古事記』『風土記』の「渡来」の表記差が、倭国時代の実態とは次元の異なる、何か新しい力によって生じたことを示唆している。そこで『書紀』をよくみてみると、朝鮮諸国からの移動とは関係のない移動については、「参来」などの一般的な用字で「マウク」を表現する例があることに気づく。「自来」で「オノズカラマウク」を表現した例もある（景行四〇年是歳《ことし》条）。つまり、『書紀』も「マウク」に「来」を用いた一般表現を使うのに、朝鮮半島からの「マウク」となると事情が変わるというわけである。

これで『書紀』の「使い分け」の謎は解ける。もともと「タテマツル」による移動は、その音のまま口伝で伝わるか、「貢」「献」などと表記されていた。しかしそれ以外の移動は、「マウク」とだけ口伝で伝わるか、「来」「渡来」などの一般的な文字で表記されていた。しかし天皇を中華の王として表現したい『書紀』編者は、このうち、朝鮮半島からの移動者に関する「マウク」だけ「来」「渡来」を「帰化」と書き改めることにした。このため、「帰化」と「貢」「献」が意味を踏まえた使い分けのように見えてしまったのである。おそらくこの段階で、「マウク」の前に「オノズカラ」の古訓も与えられるようになったのだろう。「帰化」であれば、ただ〝来る〟のではなく、中華の王の民となるために〝自《おの》ずから来る〟でなければならないからである。したがって、『書紀』で「オノズカラマウク」とよまれる「帰化」の実態が、本当に〝自ずから〟かどうかもわからない。

一方、『古事記』『風土記』はそうしたことを行わなかった。このためこの両書には、「帰化」の文字がないのである。

安置と移住・定住

帰化人・渡来人論争において、平野が実証主義的立場から「渡来人」の語義の問題点を鋭く突き、史料に即した帰化人論を展開した意義は大きい。けれどもその観点で史料を見直しても、『書紀』の「帰化」表現に信を置くことはできない。

平野説に関しては、もう一つ、検証すべき論点がある。「帰化」は倭国の時代から、王権による「安置」と対応関係にあったとの指摘である。ここから平野は、「帰化」には「王権が政治的・法的な手続きを経て自らの基盤に「安置」＝居住させる行為がともなった」とした。

けれども王権による「安置」は、そもそも「帰化」だけに対して行われるものではない。律令国家の時代、「安置」は「帰化」だけでなく、外交使節や渡来商人に対しても行われた。『書紀』においても、「安置」は外交使節にとどまらず、「貢」「献」による移動者に対しても行われている。例えば、雄略七年是歳条には百済の「貢」じた技能者を「倭国《やまとのくに》の吾礪《あと》の広津邑《ひろきつのむら》に安置」したとある。これも王権の本拠地への「安置」である。また『書紀』雄略一四年三月条にも、呉国の使者や呉の「献」じた技能者たちを檜隈野《ひのくまの》に「安置」し、ここが呉原《くれのはら》と名付けられたとある。しかも『古事記』雄略天皇段では、これと同じ話が、「参渡来」の呉人を呉原に「安置」した話となっている。「献」による移動者の「安置」も、大きく捉えれば「渡来」人の「安置」なのである。

なお少し付言しておくと、平野も上記の史料を無視したわけではない。しかしこれらの「貢」「献」の「安置」記事は、最初に「帰化」した者の話があって、その第二陣として王権に迎えられた人々の説話だから「帰化」と同じ例として扱うという。けれども平野説は、『書紀』が「投化」「帰化」と「貢」「献」を明確に「使い分け」ていたと主張するものだから、これらだけ「貢」「献」を「帰化」に読み替えるというのは、恣意《しい》的で同意しがたい。

要するに、『書紀』であっても「安置」は、外交使節であろうが「帰化」であろうが「貢」「献」であろうが、とにかく王権の受け入れた「渡来」（マウク）に対応している。だから、『書紀』に「帰化」の「安置」伝承があるからといって、倭国の時代に「帰化」があったということにはならない。「渡来」を「帰化」と置き換えてしまえば、「渡来」の「安置」伝承は、容易に「帰化」の「安置」伝承となってしまうからである。

そうなると、『書紀』の「帰化」伝承自体が、もともと渡来の移住者・定住者の伝承だったのかどうか自体が怪しくなってくる。後に詳しくみるように、確かに律令制下では、「帰化」の「安置」は戸籍への登録をともない、居住・定住の意味を含む。丸山が倭国の「帰化」の「安置」を「定住」と言い換えたのも、律令国家の時代であればさほど問題にならないだろう。けれども『書紀』の「帰化」が律令制段階の潤色を大きく受けている以上、「安置」とあっても、それが直ちに移住・定住を指すとは限らない。外交使節に対しても行われる「安置」は、その意味が居住や定住に限定されないからである。

このようにいうのは、『書紀』の「帰化」伝承には、明らかに定住者とはできないものが含まれているからである。例えば垂仁二年是歳条が引く「一《ある》に云《い》はく」には、意富加羅《おほからの》国《くに》の王子の都怒我阿羅斯等《つぬがあらしと》が「帰化」した三年後に帰国した話が掲載されている。この話は、朝鮮半島南端部の加耶《かや》と呼ばれる地域にあった「ミマナ」という国の名前の由来に関する伝承で、王子の「マウク」伝承を「帰化」にあらためたものだろう。また推古三年(五九五)五月戊午朔丁卯《ぼごのさくていぼう》条では高句麗《こうくり》僧の慧慈《えじ》が「帰化」したとあるのに、その二〇年後の推古二三年(六一五)一一月癸卯《きぼう》条に「国に帰る」とある。慧慈は聖徳太子として知られる厩戸王《うまやどのおう》の師として著名で、高句麗が倭国との連携強化をはかって厩戸のもとに送り込んだ僧とみられている〔李成市・一九九八〕。したがって、本来は「オノズカラマウク」ではなく「オクル」の類型の「マウク」である。

「化来」の造園技術者

では、『書紀』が「帰化」「化来」と表記した人々の、実際の倭王権の受け入れ姿勢とは、どのようなものだったのだろうか。それをよく示すのが、次の『書紀』推古二〇年(六一二)是歳条の、百済から「化来」した技能者の話である。

是歳、百済国から化来する者があったが、顔やからだに白い斑点があるので、人と異なることを嫌い、海中の島に棄てようとした。するとその人は、「もし私の斑の皮膚を嫌うなら、白斑の牛馬を国中で飼うこともできないはずだ。また私は、少々才を持っていて、形のよい築山をつくることができる。私を留めて用いれば、国の利益になる。どうして海中の島に棄てるなどと無駄なことをするのだ」と言った。その言葉を聞いて棄てることをやめた。そこで須弥山《しゅみせん》の形と呉橋を宮殿の南庭に築けと命じられた。人々は、その人のことを路子工《みちこのたくみ》とよんだ。またの名を芝耆摩呂《しきまろ》という。

内容は、全身に白斑《はくはん》のある百済からの「化来」者を、王権が異形を嫌って海中の島に棄てようとしたところ、その者がこの対応を批判し、造園技術を持つことをアピールしたため、王権は彼を受け入れ、その技芸を用いることにしたというものである。こうして「路子工」と呼ばれた芝耆麻呂は、大王の御所の庭で、須弥山をかたどった山を築き、中国風の石橋をつくった。須弥山とは、仏教の想像上の中心的霊山である。

『書紀』においてこうした渡来の技能者の伝承は、渡来系氏族の祖先伝承を参照して記されることが多い。このため記事のなかに、何々氏の祖とか、その子孫が何々氏であるといったような文言がついたりする。けれども、右の話にはそうした特定氏族とのつながりが一切見られない。だから、氏族伝承に基づくものではなく、推古大王の宮殿の庭園整備に関する何らかの伝承に「路子工」の話があったのを参照したものだろう。

右の説話で注目されるのは、推古王権が「化来」者の「安置」を拒否し、海中の島に遺棄しようとしたことである。「帰化」や「化来」の受け入れは、王化思想や儒教的精神と密接な関係にあるべきだが、王権の初期対応は、その建前すら微塵《みじん》もない。これを「化来」と書く『書紀』は、伝承の骨子をほぼそのままに、「渡来」にあたる部分だけ「化来」の字をあてたようだ。推古の宮殿整備とかかわり伝えられたこの伝承は、七世紀前半の倭国において、「化来」「帰化」―「安置」の関係で成り立つ帰化人の受け入れ体制が未確立だったことを物語っている。

では、芝耆麻呂はなぜ受け入れられたか。それは彼が特殊な技芸を持っていたからである。倭王権が渡来の技能者の受け入れを特に重視したことは、『書紀』の他の部分からもうかがうことができる。『書紀』掲載の渡来系氏族の祖先伝承の多くは、「帰化」であろうが「貢」「献」であろうが、王権が受け入れた渡来の技能者の伝承としてあるからである。倭百済渡来の五経博士が交代で最新の知識を伝え、倭王権に歓迎されたのもそうである。倭国時代の王権が彼らを受け入れ「安置」したのは、「帰化」だったからではなく、王権にとって有用な存在だったからだとみるべきである。

移住者・定住者から移動者へ

こうして『書紀』から律令的な「帰化」の色眼鏡を取り除いていくと、私たちがこれまで当然としてきた倭国時代の、移住者・定住者としての彼らの姿もゆらいでいく。移住・

定住とは、その土地への身体の定着を目指すものである。けれども倭王権が定着を求めたのは、渡来の身体ではなく、その身体を介して伝えられる技術や文化であった。だから『書紀』が「渡来」を「帰化」と書き換えた人々も、その役割を果たした後に帰国する場合があった。これが、帰化人の登場とともに変化する。王権はいずれ「帰化」の「安置」体制を築き、渡来の身体の定着をはかるようになっていく。

しかしこうなってくると、『書紀』の「帰化」は疑わしいから、「帰化人」の代わりに「渡来人」を用いればよいという単純な話でもなくなってくる。それが渡来の移住者・定住者の意味ならば、「帰化」を「渡来」に置き換えても問題は解決しない。『書紀』の「帰化」伝承が、実際に移住者・定住者のものなのかどうかもわからないからである。

そもそも移動を意味する「渡来」に、移住・定住の意味がないことは、これまで何度も指摘されてきたことである。それを承知の上で、私たちは律令的な「帰化」概念からも古代の「渡来」の語義からも離れて、渡来の移住者・定住者の意味で渡来人を用いてきた。古代の概念や語義よりも、古代に移住者・定住者を見いだすことの方を優先してきたのである。私たちは、なぜそこまでして、渡来の移住者・定住者を探し出そうとしてきたのだろうか。

それは彼らへの注目が、その時その時の〝今〟の日本人、日本国民の「祖先」を、歴史から探し出す営みとして行われてきたからに他なるまい。「日本」に移住・定着し「日本人」となった「われわれの祖先」を、アジアの歴史から切り出すことに注力してきたのである。戦前の議論も戦後の関や金の議論もそうであった。「帰化」の古代的概念に徹底的にこだわった平野も次のように述べている〔平野邦雄・一九九三〕。

民族・文化とも、帰化氏族がわが国の一部と化す道程は、さほど短期間ではないし、また単純でもない。〝同化〟という概念を適用しうるとすれば、その時期は平安時代中期までとみてよいだろう。このような道程をへて、帰化人はわれわれの〝祖先〟そのものとなったのである。帰化人はわれわれの祖先以外のものではない。

ここからは実証主義的立場から、史料に基づき帰化人を説いた平野でさえも、彼らの「民族・文化」が「わが国の一部」に「同化」し「われわれの祖先」となったことを重視する、関と同様の視線があったことが読み取れる。古代の帰化人・渡来人の血と文化を、現代の日本人・日本国民の「祖先」に位置づけようとする意識。これが、移住・定住をことさら重視する、国民史的な帰化人・渡来人研究を導いてきたのではないかと思う。

しかし『書紀』の「帰化」の実相は移住・定住ではなく、あくまで「マウク」である。しかも「マウク」は、「貢」「献」「遣」による移動も包み込む概念である。この「渡来」の原義に立ち返らねば、「貢」「献」「遣」「上送」「帰化」「参渡来」「参来」といった様々な表現で伝えられる人々を、古代史のなかで包括的に捉えることはできないだろう。

以上から、本書は最初にも述べたように、渡来人を「マウク」の原義に立ち返って用いる。移住者ではなく、古代の「倭」「日本」へ渡り来た者としての渡来人である。考え方としては、外交使節や渡来の商人も渡来人に含める。その上で、移動する身体としての渡来人、その身体を定着させた渡来系移住民、移動する文化としての渡来文化、渡来人を祖とし渡来文化を継承する渡来系氏族を、それぞれ区別して論じる。

では、いよいよ次章からは、古代の渡来人、帰化人について具体的にみていくことにしよう。〈移住〉ではなく〈移動〉をキーワードに、彼らの実態から古代史を繙き、現代「日本」とつながりつつも、異質で多様な古代の「倭」「日本」の姿、国際社会と密接に結びついて動く古代列島社会の姿を、浮き彫りにしていこうと思う。

II

中国大陸から倭人の国へ

1　楽浪郡・帯方郡と移動する人・モノ・文化

楽浪の海

「倭人」という集団的呼称、あるいは人のまとまりを記した最も古い史料は、教科書でもお馴染《なじ》みの、『漢書』地理志にみえる次の記事である。

　夫れ楽浪《らくろう》海中に倭人有り、分れて百余国と為る。歳時を以て来り献見すと云ふ。

後漢時代の紀元一世紀に成立した『漢書』は、紀元八年まで存続した前漢に関する中国の正史である。また「楽浪」は、前漢の武帝が紀元前一〇八年に朝鮮半島に置いた四郡の一つ、楽浪郡のことである。だからこの記事は、紀元前一世紀頃の、つまりは弥生《やよい》時代の「倭人」の国々の、楽浪郡を介した漢王朝との交流について記したものである。この時代、倭人の国はたくさんあって、それらを束ねる国や王はまだ登場していなかった。

楽浪郡の治所は、現在の北朝鮮の首都、平壌《ピョンヤン》付近にあった。黄海海域と接合する大同江の汽水域に位置する。これにより、中国大陸と朝鮮半島を結ぶ水陸交通の要衝をおさえただけでなく、海を介してそのさらに東方へのアクセスにも優れていた。武帝の置いた他の三郡が撤退・縮小を余儀なくされるなか、楽浪郡だけが発展できたのは、こうした地政学的優位性が大きく作用している。こうして楽浪郡は、前漢・後漢を通じて漢王朝の東方最前線の基地となり、倭人にとっては漢王朝との交流の窓口となって、東アジア海域の政治的・経済的交流に中心的役割を担うようになる（図６）。

『漢書』地理志によると、楽浪郡の設置当初、殺人・傷害・窃盗に関する禁令が八条だけ発令された。それだけで郡内の「朝鮮の民」の秩序はよく保たれたという。しかし、中国との交流が盛んとなり、人や文化が流入すると、社会秩序が乱れ、設置から八〇年ほど経つと法令の条文も七倍以上に膨らんだ。漢によって持ち込まれた楽浪郡の出現は、それほどまでに「朝鮮の民」に社会変動をもたらしたのである。楽浪郡の行政では、木や竹で作られた札に筆で文字を記す簡牘《かんどく》（竹簡《ちっかん》・木簡《もっかん》）や、文書や器物を封印する封泥《ふうでい》の印が用いられた。こうした中国式の文書行政が行われたことも、出土遺物などから明らかになっている。

楽浪郡の影響は、さらに朝鮮半島南端部へと及んだ。朝鮮半島東南部の加耶《かや》地域に属する韓国泗川《サチヨン》市の勒島《ヌクド》遺跡、昌原《チャンウオン》市の茶戸里《タホリ》古墳群などからは、楽浪郡との交渉を示す中国系の遺物が出土している。また茶戸里一号墳からは、両端に筆毛のついた筆と、漆の鞘《さや》に入った鉄製の刀子《とうす》（小刀）も出土している。刀子は簡牘の文字を削り取るのに用いられる。楽浪郡との交渉のなかで、加耶地域にも漢字をあやつる人が入ってきたことがわかる。そして、勒島遺跡や茶戸里古墳群などからは、弥生土器など日本列島との交流を示す遺物も出土する。加耶地域に産出する鉄は、農耕と戦争を行うようになった倭人にとって不可

【図6】楽浪郡治と関連遺跡

欠なモノとなっていたが、この地が倭人に鉄を供給し、倭人と楽浪郡を結ぶ中継地ともなっていたのである。

ここから先、中国系のモノは、鉄を含む朝鮮半島系のモノとともに、海を越えて「倭人」たちの住む地域へと流れ込んでいく。一支国《いき》のあった壱岐島《いきのしま》の原《はる》の辻《つじ》遺跡、奴国《なこく》のあった福岡県春日《かすが》市の須玖岡本《すぐおかもと》遺跡群、伊都《いと》国のあった同糸島市の三雲《みくも》・井原《いわら》遺跡や今宿《いまじゅく》五郎江《ごろうえ》遺跡など、北部九州の遺跡からは、中国系・朝鮮半島系の遺物が出土している。これらの国々が、『漢書』地理志のいう、楽浪を介して漢王朝と通じた「倭人」の国々にあたるだろう。

硯の使用者

ところで伊都国の遺跡からは、楽浪系・朝鮮半島系の遺物とともに列島各地の土器も出土する。ここは、各地の倭人たちにとっても国際交易の拠点となっていた。玄界灘《げんかいなだ》に突き出す糸島《いとしま》半島の後背地に形成された伊都国は、博多湾と唐津湾の両方にアクセスできる、港湾都市としての優れた地理的環境を持つ。最近、この国の拠点集落である三雲・井原遺跡から、漢代の石硯《せきけん》（硯《すずり》に使用した石板）が出土し注目されている。対外交渉や国際交易とかかわり、伊都国にも文字使用者がいたことを示すものだからである。北部九州ではこの他、福岡県筑前《ちくぜん》町からも石硯の出土が確認され、今後も弥生時代に遡《さかのぼ》る硯の出土例は増えそうな気配である。

漢代の石硯は九州以外でも出土している。島根県松江市の田和山《たわやま》遺跡である。ただ、田和山遺跡は三雲・井原遺跡と異なり、対外交渉や国際交易の拠点としての様相を持たない。丘陵は三重の環濠《かんごう》で取り囲まれているが、環濠内はかなり狭く、その内側に集落もない。頂部に柱のまとまりが検出される程度で、住居は環濠の外にある。環濠内には、多くのつぶて石が投げ込まれていた。つまり、一般的な環濠集落とも様相を異にしていて、祭祀《さいし》とかかわる特殊な遺跡だったのではないかとみられている。田和山の硯は、別の国際交流拠点から持ち込まれたものとみなければならない。

その候補地の一つが、宍道湖《しんじ》を挟んだ出雲《いずも》市で確認されている。楽浪土器や朝鮮半島系の土器が出土した山持《ざんもち》遺跡である。また時期にややばらつきはあるが、興味深いことにこの遺跡からも、北部九州系、吉備《きび》系、丹後・但馬《たじま》系、近江《おうみ》系など、列島各地の土器が出土する。一方、加耶地域の勒島遺跡からは山陰系の土器が出土している。出雲平野にも、加耶との相互交流を背景に、各地の倭人が集まる国際交易拠点が形成されていたとみて間違いない。ここも楽浪郡と通じた「倭人」の国の一つで、文字を使う人がいたということであろう。

問題は、これら渡来の硯を、渡来人だけでなく弥生人も文字筆記の道具として使用したか否かである。三雲・井原遺跡からは、「竟」と横文字で刻んだ弥生時代終末期前後の大《おお》

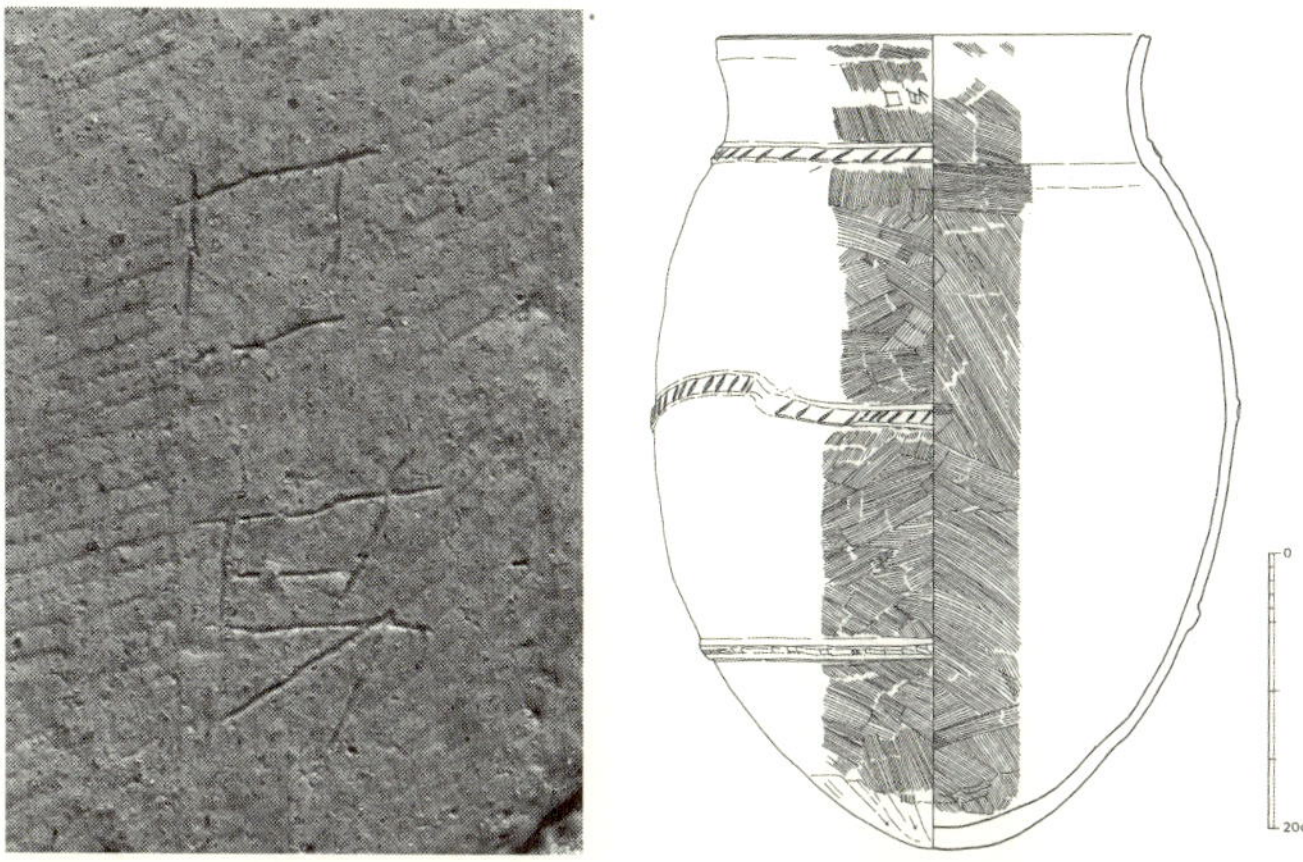

【図7】三雲・井原遺跡出土大甕と「竟」の文字（九州歴史資料館所蔵）

甕《がめ》が出土している（図7）。これは土器を製作した弥生人の手によるとみられ、硯の広がりに、国際交易を契機とした弥生人の文字使用の広がりを想定する説もある「武末純一・二〇一八」。最近の相次ぐ硯の発見は、こうした見方を後押ししている。

楽浪郡と直接・間接に交流するようになった倭人が、漢字文化と触れる機会を格段に増やしたことは間違いない。列島に流入した中国系の遺物には漢字を記した貨泉や銅鏡があるし、何より志賀島《しかのしま》で発見され「漢委奴国《かんのわのなのこく》王《おう》」と刻まれた金印がある。この印こそ、『後漢書』東夷《とうい》伝の伝える、後漢の光武帝が建武中元二年（五七）に倭の奴国王に与えた「印・綬《じゅ》」にあたる。当時の中国官印は、官職と位の序列に応じて印や綬（紐《ひも》）の材質等を区別した官職印で、それを持つ者の身分をあらわす。このため、漢王朝との通行関係を深める周辺国の支配者たちも、その意味を理解するようになると、中華王朝を利用して自らの地位と権威を示そうと、中国官印を求めるようになった。奴国王もその一人だったのである。

けれども、漢王朝に政治的に接近し、漢字の記されたモノを威信財として利用することと、自ら漢字を使いこなし、それを支配・管理・伝達の手段として活用することは、次元が異なる。甕の口縁部分に横書きで刻まれた「竟」も、線が直線的でバランスも悪い。中国鏡の銘文にある「鏡」の意味としての「竟」の字を、視覚的に捉《とら》えて記したもので、文字というより記号として刻んだものだろう〔平川南・二〇〇〇〕。

漢字文化圏との交易関係が、倭人社会に漢字の受容を促したのではないかとの見解もある。しかし例えば近世の北海道において、松前藩は漢字を駆使してアイヌと交易を行ったが、アイヌは文字文化を受容しなかった。物流を文字で管理する社会に属する者が、異文化間交易の場にも筆記用具を持ち込んで、文字を駆使することは当然である。しかし文字を持たない交易相手が、その文字の技能や文化を受容するとは限らない。

現在のところ、楽浪郡時代の倭人による漢字の利用痕跡《こんせき》は、一字程度の記号的な文字のある土器片か、漢王朝との身分的つながりを示す印などに限られる。このことは当時の倭人が、漢字を、吉祥的な意味を持つ記号や、自らの地位や権威を高めるための道具・象徴として、つまりは〈文明の記号〉として限定的に受容していたことを示すものだろう。筆

【図8】江戸時代の和人とアイヌの交易（『日本山海名産図会』）
和人が文字でアイヌとの交易を記録している（国立国会図書館ウェブサイトより）

と帳簿を持ち込んでアイヌと盛んに交易した和人の例のように（図8）、弥生の硯の使用主体は弥生人側にあったのではなく、渡来人側にあったとみるのが妥当であろうと思う。

帯方郡の登場

史料上、倭人全体を代表する王は、『後漢書』の東夷伝が奴国の朝貢に続けて記した、永初元年（一〇七）の「倭国王帥升《すいしょう》等」の後漢への遣使が初見である。しかしこの「倭国王」には疑問もある。「倭面上国王師升」や「倭面土国王師升等」と記す史料も伝わっているからである。この場合、後漢は帥升（師升）を「倭国の王」ではなく「倭の面土（上）国の王」とみなしていたことになり、「倭の奴国の王」との差がない。結局、学界でもいずれに信を置くべきか未《いま》だ定まらない。

ただ、帥升（師升）を北部九州の王とみることではほぼ共通している。当時の列島において、北部九州が依然優位的地位を保っていたことは考古学からも明らかである。

ところが、こうして倭人の首長が頼った後漢政権も、一八四年の黄巾《こうきん》の乱後、多くの反乱勢力や自立勢力を抱えて衰退する。当然その影響は、楽浪郡を要《かなめ》に階層的な社会関係を築いてきた東方社会にも及ぶ。

『後漢書』は、二世紀後半の桓帝《かんてい》・霊帝《れいてい》の頃に「倭国大乱」があったと記す。『魏志』倭人伝にも「倭国乱れ、相攻伐《あいこうばつ》すること歴年」とある。後漢の衰退によって、権威の後ろ盾を失った支配層の間の対立が先鋭化したのである。『魏志』倭人伝によれば、この混乱の収束をはかるため、各国の首長たちが「共立」した倭人の王が邪馬台国《やまたいこく》の卑弥呼であった。

また『魏志』韓伝は、同じ頃、朝鮮半島で楽浪郡が衰退し、人々が勢いのある韓族諸国へ流出していると記している。こうしたなか、遼東では公孫氏《こうそんし》が自立的な地方政権を築き、楽浪郡も掌握すると、二〇四年に楽浪郡の南部をさいて帯方郡《たいほうぐん》を設置した。後漢衰退による楽浪郡の弱体化を受け、二郡体制で当地の郡県支配を立て直そうとしたのである。『魏志』韓伝は「是の後、倭・韓遂に帯方に属す」と記していて、卑弥呼も帯方郡を介し、公孫氏政権との通行関係を築いたとみられる〔仁藤敦史・二〇一〇〕。そして二二〇年、とうとう後漢は、献帝が魏王に禅譲《ぜんじょう》する形で消滅した。次いで二三八年、今度は魏が公孫氏を攻撃し、楽浪郡・帯方郡を手中にする。

『魏志』韓伝の弁辰《べんしん》条によれば、加耶地域では、ここで産出される鉄を目当てに、朝鮮半島内だけでなく、日本列島からも倭人が渡来し、市では鉄が中国の銭のように用いられていた。また加耶の鉄は、楽浪郡や帯方郡にも供給されていたという。両郡の影響は、当地の鉄の生産・交易にも及んだのである。

さらに『魏志』韓伝によると、公孫氏から帯方郡・楽浪郡を奪った魏は、諸々の韓国の首長層に地位に応じて邑君《ゆうくん》や邑長《ゆうちょう》の印・綬を与えたが、韓人のなかには自ら印・綬を用意する者も多かったという。魏の時代になっても、中国官印は依然として首長たちの羨望《せんぼう》の的であった。漢王朝の楽浪郡を介した東方支配は、魏王朝の楽浪郡・帯方郡を介した支配に確実に引き継がれたのである。

邪馬台国時代の渡来人

『魏志』倭人伝によれば、公孫氏に代わり楽浪郡・帯方郡の主《あるじ》となった魏に対し、卑弥呼は帯方郡を介して直ちに朝貢し、皇帝から「親魏倭王」に任命（冊封《さくほう》）されるとともに「金印・紫綬」を授けられた。この時、卑弥呼の派遣した使者にも官爵とともに「銀印・青綬」が与えられている。また魏からの文書は、賜与された品々とともに厳重に管理され、卑弥呼に渡されたという。卑弥呼の王権は、中華王朝から与えられる印だけでなく、外交文書も重視していた。

しかも「倭王、使に因りて表を上り」とあるように、卑弥呼は魏の皇帝に奉呈する外交文書、すなわち上表文も使者に託したらしい。倭人から中国への上表文の奉呈は、まさにこれが史料上の初見となる。このため従来は、卑弥呼王権のもとで、文字作成技能を持つ渡来人が、魏に送る外交文書を作成していたのではないかと推測されていた。ところが『晋書《しんじょ》』宣帝紀は、これを「訳を重ねて貢を納める」と記していて、卑弥呼の上表文は、倭の外交意図を帯方郡が翻訳して文書化した可能性があるらしい〔河内春人・二〇〇六〕。確かにそのように考えると、『魏略』という中国の史書の逸文が、三世紀の倭人は中国的な暦を知らなかったと記していることとも矛盾がない。中国の暦を知らなければ、上表文をまともに作成できるはずがない。

邪馬台国との関係が注目される奈良県桜井市の纏向《まきむく》遺跡からは韓式土器も出土し、外交を行う倭王の近くで渡来人も活躍していた可能性はある。また邪馬台国には、魏から届く文書の解読の必要上、漢字をある程度理解できる人物も必要であったろう。けれども、少なくとも当時の倭王の宮殿に、高度な文字技能を持つ渡来人が仕え、魏の皇帝に捧《ささ》げる外交文書を作成していたというような状況を想定できる材料は乏しい。

一方、列島の国際交易の拠点では、邪馬台国の時代も、留住する渡来人の活躍がよくみられ、漢字の使用痕跡も確認される。当時それは、博多湾を中心に形成されていた。『魏志』倭人伝によれば、卑弥呼は、伊都国に一大率《いちだいそつ》（もしくは大率）を置いた。一大率

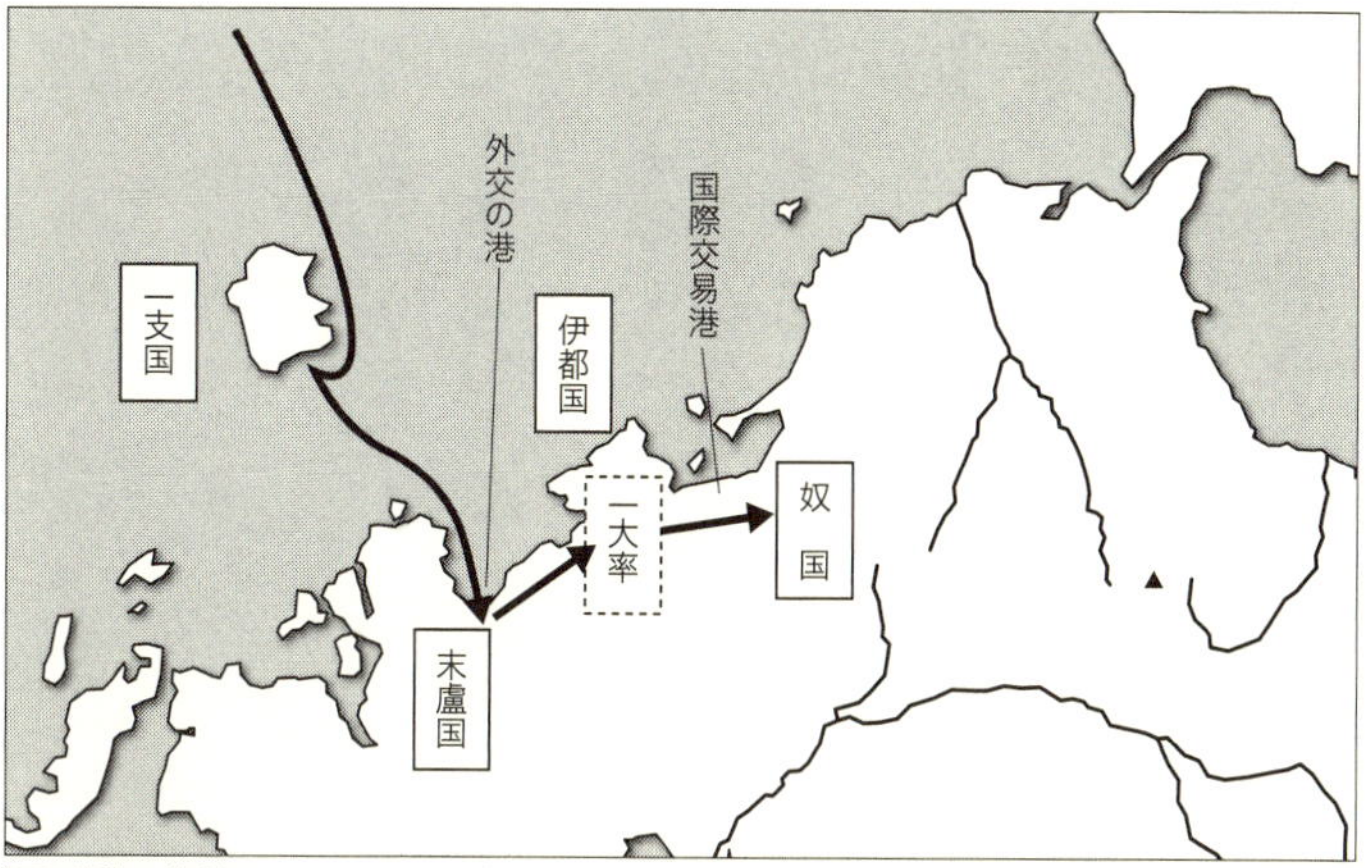

【図9】魏の使節のルートと一大率

に、邪馬台国に従う諸国を検察させるとともに、外交使節船が対馬《つしま》・壱岐を経由し伊都国の西側の唐津湾に入ると、これを丁重に迎えさせたという。一方、発掘調査によれば、伊都国の東側の博多湾沿岸部に、この頃から西日本各地の人々と朝鮮半島の渡来人が混住し鉄交易も行う、倭韓交易の一大拠点が形成されている。

　つまり卑弥呼は、もともと倭人の国際交流拠点だった伊都国に一大率を置き、外交の港となる唐津湾と、交易の港となる博多湾をにらみながら、北部九州に集まる西日本諸国の人々を検察し、国際交流の秩序維持をはかっていたのである（図9）。こうして、前代に伊都国や出雲などで展開した国際交易は、一大率の管理のもと、博多湾を中心とする体制に整えられた［田中史生・二〇一六］。博多湾が、日本海側、瀬戸内海側に点在する拠点集落ともつながる、倭人の国際交易拠点となったのである。『魏志』韓伝を参照すれば、当時、倭人が鉄などの輸入品の対価として供した交易品は、穀物、絹製品、木材、竹、真珠、青玉（ヒスイか）などが考えられる。

この国際交易港としての博多湾の様相をよく示す代表的な遺跡が、福岡市の西新町《にしじんまち》遺跡である。遺跡からは多くの朝鮮半島系の遺物とともに、地元北部九州系の土器、近畿《きんき》系・吉備系・山陰系の土器も出土している。最近、硯が複数個確認されたとの報道もあった。漢字を用いる者も渡来していたのだろう。また西新町遺跡では、土器や竈《かまど》など渡来の生活具は出土するのに、周辺に渡来人の墓地が見つからない。このため当地には、渡来人が、定住ではなく往来を前提に、一定期間居留していたのではないかとみられている［武末純一・二〇一八］。

一般に遠距離交易では、異境の地に居留地を築き、現地の人々との関係を築いて、異文化間を仲介する者が活躍する例が世界史的に知られている［フィリップ・カーティン・二〇〇二］。後述するように奈良・平安時代になると、こうした交易者の活躍が文献にもあらわれるようになるが、西新町遺跡に居留の痕跡を残した渡来人も、一大率の管理を受けながら、一定期間居留し異文化間を仲介した交易者だったのだろう。

2　華北の争乱と中国系の渡来人

争乱の連鎖

二六五年に魏から政権を引き継いだ晋（西晋）は、二八〇年に呉を滅ぼし、六〇年ぶりに中華王朝を統一に導いた。『晋書』武帝紀によると、翌年一一月、倭人が早速来朝し方物《ほうもつ》を献上したという。これは卑弥呼の後継者、壱与《いよ》（台与）の遣使とみられている。

けれども晋の安定は長続きしなかった。政権内部の激しい権力闘争で権威が失墜し、四世紀に入ると、反乱と匈奴《きょうど》族ら非漢族諸族の蜂起《ほうき》を抱えて滅亡してしまう。その後、三一八年に江南で復活したものの（東晋）、その支配はもはや北に及ばず、華北（中国北部）は非漢族が次々と建国・興亡を繰り広げるいわゆる五胡十六国《ごこじゅうろっこく》の乱世に突入した。

華北の争乱は、華北と接する朝鮮半島情勢にも多大な影響を及ぼすこととなった。このなかで最初に頭角をあらわしたのは、現在の中国東北地方と北朝鮮との国境付近を中心とした高句麗である。晋の衰退で孤立した楽浪郡を三一三年に滅ぼすと、その南の帯方郡も攻略した。そして、郡の経営を担ってきた漢人や、華北の争乱を逃れた中国系の支配層・知識人を取り込み、彼らを積極的に登用した。高句麗に取り込まれた中国系の人々は、墓誌や墓塼《ぼせん》銘などに東晋の年号・称号をよく用いる。晋朝に強いアイデンティティを持ち、晋朝回帰の志向が強かったのである［武田幸男・一九八九］。彼らは、その先進的な知識で高句麗王権の支配体制の整備・強化を大いに助けた。こうして飛躍的な発展を遂げた高句麗は、華北の群雄の圧力を受けながらも、勢力拡大をはかり、朝鮮半島の南へと侵攻を始める（図10）。

この事態は当然ながら、朝鮮半島南部の社会にも大きな影響を与えることとなった。もともと高句麗南方の馬韓《ばかん》諸国や辰韓《しんかん》諸国は西晋との結びつきを強め、三世紀の終わり頃には頻繁に晋への朝貢を繰り返していた。これは、韓族の国家形成への動きにともない、各国支配層が自らの権威を高めるために晋の官爵を受けようとしたためとみられている［窪添慶文・一九八一］。その対晋交渉の窓口は楽浪郡・帯方郡であったから、晋の弱体化と高句麗の楽浪郡・帯方郡攻略や南進は、韓族社会に多大な緊張をもたらさざるを得ない。そのなかで四世紀になると、馬韓諸国からは百済が、辰韓諸国からは新羅がはっきりと台頭してくる。

このうち百済は、帯方郡の南に近接した馬韓諸国の一つ伯済《はくさい》国をその前身とし、『梁書《りょうしょ》』百済伝によれば、周辺の小国を包摂しながら強大となった。最近の発掘調査によれば、百済の王城とみられる韓国ソウルの夢《む》村《そん》土城や風納《ふうのう》土城は、西晋代の遺物を含み、その成立が三世紀まで遡る［佐藤興治・二〇〇七］。高麗《こうらい》時代の一二世紀に編纂《へんさん》された朝鮮の歴史書『三国史記《さんごくしき》』の百済本紀によれば、三世紀末の責稽《せきけい》王は帯方郡太守の娘を夫人とし、高句麗が帯方郡を攻撃した際は帯方郡を救ったという。また責稽王と子の汾西《ふんせい》王は、楽浪郡と

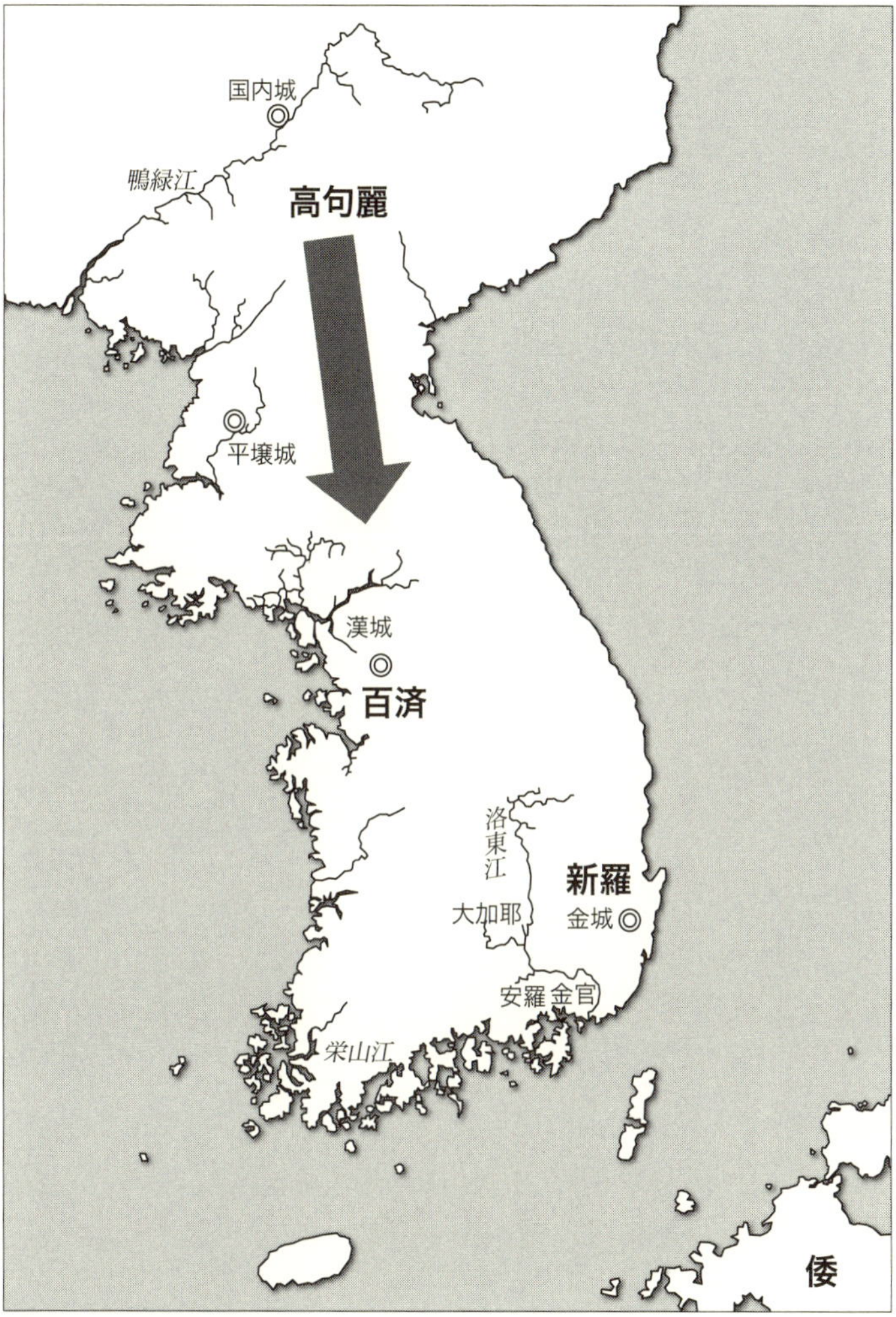

【図10】4〜5世紀の朝鮮半島

も対立したと伝えられる。こうしたことから、三世紀末から四世紀初頭の百済は、帯方郡との関係をテコに成長し、北方から楽浪郡への影響を強める高句麗と衝突するようになったとみられる。

そしてこの百済の成長の背後にも、高句麗同様、中国系の人々がいた。百済も、楽浪・帯方の遺民、華北の争乱を逃れた中国系の支配者や知識人を取り込んで成長を加速させていたのである。そのなかには北燕《ほくえん》系の姓を持つ者もみえ［鈴木靖民・二〇一二］、百済が華北から漢族以外の諸族も受け入れていたことがうかがえる。

一方、新羅は現在の慶尚北道慶州《キョンジュ》を拠点とし、辰韓の一国斯盧《しろ》から出現した。国際舞台への登場は四世紀後半で、それは高句麗使にともなわれて三七七年に前秦《ぜんしん》に朝貢したのが最初である。このように、辰韓諸国における新羅の優位と成長は、百済と異なり、まずは高句麗に依存することで果たされた。

こうして、人の移動をともないながら、華北から高句麗、百済、新羅へと広がった歴史の波紋は、朝鮮半島南端部にも達する。南進する高句麗と、高句麗と結びついて成長する新羅の動きが、新羅の南に展開する加耶諸国に緊張をもたらしたのである。このうち、「任那《みまな》」などと呼ばれた金官国に代表される洛東江《ナクトンガン》下流域の加耶南部は、鉄の供給などで、以前から倭人社会との結びつきが強かった。高句麗を警戒するこれらの国々が四世紀後半に百済との関係を深めるなかで、倭王権も加耶南部を介して百済王権との関係を深め、高句麗に対抗する陣営に加わるようになったのである。急速に軍事的性格を強める倭国には、その体制を支える文物や技能者も、同盟国などから次々と渡来するようになった。

南進する高句麗と激しく戦っている最中の百済が、倭王権との連携を深めていたことを示す当時の一級資料が日本に伝存している。奈良県天理市石上神宮《いそのかみじんぐう》所蔵の七支刀《しちしとう》である（図11）。その銘文には、三六九年にあたる「泰和四年十□月十六日丙午正陽」に、「百済王世子奇」、すなわち「百済王と王子（世子）の奇」もしくは「百済の王子（世子）の奇」が倭王のために「七支刀」を作ったとある。このうち「泰和四年」は東晋の太和四年を指す。しかし百済が東晋に初めて入朝するのは三七二年なので、百済は東晋に入朝する前から東晋年号を用い、東晋に従属する姿勢を示していたことになる。ここに、晋回帰の志向を持つ中国系の支配者や知識人の関与が想定されている〔鈴木靖民・二〇一二〕。百済の初期の対倭戦略にも、彼らの影響が及んでいたとみるべきである。

【図11】七支刀（石上神宮所蔵）

倭王讃と司馬の曹達

江南を支配する東晋の皇帝権力は、うち続く反乱を抱え、五世紀に入る頃にはすっかり弱体化していた。このなかで軍官として頭角をあらわした劉裕《りゅうゆう》は、四二〇年、自らが帝位につき（武帝）、宋《そう》朝を開く。一方、中国北方では北魏が華北統一に向けた動きを本格化させ、四三〇年代にはその支配権をほぼ手中におさめた。こうして中国は南朝の宋と北朝の北魏が対立する時代に突入していった。中国の史書には、このうちの宋に朝貢した、讃・珍・済・興・武という五人の歴代倭王が登場する。彼らは倭の五王と呼ばれている。

ただ、五王の遣使朝貢は、中国正史によれば東晋時代に遡る。『晋書』安帝紀・義熙《ぎき》九年（四一三）是歳条は「高句麗・倭国、及び西南夷《せいなんい》の銅頭大師《どうとうたいし》、並びに方物を献ず」とし、『梁書』『南史』はこの倭国使が倭王賛（讃）の派遣であったことも明記している。注目されるのは、同年、高句麗も七〇年ぶりに東晋に使者を派遣し、長寿王《ちょうじゅ》（高璉《こうれん》）が「使持節、都督営州諸軍事、征東将軍、高句麗王、楽浪公」というやや長い称号を得ていることである。長寿王は、高句麗の版図拡大に多大な功績を残した広開土王《こうかいど》の子で、前年一〇月の父王の死去を受け、この年に即位したばかりであった。この時長寿王の得た「使持節、都督△△諸軍事」号は、「△△」地域の最高の軍事権を意味し、この場合は営州の軍事権を、そして「楽浪公」は楽浪郡の故地の支配権を持つことを意味する。また「征東将軍」とは、「征・鎮・安・平」＋「東・西・南・北」で示される、各方面軍を指揮する将軍が持つ肩書きの一つである。つまり長寿王は、父から引き継いだ支配領域とその軍事権を、東晋に認められたということになる。

実はこの頃、高句麗、倭国とも、東晋に注目する理由があった。この年は、東晋の実権を実質的に掌握した劉裕が、山東半島の南燕を攻略し、対立勢力も倒して権力基盤を安定させた直後にあたる。王が交代したばかりの高句麗は、江南に引き下がっていた東晋が、劉裕政権になって山東半島の支配権を奪い、自国近海の海域世界に影響を及ぼすようになったことを警戒した。このため東晋との通行を再開し、ひとまず東晋との関係の再構築をはかったのである。一方、中国王朝との通行に山東半島を用いる倭国も、東晋の山東支配が高句麗に与えるインパクトを理解していたであろう。このため同年、山東半島経由で東晋に朝貢し通行関係を築き、南進する高句麗を牽制《けんせい》しようとしたとみられる〔田中史生・二〇一三〕。この時の東晋がどのような反応をしたかは定かでないが、『梁書』倭伝に「晋の安帝の時、倭王賛有り」とあるから、「倭王」の地位は認められたのだろう〔仁藤敦史・二〇〇四〕。

その後、四二〇年に劉裕が宋朝を開くと、高句麗の長寿王と百済の腆支王《てんし》（余映《よえい》）に、ともに除授（任官）が行われた。かつて東晋が両王に与えた官爵を追認するだけでなく、高句麗王の「征東将軍」を「征東大将軍」に、百済王の「鎮東将軍」を「鎮東大将軍」にすすめたのである。この除授は高句麗・百済からの求めに応じたものではなく、新王朝樹立を慶賀した宋からの一方的な進号であった。つまり、宋は高句麗や百済との関係を重視する姿勢をみせたのである。ところが倭国はその除授の対象とはならなかった。東晋から、

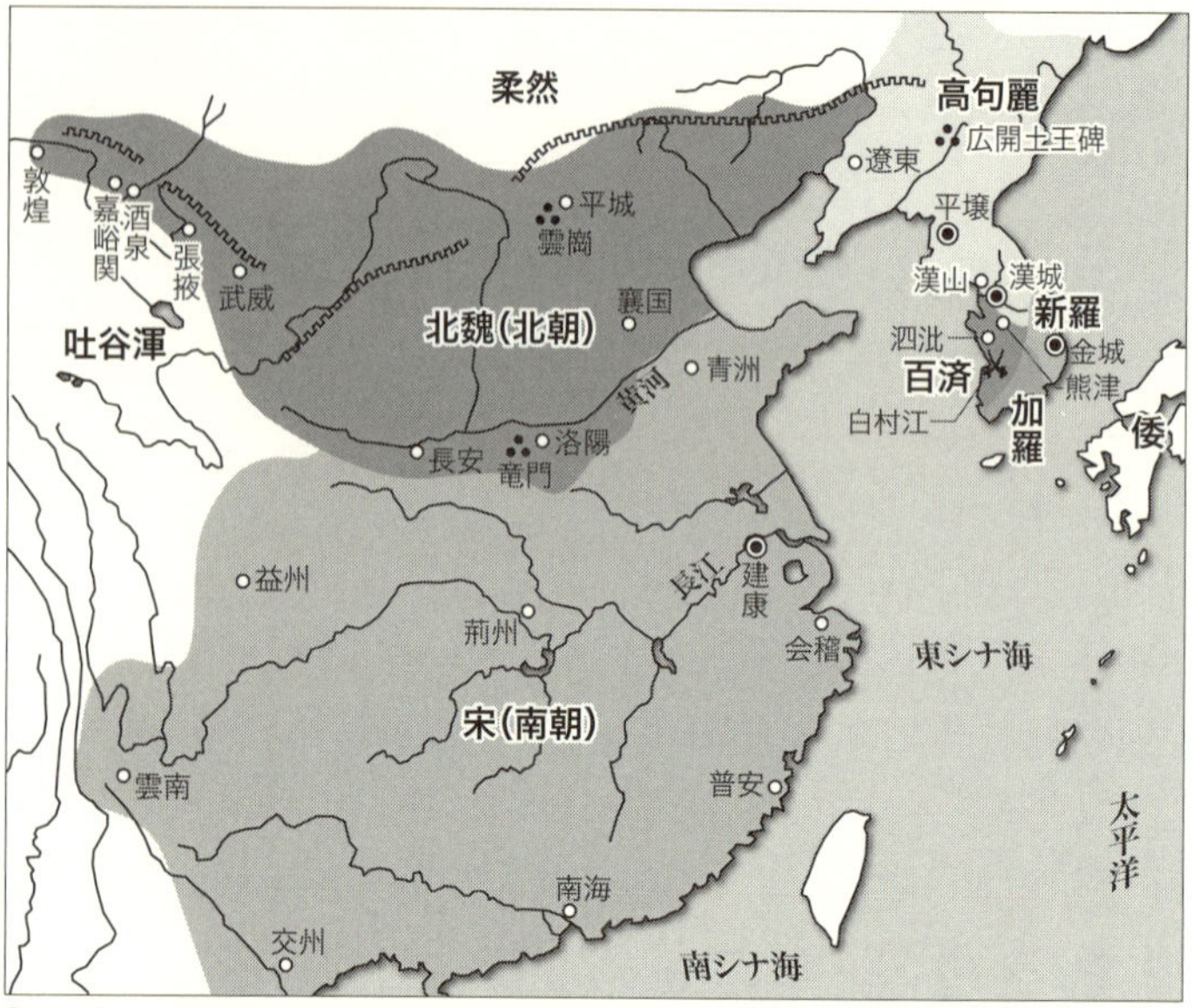

【図12】5世紀の東アジア(川北稔・桃木至朗監修、帝国書院編集部編『最新世界史図説タペストリー 16訂版』帝国書院、2018年より作成)

もともと「倭王」以外の号を得ていなかったからかもしれない。これに対し讃は、翌年、急ぎ宋に遣使し、劉裕政権下の東晋以来の関係の継承と除授を求めた。『宋書』倭国伝は、四二一年、倭王讃からの遣使朝貢があり、除授を行ったと記している。

ただ、史書にはっきりと書かれていないが、この時に宋が讃に認めた称号は「安東将軍、倭国王」にとどまったようだ。「安東将軍」は、宋の官制では第三品の位に相当する。しかし高句麗王や百済王に認められたのは、第二品相当の「大将軍」号であった。「将軍」と「大将軍」では大きな差があったのである。宋は倭国を高句麗や百済より明らかに低位とみていた。けれども「倭国王」に加え「安東将軍」を得たことで、讃は次の行動に出る。『宋書』倭国伝によれば、その五年後の四二五年（元嘉《げんか》二）、讃はあらためて宋へ使者を派遣した。おそらく、高句麗や百済に匹敵する官爵を求めたのだろう。その使者は司馬《しば》の曹達。彼は「曹」という一字姓から、中国系の渡来人、もしくはその子孫とみられる。つまり、高句麗や百済で活躍する中国系の人々は、倭国にも渡来し、倭王のもとで外交にかかわっていたのである。

しかも曹達は、司馬という中国的な官職まで持っていた。魏晋以後の中国では、方面軍を指揮する征・鎮・安・平を冠した諸将軍には「府《ふ》」という行政機関を開くことが認められた。また、その府には将軍を補佐する長史《ちょうし》・司馬・主簿《しゅぼ》・功曹《こうそう》・参軍《さんぐん》などの官僚が置かれた。これを府官《ふかん》という。どうやら讃は、四二一年の朝貢で宋から「安東将軍」を除授されたことを根拠に安東将軍府を開くと、その府官の司馬に曹達を任じ、宋へ派遣したらしい。曹達は、倭の五王の使者で唯一名が伝えられる人物である。結局、讃は新たな官爵を得るに至らなかったようだが、中国史書も倭国での開府の画期性には注目し、司馬の曹達の名を書きとどめたようである。

【表1】中国に派遣された5世紀の百済府官

年	[役職]人名	出典
424	[長史]張威	『宋書』
450	[長史?]馮野夫	『宋書』
472	[長史]余礼、[司馬]張茂	『魏書』
490	[長史]高達、[司馬]楊茂、[参軍]会邁	『南斉書』
495	[長史]慕遺、[司馬]王茂、[参軍]張塞、[参軍]陳明	『南斉書』

外交文書の作成者

上記の倭王の府官の性格を考える上で、府官を対中外交で派遣した百済の例は参考になる。

百済の府官の初見は、「使持節・都督百済諸軍事・鎮東大将軍・百済王」の余映が、四二四年に長史の張威《ちょうい》を宋に派遣したとする『宋書』百済国伝の記事である。張威も、その姓字から中国系であったとみられる。五世紀の百済の府官は張威も含めて一一例あり、全て中国の史書に登場する。いずれも長史・司馬などの府官トップクラスが対中外交にかかわったことを示す事例で、王族の姓を持つ四七二年の余礼《よれい》を除き、中国系の単姓者が占めている（表1）。このことは、百済王権の対中外交には府官のトップクラスが直接あたり、その中心に中国系の人々があったことを示している。

中国系の曹達を司馬として宋に派遣した倭国も、百済と類似の体制が想定できるだろう。しかも前述のように、百済は対倭外交にも中国系の人々をかかわらせていた。ならば、曹達自身、百済からの渡来であった可能性も考えられる。百済が、彼らを倭王の外交を支えるブレーンとして送り込み、両国の同盟強化と国際戦略の共有まではかっていた可能性である。

その事実は、四七二年に百済王の余慶《よけい》（蓋鹵王《がいろ》）が北魏に送った上表文と、四七八年に倭王武が宋に奉呈した上表文を比較することで、よりはっきりとみえてくる。

百済王慶の上表文は、高句麗の猛攻に窮した百済が、高句麗に影響力を持つ北魏に初めて使者を派遣した際に提出されたもので、『魏書』百済国伝に五〇〇字を超える長文が収載されている。内容は、高句麗との激烈な対立の歴史と現状を訴え、北魏に救援を請うたものである。けれども高句麗との関係を重視する北魏は、百済の要請に応《こた》えなかった。結局百済は、四七五年、高句麗の攻撃によって王都漢城と百済王慶を失う。

その直後の四七八年、倭国使が宋にもたらした外交文書が、『宋書』倭国伝の収載する倭王武の上表文である。一部省略されているが、二〇〇字を超える文章が伝えられている。内容は、宋王朝の冊封を受けた歴代倭王の宋への貢献を強調し、百済を圧迫し入宋《にっそう》路を妨害する高句麗の「無道」を訴えて、高句麗との戦いに備え、宋皇帝の支持・支援に期待を表明したものである。二つの上表文には、同盟関係にある両国の、高句麗の南進への強い危機感が共通して表現されている。

しかも興味深いことに、両上表文とも、中国典籍の参照傾向が共通しており、特に晋代の語句用例をよく参照している（表2）。中国典籍に関する知識と、晋代の語句用例を強

【表2】倭王武・百済王慶の上表文に用いられた中国史書・経書の類同語句数

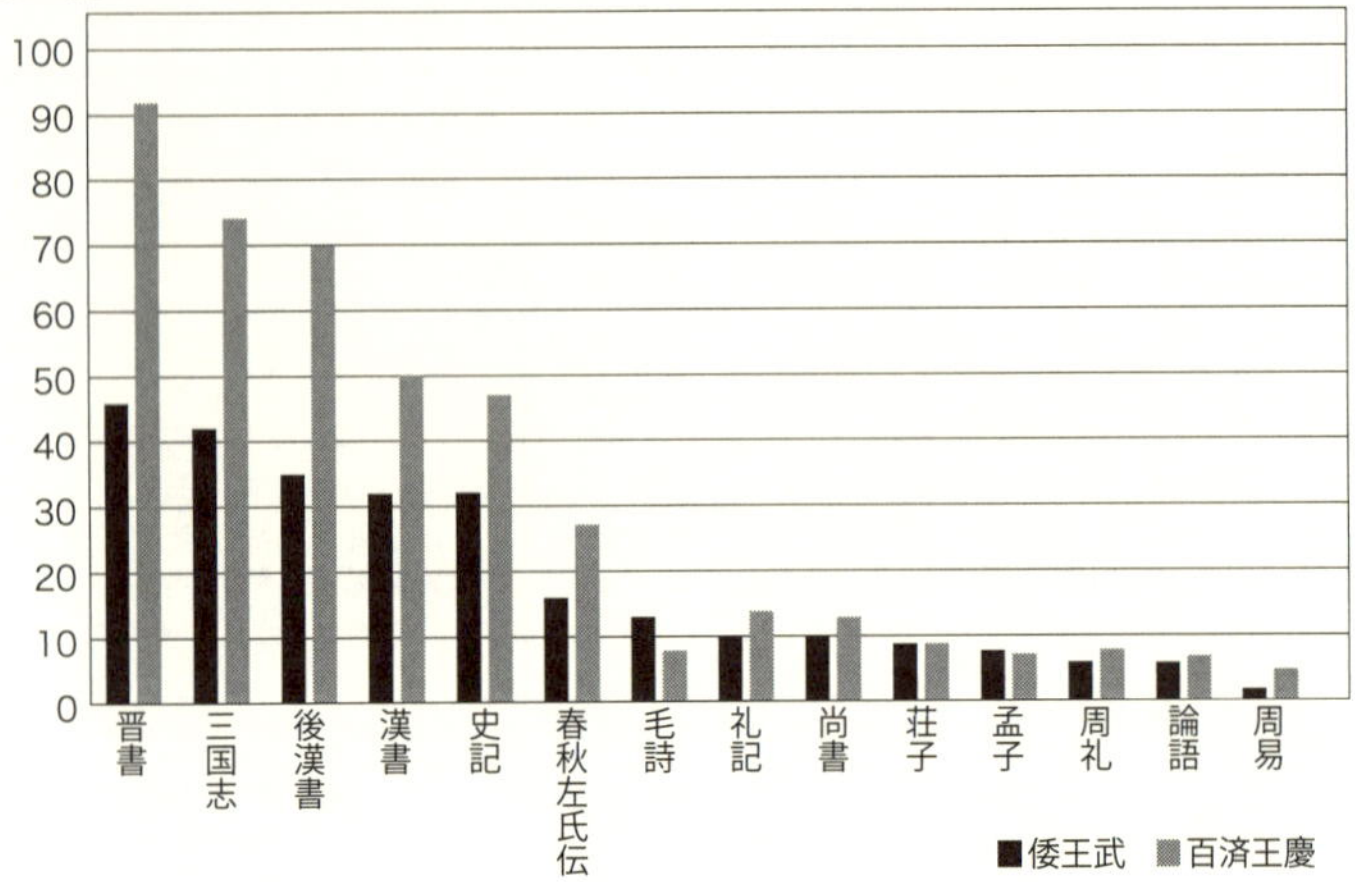

く意識する傾向が、全く共通しているのである。これは、両国の上表文作成者が、晋回帰志向の強い中国系の人々であったことを示している［田中史生・二〇〇五］。実際、倭王讃が宋に派遣した司馬の曹達も宋朝に讃の上表文を奉呈している。要するに、倭国や百済はいずれも府官に任用された中国系の人々が、外交文書の作成も行っていた。百済が倭国に彼らを送り込んだことで、両国の外交文書にこのような共通性が生じたと考えられる。

中国官爵と国内の支配秩序

また、倭国・百済両国とも、開府からしばらくすると、今度は王が臣僚に対し、自らが持つ将軍号よりも低い将軍号や太守号を授け（仮授《かじゅ》）、宋から正式な承認（除正《じょせい》）を求めるようになる。つまり中国の官爵を利用し、王を中心とする自国の身分秩序を整えようというのである。それは、天皇から将軍号を得て幕府を開いた日本中・近世の武家政権が、配下の官位や官職も天皇に認めさせて、自らの支配秩序にお墨付きを得ることに似ている。

ただ、この両国のやり方は、倭国が百済をまねたものというわけではなさそうである。臣僚へのこうした爵号の仮授は、百済よりも倭国の方が早いからである。

倭国の場合、その動きは珍の時代に始まる。讃の死去で王位を継いだ弟の珍は、四三八年に宋へ遣使し、自ら高句麗王・百済王に匹敵する第二品クラスの「使持節、都督倭・百済・新羅・任那・秦韓・慕韓六国諸軍事、安東大将軍、倭国王」を自称した。また、王族の倭隋《わずい》ら有力者一三名にも第三品クラスの平西《へいせい》・征虜《せいりょ》・冠軍《かんぐん》・輔国《ほこく》の各将軍号を仮授した。そして、その除正を宋に求めたのである。結局、珍には前王と同じ安東将軍号しか認められなかったが、臣僚への将軍号はそのまま承認されている。次の済王になると、除正を求める規模はさらに拡大し、四五一年、二三名の臣に将軍号だけでなく地方官の称号である郡太守号も仮授して、その除正を求めている。

しかし百済では、余毗《よび》（毗有王《びゆ》）時代の四五〇年、府官の長史の馮野夫《ふうやふ》に西河太守《せいかたいしゅ》を仮授し、宋にその除正を求めるまで、こうした動きがみえない［坂元義種・一九七八］。しかもその本格的運用は、四五五年に即位した次王の余慶の時代にまで下る。余慶は四五七年、王族の余紀ら一一名に右賢王《うけんおう》・左賢王《さけんおう》などの王号と征虜・冠軍などの将軍号を仮授し除正を求め、宋は各将軍号のみ認めた(『宋書』百済国伝)。余慶は先にみた北魏への遣使でも、「冠軍将軍・駙馬都尉《ふばとい》・弗斯侯《ふつしこう》・長史」の余礼と「龍驤《りゆうじよう》将軍・帯方太守・司馬」の張茂《ちようも》を派遣している(『魏書』百済伝)。このように倭国に遅れて始まる百済の臣僚への爵号の利用は、従来から指摘されているように、むしろ倭国からの影響なのかもしれない。

ただ、百済では将軍号・太守号だけでなく王号や侯号も用いられている点が倭国と異なる。「△△王」「△△侯」といった表記で示される王号・侯号の「△△」部分は、百済が積極的に領有をすすめた百済の実際の地名が入ることが多い。余慶の時代、王号・侯号は王権の中枢を担う百済王の近親者・王族に与えられ、将軍号も多くは王族に与えられた。その後、前述の高句麗の猛攻で王都が陥落し慶も亡くなると、体制の立て直しを余儀なくされた百済では、王号・侯号が王族以外の貴族層に広げられ、将軍号もこれと対応するようになる。こうして王号・侯号は、百済の内情に合わせ、兼帯する将軍号とともに、その対象を王族から貴族層へと広げていった[井上直樹・二〇一八]。

ところが興味深いことに、百済では太守号だけは一貫して中国系の姓を持つ府官層に与えられている。しかも「△△太守」の「△△」部分は、西河太守、帯方太守、楽浪太守のように、中国王朝が東方支配のために設定した地名に由来する。これは、王号・侯号が百済の実際の地名を用いたのと異なっている。こうした例が、五世紀には数多く確認される。つまり太守号を持つ中国系府官層は、王号・侯号を持つ在来の支配層とは一応区別され、支配集団を形成していたことになる。

そこで、倭王済の時代に登場する郡太守号も、百済のように中国系府官層に与えられたものではないかとする説がある〔河内春人・二〇一五〕。けれども倭国の中国官爵を利用した臣僚秩序の形成は、百済の影響によるものではないし、百済のそれもあくまで自国の内情に沿って構築されている。この点については、もう少し検討が必要だろう。

3　複合する中国系の漢字文化

中国系の姓と文化

『隋書』百済伝には「其の人雑《まじ》りて新羅・高麗（高句麗）・倭等あり。また中国の人あり」とみえる。これは七世紀前後の百済の多民族的状況を記したものである。

近年、中国から出土した唐代の百済人墓誌にも、四・五世紀の中国の動乱期に百済へ渡った中国系の祢《ね》氏一族が、代々高位の支配層についたことが記されていた。百済から唐へ流住した祢氏一族の墓誌は、三世代にわたって確認されていて、世代が下るごとに出自に関する記載が変化する。したがってこれらの記述には、彼らを取り巻く中国の社会状況を踏まえた改変があることを考慮しなければならない。しかしそれでも、彼らが中国を出自とすることは動かず、祢姓は確かに中国に存在する。華北の混乱により流入した中国系の人々を府官に任用し、太守号も与えて支配者集団の中枢の一つに位置づけた百済では、以後もそのアイデンティティと高い政治的ポジションが、姓とともに子孫に受け継がれていた可能性が高い。けれども倭国では、史書からも渡来系氏族の伝承からも、同様のことを想定できない。

ところで、五世紀に倭国や百済で活躍した中国系の多くは、中国大陸生まれではなかったとみられる。この時代、大規模な人の移動を生み出した華北の争乱は一段落しているからである。特に五世紀後半に活躍する中国系の人々はそうであろう。では、中国生まれでない彼らは、五世紀後半の両国の上表文にあらわれるような中国系のアイデンティティや文化を、どのようにして継承していたのだろうか。

この問題を解くカギの一つは、中国系の人々の「姓」にあるだろう。『宋書』や日本の出土文字資料を踏まえると、五世紀の倭国では、倭王族が対宋外交で「倭」姓を名乗る以外、倭人で姓を用いる者はいなかった。しかも「倭」姓も以後の時代に引き継がれない。五世紀の倭王一族が「倭」姓を名乗ったのは、対中外交をすすめるにあたり、中国を中心とする東アジアの慣例に便宜的に倣ったものだろう。当時、宋皇族は「劉」姓を、高句麗王族は「高」姓を、百済王族は「余」姓を名乗っていた。ところが、王族以外に姓を持たない倭国にあって、中国系の人々だけはしっかりと姓を持っている。

中国史学者の尾形勇によれば、古代中国の「姓」は、「家」と密接な関係にある。すなわち、中国では、父子関係のような「家」の社会関係は〈私〉の世界にあるとみなされ、「家人の礼」と称される当時の家族秩序によって規律されていた。またその上位には、「君臣の礼」によって秩序づけられる、〈公〉の世界がそびえ立っていた。つまり君や諸臣は、〈私〉の場である各自の「家」を基盤に、そこから出身して、君臣の礼をもって秩序づけられる〈公〉の場にあらわれる。このように観念されていたのである。そして「姓」は、秦漢代以降、所属氏族をあらわすものではなく、そうした「家」をあらわす冠姓として機能するようになった〔尾形勇・一九七九〕。

以上を踏まえると、古代中国においてこれらの「家」が、文化伝承の場としても機能していたことが注目される。例えば西晋に仕官し、後に五胡十六国の前涼《ぜんりよう》を創建した漢族の張軌《ちようき》について、『晋書』張軌伝は「家世《かせい》孝廉《こうれん》、儒学を以て顕《あら》はす」と記す。張軌の家系は、特に儒学を学び、官人として推挙される家柄であったというのである。他にも、「家世」として伝えられる技能・文化によって出仕・出世したという人物評は、中国史書に多く散見される定型的な評である。

つまり、東アジアの各王権で優れた漢字文化と中国姓を持って活躍した中国系の人々は、それぞれの「家」の文化と姓を代々継承した人々であった。彼らは、〈公〉の場に仕える基盤となる、〈私〉的な「家」の文化と姓を継承する限り、中国生まれでなくとも、東アジアの様々な王権で高度な文化をもって仕えることができたのである。

ならば、倭国では五世紀に活躍した中国系の姓が、以後、百済のようには継承されなかったことに留意が必要だろう。このことは、百済と異なり倭国には、彼らの文化様式を「家世」として伝える社会環境が存在しなかったことを意味する。中国系府官層に太守号を与え、他の在来支配層と区別しつつ特定の地位を維持・保障する百済のような体制を、倭国はとっていなかった可能性が高い。ならば、四五一年に倭国で新たに導入された郡太守号は、中国府官層のためのものではない。五世紀前半の将軍号は中央の王族や有力首長層に対するものであったとみられること、これに対して五世紀半ばに登場する郡太守号は地方官の称号であることを考えても、倭国の郡太守号は、在地の有力首長層を新たに中国官爵の秩序に取り込むためのものだったのではないかと考える。その背景については後述する。

以上のことは、雄略天皇の寵愛《ちょうあい》した「史部《ふみひと》」の身狭《むさの》村主《すぐり》青《あお》・檜隈《ひのくまの》民使《たみのつかい》博徳《はかとこ》らが呉に度々派遣されたという、『書紀』雄略紀の著名な伝承からもうかがえる。異論もあるが、雄略天皇は宋に朝貢した倭王武と対応する人物とみる説が最も説得的で、「史部」は〝フミヒト〟、つまり文字技能者、書記官のことである。また「身狭村主」「檜隈民使」などの姓は、渡来系氏族である東漢《やまとのあやうじ》氏系諸氏の姓の一つで、実際は六世紀に入って成立する[加藤謙吉・二〇〇二]。つまり、青や博徳に付された倭的な姓は後世の潤色である。しかし天皇に近侍し、「呉」、つまり中国南朝の外交にかかわったとする渡来系の青や博徳の「史部」伝承は、五世紀の中国系府官層の記憶を伝えたものとみてよい。彼らが本来名乗った中国的な姓は、六世紀以降の倭王権の氏族編成論理に基づき成立した倭的な姓に置き換わり、青や博徳といった中国的な名前だけが伝えられているのである。この点が、百済とは全く異なっている。

したがって、五世紀の倭国で、中国系の姓と文化を色濃く持って活躍した渡来系の人々は、同盟国百済から渡来し、それほど年月が経たない一世者か、せいぜい二世者程度にとどまったと考えられる。倭国に渡来した中国系の子孫は、結局、「家」と姓を継承する環境を維持できず、いずれ登場する東漢氏などの渡来氏族の組織に取り込まれていく運命をたどったのである。

地域文化としての漢字文化

興味深いことに、こうして中国系の人々の移動とともに、朝鮮半島から日本列島へと本格的に伝わった漢字文化には、その移動ルートを反映するような地域性も重層的に練り込まれている。

北朝鮮大安《テアン》市の徳興里《とくこうり》古墳は、高句麗壁画古墳として著名だが、そこには被葬者である某氏鎮の墓誌が記されている。鎮は華北の動乱で高句麗に流住し、四〇八年頃に死去した中国系の人物とみられている。墓誌には「食一椋」という難解な文言があるのだが、佐伯有清は、これが亡くなった墓主人の食べ物が尽きないことを表現する定型句「食大倉」に通じる吉祥句であることを突きとめた〔佐伯有清・一九九五〕。ところが、中国では倉（クラ）の意味で「椋」字を用いる例が確認されていない。こうした用例は、日韓の出土文字資料などによって古代の朝鮮半島や日本列島に特有のものであることが知られている。しかし、その最も早い用例が、中国の古典や吉祥句の影響を色濃く残す中国系の鎮の墓誌にあることは見過ごせない。「椋」＝倉も、高句麗に流入した中国系の人々が高句麗において作字したか、もともと華北の一部地域にこうした用例があった可能性が疑われるからである。こうした地域的な漢字文化が、漢字のルーツ中国にではなく、朝鮮半島と日本列島に広がっている。

また、埼玉県行田市稲荷《いなり》山《やま》古墳出土鉄剣銘（稲荷山鉄剣銘）と熊本県玉名郡和水《なごみ》町江田《えた》船山《ふなやま》古墳出土大刀《たち》銘（江田船山大刀銘）は、獲加多支鹵《わかたける》大王、つまり倭王武＝雄略の時代に記された。五世紀後半の倭国の文字文化を知る上で、極めて貴重な出土文字資料である。ここにも、漢字文化の伝播《でんぱ》ルートとかかわる地域文化的な情報が刻まれている（図13）。

両銘文には、稲荷山鉄剣銘に「杖刀人首《じょうとうじんのおびと》」の乎獲居《をわけ》臣、江田船山大刀銘に「奉事《ほうじ》典曹《てんそう》人《じん》」の无利弖《むりて》、「作刀者《さくとうしゃ》」の伊太《いた》和、「書者《しょしゃ》」の張安《ちょうあん》というように、人名の前に「△△人」や「△△者」の表記で、その人が担当する職務が示されている。「△△」の部分は動詞＋

① 稲荷山古墳出土鉄剣銘

（表）辛亥年七月中記、乎獲居臣上祖名意富比垝、其児多加利足尼、其児名弖已加利獲居其
児名多加披次獲居、其児名多沙鬼獲居、其児名半弖比

（裏）其児名加差披余、其児名乎獲居臣、世々為杖刀人首、奉事来至今、獲加多支鹵大王寺、
在斯鬼宮時、吾左治天下、令作此百練利刀、記吾奉事根原也

② 江田船山古墳出土大刀銘

〔治〕
台天下獲□□□鹵大王世、奉事典曹人名无利弖、八月中、用大鐵釜、并四尺廷刀、八十練、□
十振、三寸上好□刀、服此刀者、長壽、子孫洋々、得□恩也、不失其所統、作刀者名伊太和、
書者張安也

【図13】稲荷山鉄剣銘・江田船山大刀銘の釈文

名詞、もしくは名詞で、基本的に漢語表記である。また、江田船山大刀銘の「書者」の張安は、この銘文の作成者である。「書者」は「書人」と同じで、つまり文字技能を持つ書記官、フミヒトのことを指す。そして彼の冠する「張」姓は、百済でもその活躍が認められる中国系の姓である。すると、倭国においてこうした銘文も、百済から渡来した中国系の手によって作成されていたことになるだろう。

これらと同様の表記は、四一四年の「高句麗広開土王碑」（中国吉林省集安市）にもみえている。同碑には、高句麗王陵を守るために徴発された「守墓人」のことが記されているが、碑文内で「守墓人」は「守墓者」とも表記されている。近年、中国吉林省で発見され、「高句麗広開土王碑」と関連するとみられる「集安高句麗碑」にも、「守墓者」がみえる。動詞＋名詞の漢語表記であらわされる職務の「人」「者」を動員する体制は、高句麗が倭国に先行して整えていたのである。

右の点と関連し、『書紀』雄略八年二月条は、高句麗の軍士が新羅人を「典馬」として連れ帰ったと記し、これに続けて「典馬、此をば于麻柯比《うまかひ》と云ふ」と注記している。江田船山大刀銘には、つかさどるという意味の「典」を用いた「典曹人」が見えるから、五世紀は馬をつかさどるウマカイ（馬飼）も、「典馬」（人・者）と漢語表記されていたのだろう。しかしそれを倭国では、「ウマカヒ」と和語で読んでいた可能性が高い［吉村武彦・一九九三］。ただし、この伝承は高句麗に関するものである。馬の飼育を職務とする者を、五世紀は倭国だけでなく高句麗も「典馬」と表記していた可能性がある。

そこで「典馬」の用例を中国史書に探すと、『魏書』『北斉書』『北史』といった北朝系の史書に登場するが、『宋書』『南斉書』『梁書』『陳書』『南史』などの南朝系史書には確認できない。だからこれも華北の用例が、中国系の人々の移動とともに、高句麗・百済を経由して、倭国にも入ったことを示すものだろう。

稲荷山鉄剣銘の漢字表記に関しては、音韻学からも興味深い指摘がある。この銘文では、固有名詞を漢字であらわす際、古韓音系の仮名が多用され、東国方言による仮名まで用いられているというのである〔森博達・二〇〇三〕。ここには、銘文作成者の漢字のよみに古韓音の影響が強いこと、また鉄剣製作を依頼した「杖刀人の首」の「ヲワケ（乎獲居）の臣《しん》」が東国出身者で、銘文作成者がそのなまりまで漢字で表記しようとしたことが示されている。稲荷山鉄剣銘の作文者が江田船山大刀銘同様に中国系であったとすれば、作文者の用いた古韓音は、おそらく百済経由の渡来人であったことに基づく。東アジア諸国の漢字文化の担い手となった彼らは、移動先において地域の言葉とふれあい、それを漢字で表記する方法も見いだしていったと考えられる。

漢字と馬と船

華北の争乱を契機に移動した中国系の人々が東方世界に伝えたのは、漢字文化だけではない。近年の考古学の成果によって、倭国の騎馬文化が北東アジアをルーツとすること、そして騎馬文化東漸の引き金となったのも、五胡十六国の乱世を生み出した華北の争乱であったことがほぼ確実視されるようになっている。

馬生産技術の渡来については、『書紀』応神一五年条にも次のような伝承がある。百済の使者として倭王に良馬を献上した阿直岐《あちき》は、そのまま倭国にとどまり馬の飼育を担当した。また諸典籍に通じ、王子の教育にもかかわったというのである。『古事記』応神段によれば、献上された良馬は「牡馬《おす》一疋・牝馬《めす》一疋」であった。『三国史記』新羅本紀にも、四・五世紀の百済が新羅に「良馬二匹」を贈与した記事がみえる。阿直岐伝承には、つがいの良馬を贈与して外交を展開した四・五世紀の百済の実態が反映されているだろう。

右の伝承には、他にも当時の実態を反映したと思われる部分がある。高句麗からの圧迫を受けた百済王の余慶は、前述の四七二年に北魏に送った上表文のなかで、北魏の救援が得られれば子弟を遣わし、廏《うまや》で馬の飼育係をさせる覚悟があると述べている。それほどまでに百済は窮していたというわけだが、ここからは、百済王族の子弟に中国にも劣らぬ馬の飼育技術・知識が教育されていたこともうかがえる。それは、馬の飼育技術を持つ百済渡来の阿直岐が、倭国で王子教育にかかわったとする伝承にも通じる。阿直岐伝承は、中国系の支配層や知識人によって運ばれた漢字文化と騎馬文化が、百済の王族だけでなく、その同盟国である倭の王族にも教育された実態を踏まえているのだろう。華北に用例の多い漢字語「典馬」も、こうした漢字文化と騎馬文化の流伝とともに東方へもたらされたとみられる。

ただし、日本列島への騎馬文化の伝来は、中国大陸と陸続きの朝鮮半島とは異なり、馬を船で運ばねばならない。繁殖用のつがいの馬と、馬の生産技術は、技術者とともに百済から船に乗ってやってきた。百済には、馬を外洋船に載せて大海を渡る技術もあったのである。

こうした馬の運搬技術も、おそらくは中国に由来する。『三国志』呉志孫権伝嘉禾《かか》二年(二三三)条が引く「呉書」には、高句麗王が呉の使者に馬数百匹を献上したが、使者の船が小さく、八〇匹だけを載せて呉に帰還したとある。朝鮮諸国は、中国との交流を通して馬の海上運搬技術にも触れていた可能性が高い。

そして『書紀』によると、雄略天皇の時代以降、今度は倭国の馬が朝鮮半島へと渡っていく。『書紀』雄略二三年是歳条では、筑紫《つくし》の安致臣《あちのおみ》と馬飼臣《うまかいのおみ》らが船師《ふないくさ》を率いて朝鮮半島へ渡っている。ここに馬飼臣が登場するのは、馬を船で運んだからだろう。船による馬の運搬では馬飼、すなわち典馬も同乗した。倭国にはただ騎馬文化が伝えられたのではなく、馬を外洋船で運ぶ技術とセットになった騎馬文化が伝えられていたのである。

なお、当時の倭国の船は、船底となるくりぬきの丸木舟の側面に板材をつなぎ合わせた準構造船と呼ばれる船だが、こうした準構造船を模した土器が韓国からも出土している。

【図14】熊本県弁慶ヶ穴古墳の壁画（写真提供 熊本県立装飾古墳館）

『書紀』応神三一年八月条には、部民《べみん》制下で木工を専門とした猪名部《いなべ》について、新羅王がこの時に造船用の有能な「匠者《たくみ》」を貢上したことに始まるとしている。六世紀以降の王権の職務分掌体制である部民制については後述するが、「匠者」は「書者」などと共通する、五世紀的な表記とみなし得る。造船技術も、新羅を含む朝鮮半島からの渡来人によって伝えられていた可能性がある。

また六世紀の九州の壁画古墳には、一隻の船の近くで馬二匹を引く人物像（福岡県竹原古墳）や、馬一匹を積載した船の絵（熊本県弁慶ヶ穴《べんけいがあな》古墳）を描くものがある（図14）。『書紀』欽明《きんめい》一五年（五五四）正月丙申《へいしん》条によれば、百済を軍事的に支援するために倭国が準備したのは、兵一〇〇〇人、馬一〇〇匹、船四〇隻で、これを参考にしても、倭国の軍船は二五名前後の人と、馬二、三匹程度を積み込むことができたのではないかと推測される。

それからずっと時代が下って室町時代の中期。『戊子入明記《ぼしにゅうみんき》』によれば、室町幕府が派遣した一五世紀の遣明船は、明に献上する馬二〇匹を他の献上品とともに正使の乗る船に積み込んだ。一〇〇名を超える乗船者のなかには馬飼もあった。古墳時代に朝鮮半島から伝わった馬と船の複合した渡来文化が、その基本形を維持しつつ、千年後に大きく発展していたことがわかる。

Ⅲ　大王と地域首長と渡来人・渡来文化

1　五世紀半ばの変化を捉える

渡来人の活動痕跡

倭の五王の時代、列島の渡来人は中国系ばかりではない。むしろ朝鮮系の人々の方が圧倒的に多かった。外交使節では朝鮮諸国からの渡来は頻繁だが、中国王朝が倭国に使節を派遣することはなかった。また列島各地の遺跡で見つかる渡来人の生活の痕跡《こんせき》も、そのほとんどが朝鮮系のものである。倭国で活躍した中国系の人々は百済などからの渡来とみられるから、この時代に列島に居住・居留した渡来人の中心は、要するに朝鮮半島からの渡来人なのである。

朝鮮系渡来人は、倭人首長層が共同体を支配する上で有効な技術も様々にもたらした。例えば彼らによって、朝鮮半島の土器をルーツとする硬質の須恵器《すえき》の生産が始まる。液体保存に優れた須恵器は、古代、酒造などの醸造にも用いられたが、特にその生産が始まった頃は大甕《おおがめ》が多くつくられていた。須恵器の生産技術とともに、大甕を用いた発酵醸造の技術や儀礼・祭礼が朝鮮半島からもたらされたとみられる〔望月精司・二〇一七〕。首長層は、須恵器の大甕で酒を造り、須恵器の酒器や供献具を用いて、自らが主催する共同体の祭礼を大いに盛り上げていたことだろう。渡来人のもたらした技術によって鉄器生産技術も刷新された。武器や農具・工具となる鉄器も、首長層の主導する生産活動や軍事力を大きく向上させる。だから倭人首長層は、こうした生産技術を持つ渡来人をしきりに求めた。

考古学が捉《とら》える彼らの生活・活動の痕跡は、五世紀前半代、西日本を中心に各地に及んでいる。それらは特に、外交での活躍が伝えられる首長層の本拠地や国際交流拠点において顕著である。

奈良盆地西南部に位置する御所《ごせ》市の南郷《なんごう》遺跡群は、その代表的な遺跡の一つである。ここは、後に葛城氏《かつらぎうじ》と呼ばれた、倭国を代表する大首長勢力の拠点地域である。南郷遺跡群では五世紀前半頃、首長の居宅近くに高度な技術を持つ馬韓系・加耶系の渡来人が集まり住み、鍛冶《かじ》やガラス、石製の玉などの生産にかかわっていたことがわかっている（図15）。

『書紀』にも葛城勢力と渡来人の関係を示す伝承がある。それは、新羅が倭国に送った「質《しち》」の帰国をめぐる、両国のトラブルの話である。新羅や百済は、倭国との修好を目的に、その担保として、王族などを「質」として送ることがあった。神功《じんぐう》皇后摂政紀五年三月条によると、その「質」として新羅から渡来した王子が、計略を用いて強引に帰国した。王子の世話係をしていた葛城襲津彦《かつらぎのそつひこ》がこれに怒り、新羅の影響下にあった加耶南部地域を攻撃し、技術者を「俘人《とりこ》」として連れ帰った。これが葛城の四邑《よつのむら》の漢人《あやひと》の祖となったというのである。

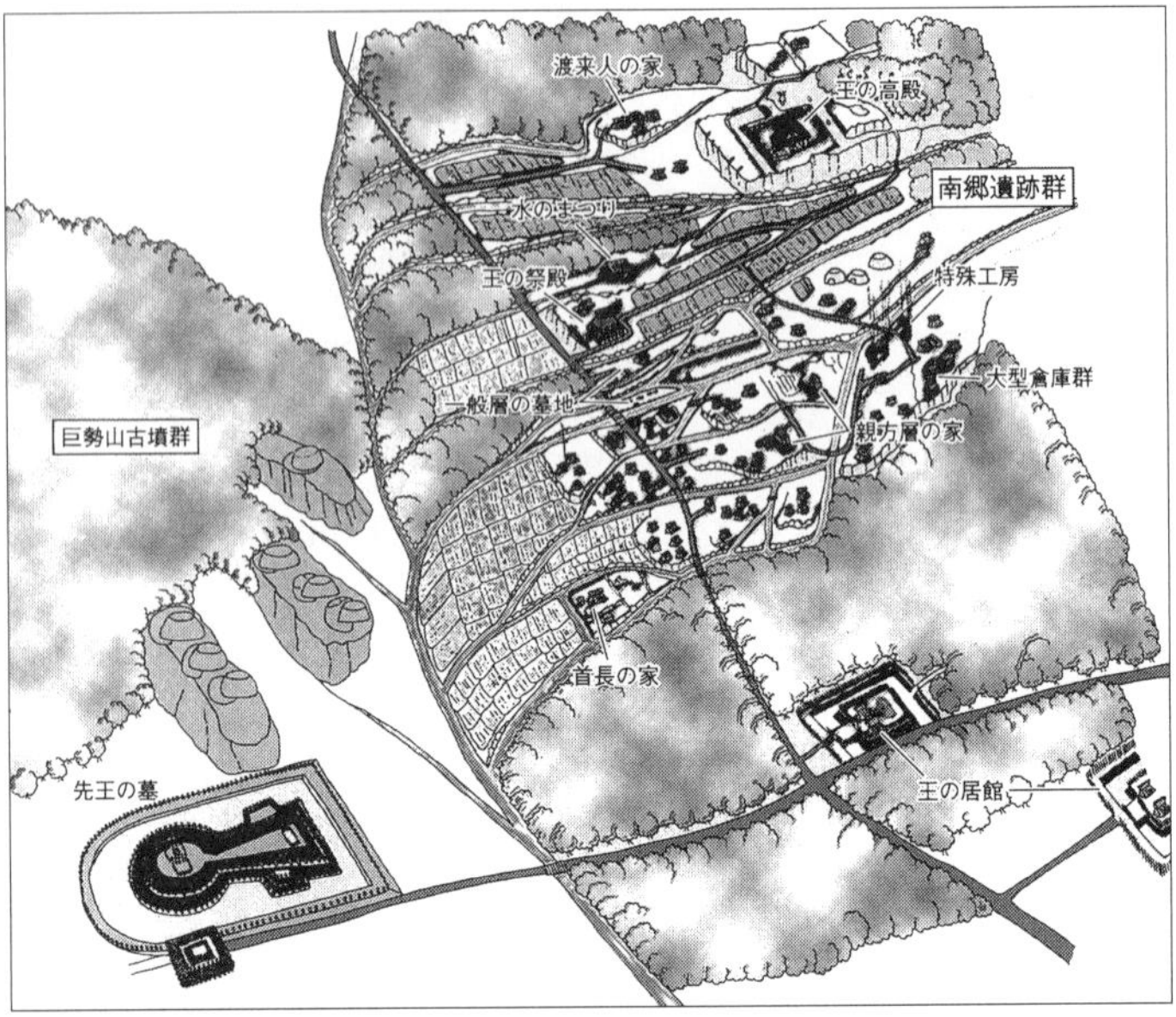

【図15】南郷遺跡群の復元イラスト
(坂靖・青柳泰介『葛城の王都・南郷遺跡群』新泉社、2011年より)

これと同様の話は、『三国史記』新羅本紀にもみえている。それによると、四〇二年に「倭国と好《よしみ》を通じる」目的で「質」となった新羅王子が、四一八年に倭国から逃げ帰った。「高句麗広開土王碑」などによれば、この頃、新羅は倭国からの攻撃にあっていた。新羅はそれを緩めさせる目的で、四〇二年に「質」を送って倭王と修好関係を築いたが、それが四一八年に破綻《はたん》したとみられる。

　南郷遺跡群の加耶系の遺物・遺構は、新羅の影響地域との関係が不明瞭《ふめいりょう》で、「俘人」

伝承をそのまま裏付けるものではない［坂靖・二〇一八］。けれども新羅や百済が倭国に送った「質」は、王の代理として倭国に滞在し、倭王とその周辺に先進文物や技術者を贈与して、倭国支配層との関係を強化する、いわば駐在大使のような役割を持った渡来人である。襲津彦が強引に帰還した「質」の代償として技術者を奪ったという話には、外交実務を担う葛城勢力も、この「質」外交からのメリットを享受する立場にあった実態が踏まえられている。つまりこの伝承には、葛城勢力が王権外交にかかわるなかで、実際に朝鮮半島から渡来人を呼び込む契機を様々に得ていた当時の実態が反映されているのである［田中史生・二〇〇五］。

同じ頃、瀬戸内地域でも、鉄器生産にかかわった岡山県総社市の窪木薬師《くぼきやくし》遺跡、須恵器生産にかかわった同市の奥ケ谷《おくがたにようせき》窯跡などで、加耶系の技術系譜を持つ渡来工人の関与が確認されている。ここは、葛城勢力とともに五世紀の倭王権を支え、外交でも活躍した吉備勢力の本拠地である。『書紀』の雄略紀は、大王の命で朝鮮半島との間を行き来した彼らが、渡来人を招請して王権に献上したり、本拠地吉備に独自に「韓奴《からのやつこ》」を保持したりしていたことも伝えている。

また山陰では、島根県松江市の意《お》宇《う》平野において五世紀前半の渡来系遺物が確認され、この地の首長の拠点に、渡来人なども居住する中核的な集落が形成されていたことが判明している。『書紀』仁徳《にんとく》即位前紀には、出雲臣《いずものおみ》の祖の淤《お》宇宿禰《うのすくね》が、大鷦鷯尊《おおさざきのみこと》（後の仁徳天皇）の命を受けて韓国に渡ったという伝承がある。

古くから朝鮮半島との交流ルートを持つ北部九州でも、福岡県の福岡平野や県中南部の朝倉地域などで、渡来人が五世紀前半から様々な生産活動にかかわっていたことがわかっている。

興味深いことに、これら各地の渡来人の活動痕跡を示す考古資料には、朝鮮半島とのつながりを示す系譜に、それぞれ異なりや特徴がある。このことは、渡来人が一旦《いったん》王権のもとに集められ、その後、各地に分配されたのではなく、各地の首長層が、それぞれに朝鮮半島諸地域との関係を築いて、彼らを独自に本拠地に呼び寄せていたことを示している。

以上にみた渡来人関連遺跡と『書紀』の伝承との対応関係を踏まえれば、その契機は、各地の首長層が倭王権の外交にかかわることによって得られていたとみてよいだろう［田中史生・二〇〇五］。

ただし、渡来の技術を用いた武器・武具生産については、王権の影響が強く、特に甲冑《かっちゅう》は、王権が一元的に生産・分配していたようだ［橋本達也・二〇一五］。倭国にとって武装は、緊迫化した国際社会にアクセスする基礎となる。だから、王権主導のもと、渡来人を積極的に活用した生産の拡充をはかり、またその成果を各首長層にも分配して、王権を軸とした首長層の軍事組織化をすすめていたと考えられる。それは、倭王が中華王朝に対し、自らとその配下に軍事的な将軍号を求める動きとも対応している。

以上から浮かび上がる五世紀の倭国は、次のようなものである。東アジアに軍事的な緊張が高まると、倭王権は同盟国百済から渡来した中国系の人々の力を借りて中華王朝に爵位を求めた。こうして国際的な権威を高めつつ、渡来工人の支援のもとに武装化をすすめて、配下の首長たちを積極的に朝鮮半島に派遣した。これにより朝鮮半島との交流の機会を大きく増やした首長層は、そこから直接人や文物を本拠地に呼び込み、共同体に対する権威や支配力を強化していった。こうした東アジアとの関係構造のなかで、倭王権は各首長層に対する求心力を維持することができたのである。

一方、邪馬台国の時代以来、渡来人と倭人が集まり発展した博多湾岸の国際交易拠点は、四世紀後半に消えていく。それはちょうど、東アジアの軍事的緊張に倭国が巻き込まれていく時期と重なっている。王権によって秩序の保たれた平和的な国際交易港は、その役割を終えたということだろう。

葛城勢力の大加耶攻撃

ところが考古学によると、渡来人とその文化をめぐる王権と地域の関係が、五世紀半ば以降にまた変化する。この頃から、南郷遺跡群や窪木薬師遺跡など、葛城や吉備の渡来人関連遺跡が衰退傾向をみせる。その他、首長が独自に渡来工人を将来して生産を開始した各地の小規模な須恵器窯も、継続できずに消滅していく。

一方、大阪湾岸で渡来工人などを動員して営まれていた王権の工房は、これと反比例するかのように影響力を増していく。現在の大阪府泉北《せんぼく》丘陵に展開し、須恵器を生産した陶《すえ》邑《むら》窯の技術が、五世紀後葉になると各地に拡散し、これまで独自性を保っていた地域の須恵器生産も、陶邑の影響を強く受けるようになるのである。また東日本では、この時期から渡来人の痕跡が一気に広がる。彼らは馬の生産などとかかわり、王権によって移配された人々ではなかったかと推測されている。つまり、列島各地における渡来の技能者や文化の展開は、五世紀の半ば頃から、王権の直接的な影響力が増大するのである。

右の変化のうち、葛城や吉備の渡来人関連遺跡の衰退は、『書紀』に記された允恭《いんぎょう》〜雄略天皇頃の葛城・吉備の反乱から衰退へと向かう伝承とも対応している。そこであらためて『書紀』を開いてみると、五世紀の半ば、天皇が葛城勢力と外交方針をめぐり対立したと伝えられることが注目される。『書紀』神功六二年条は、葛城襲津彦を派遣して新羅を討ったとし、続けて次のような内容の注記を付している。

百済記によれば、壬午の年、新羅が倭国に従わず、倭国は沙至比跪《さちひこ》を遣わし新羅を討とうとした。しかし沙至比跪は新羅人の贈った美女二人を受け取り、反対に加羅国を攻撃した。加羅国の王や王子らは人民を率いて百済に逃げ、百済はこれを厚遇した。また加羅国王の妹が倭国にやってきて、沙至比跪が新羅と通じて加羅国を攻撃したと訴えた。これに怒った天皇は木羅《もくら》斤資《こんし》を遣わし、斤資は兵を率いて加羅国復興に尽力

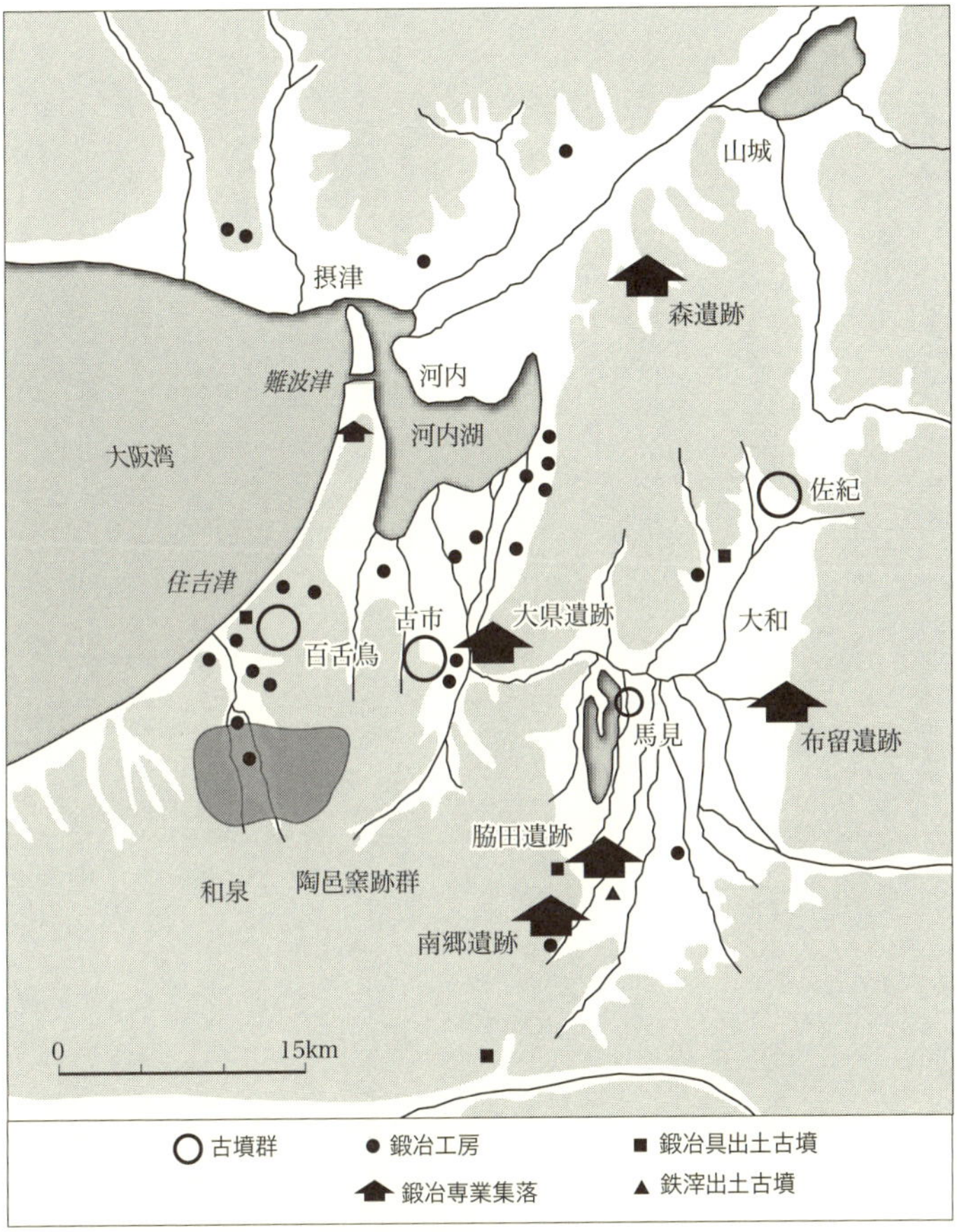

【図16】大阪湾沿岸部とその周辺の遺跡分布
（銅鐸博物館『銅から鉄へ　古墳時代の製鉄と鉄器生産』より、一部改変）

した。

ここで『書紀』編者が引用した「百済記」は、「百済本記」「百済新撰《しんせん》」とともに百済三書と呼ばれ、『書紀』を編纂《へんさん》する際に大いに参照された。いずれも現存しないが、百済の渡来人が日本（倭）において百済側の史料を用いて編纂したものとみられている。編纂時期はもちろん『書紀』より前だが、それをいつとするかは諸説ある。また表記の仕方や内容も日本（倭）に迎合した姿勢をとり、これをそのまま史実とするのは問題がある。けれども『書紀』とは編纂主体・目的が異なるから、『書紀』本文の史料批判を行う際は注目される史料である。

さてこれまでの研究で、右の記事の「壬午の年」が四四二年にあたることは確実となっている。またここに登場する沙至比跪は、先にみた葛城襲津彦のことで、百済では襲津彦が「沙至比跪」の名で伝えられていたことがわかる。一方、木羅斤資は五世紀の百済の将である。大加耶は百済に救いを求めたとあるから、実際に木羅斤資を動かしたのは倭王ではなく百済王だろう。

さらに、ここで攻防の舞台となった加羅国は、加耶北部の有力国、大加耶のことである。加耶地域では五世紀前半、洛東江下流域に展開した金官国（任那）などの南部諸国が、高句麗の南下で動揺し、高句麗とつながりを持つ新羅の影響力が強まっていた。一方、加耶北部、すなわち洛東江より西側内陸部の高霊《コリヨン》地域を拠点とした大加耶が、これにとって代わるように台頭しつつあった。葛城勢力が内陸の大加耶を攻撃したとすれば、従来から交流のあった沿岸部の加耶南部を足がかりとした可能性が高いとされる。

以上を踏まえ、これまで示されてきた「百済記」に基づく歴史はこうである。倭国は加耶北部の力を抑えたい加耶南部の要請を受け、四四二年、大加耶を攻撃した。しかし大加耶が百済に救いを求め、百済がこれを防いだ〔山尾幸久・一九八九、田中俊明・二〇〇九〕。つまり、沙至比跪の大加耶攻撃を、倭王権による攻撃と理解するのである。

ただ、そうだとすると、「百済記」が沙至比跪の行動に対し「天皇、大いに怒り」と記したのは捏造《ねつぞう》だということになるが、果たしてそう理解してよいだろうか。というのは、『書紀』同条は「百済記」の引用に続けて、「一《ある》に云《い》はく」として、天皇との溝を深めた「沙至比跪」が密《ひそ》かに帰還し、天皇の気持ちを探ったが、天皇の赦免が得られずに死亡したという後日談を引用している。「一に云はく」が具体的にどの史料を指すのかはわからないが、「沙至比跪」とあるので、これも百済系の史料であることは間違いない。百済の渡来人が、後日談の詳細までもこうした形で一から捏造したとするのは、さすがに手が込みすぎであろう。その意図もはかりかねる。百済では、倭王が葛城勢力の大加耶攻撃を承認しなかったと伝えられていた可能性が高いのである。

もう一つ注目されるのは、ここに新羅が登場することである。前述のように、この時期、新羅は加耶南部に強い影響力を持っていた。葛城勢力が加耶南部を足がかりに大加耶を攻撃したとすれば、「百済記」の伝える新羅の関与が実際にあった可能性は高い。しかも「百済記」は、倭王が沙至比跪に新羅攻撃を命じる前提として、倭・新羅間に対立があったとする。これは『三国史記』新羅本紀で四四〇年と四四四年、新羅が「倭人」「倭兵」の侵攻を受けたと伝えていることとも一致する。加えて新羅の対中外交では「美女」の献上が度々記録されていて、「百済記」の記述はこうした新羅外交のあり方まで踏まえている。

大加耶攻撃の国際環境

ところでこの頃の新羅は、高句麗から自立する動きを見せ、百済もその新羅との友好的な関係を築いていた。高句麗・新羅・百済の関係も様相が変わりつつあったのである。一方、『書紀』には四三〇年代〜四五〇年代の百済との通行を明確に伝える記述がない。このため、この時期の百済は新羅との同盟関係を重視する一方、倭国とは疎遠となっていたとする説がある〔熊谷公男・二〇一五〕。また、この観点から四四二年の百済王権と倭王権の軍事衝突説を支持する見解もある。

しかし、右の「百済記」の検討を踏まえると、王と王、国と国の関係だけでなく、地域間の交流も含めて展開した当時の国際関係はもう少し複雑だったろう。四四二年の大加耶の攻防の背後に新羅と百済があるとすれば、両国の利害は大加耶をめぐって相反していたことになる。しかも『古事記』『書紀』（以下、記紀と総称する）は、病気がちな允恭天皇が即位すると、新羅から名医が派遣されてこれを治癒させたという話を伝えている。允恭天皇は倭の五王の済に比定する説が有力だが、その即位は『宋書』によって四四〇年前後に置くことができる。そうなると、新羅の名医の渡来伝承は、諸史料が倭国と新羅の対立を伝える時期と重なる。これほどまでに友好と対立が混線する状況は、当時の国際関係が様々な地域、主体の思惑が統一されず、複線的、多元的に形成され動いていたことのあらわれである。

百済と倭国の関係についても没交渉だったわけではないだろう。倭王武の上表文が「道百済を遙《へ》て」と述べるように、この頃の遣宋使船は百済経由で宋へ向かっていた。船の構造や航海技術の限界とも関連しようが、百済のある朝鮮半島西南部伝いに北上し、そこから中国大陸にとりつくルートを使い、海の横断距離を抑えていたのである。『宋書』によれば、倭王の遣宋使は四三〇年、四三八年、四四三年、四五一年と続くから、百済はこれらに協力していたとみるべきである〔河内春人・二〇一八〕。特に、四四三年の遣使は沙至比跪の大加耶攻撃の翌年にあたる。両王権が軍事衝突していたならば、遣宋使船の百済近海の通過は困難だったはずである。ところがこの年は、倭国だけでなく百済も遣宋使を派遣している（『宋書』）。むしろ倭・百済両王権は、新羅と結びついた葛城勢力の大加耶攻撃を受け、連携して対宋外交を展開した可能性が高い。

この遣使によって、済は「安東将軍、倭国王」に除された。さらに八年後の四五一年、済には「使持節、都督倭・新羅・任那・加羅・秦韓・慕韓六国諸軍事」の称号も加えられた。これは四四三年以来の済の除正要求に宋が応《こた》えたものとみられる。注目されるのは、前王の珍が自称した「使持節、都督諸軍事」号には「加羅」がなかったことである。「加羅」は四四三年の遣宋使において、済が新たに加えたものとみられる〔田中俊明・二〇〇九〕。

以上から筆者は、実際は次のようなことがあったと考えている。葛城勢力は、王権外交の実務を担当するなかで、以前から関係のあった加耶南部諸国を介し新羅との関係を深め、四四二年には大加耶を攻撃した。ところが大加耶は百済に救いを求め、百済もこれに応えた。一方、対宋関係維持のためにも百済との関係悪化を避けたい倭王済は、百済との衝突を招いた葛城勢力の行動を承認しなかった。こうして済には、背後に新羅の影もチラつく葛城勢力の大加耶侵攻を牽制《けんせい》する必要が生じた。そのため、百済と連携して宋に使節を派遣し、「加羅」を含む「使持節、都督諸軍事」号を求めた。しかし結局、それが認められるのは八年後となった〔田中史生・二〇一三〕。

そうなると、「使持節、都督諸軍事」号に含まれる「加羅」は、倭王が大加耶の実質的な軍事権・支配権の確保をねらって求めたのではなく、倭人首長層と国際社会に対し倭王としてこの地域の問題にかかわるお墨付きを宋朝から得るために求めたものだということになる。「加羅」だけでなく「使持節、都督諸軍事」号の「倭」以外の国名・地域名は、いずれもそのような性格のものだろう。

混乱する地域の国際交流

倭王済と葛城勢力との対立は、「百済記」の話とは全く別の文脈で、『書紀』允恭五年七月条も伝えている。反正《はんぜい》天皇が亡くなると、襲津彦の孫、あるいは子とも伝えられる玉田《たまたの》宿禰《すくね》がその殯《もがり》をつかさどっていたが、この職務を怠ったことから允恭天皇（済）と衝突し、最終的には天皇によって誅殺《ちゅうさつ》されたというのである。殯は、死後埋葬までの間に行われる葬送儀礼で、この間に王位継承も行われる。四四二年の大加耶攻防をめぐる葛城勢力と倭王の対立も済の即位直後の時期だから、済王の即位をめぐり、倭国政権内部では対立があったことがうかがわれる。大加耶をめぐる葛城勢力と倭王との対立も、王位継承問題と結びついたものであった可能性が高い。

右の問題は、済が讃・珍とは王統を異にした王であったこととも関連しよう。『宋書』は、倭の五王のうち、珍と済の続柄のみ記していない。これは、讃・珍と済・興・武がそれぞれ異なる王統・系譜に属していたことによるとの見方が有力である。天皇と葛城勢力の対立伝承は、王統切り替えが支配層の対立を抱えながら行われていたことを示唆している。また記紀は、次の安康天皇も即位後まもなく葛城勢力により暗殺され、これを雄略天皇が鎮圧したとする。安康は済の子の興に比定できるから、この話は武の上表文が「奄《にわか》に父兄を喪《うしな》い」と記すこととも対応する。政権内の対立は興の弟の武の時代にまで尾を引いたようだ。

この対立劇に吉備勢力も深くかかわっていた。『書紀』雄略七年是歳条は、雄略天皇が吉備上道臣田狭《きびのかみつみちのおみたさ》を「任那国司」に任じ、その間に妻の稚媛《わかひめ》を奪ったので、これに反発した田狭は反乱の意志を持ち、援助を求めて密かに新羅に入ろうとしたと伝える。加耶南部を足がかりに新羅と通じて倭王と対立するという構図は、葛城勢力の場合と同じである。しかも『書紀』雄略八年二月条には、「任那王」の推挙を受けて新羅の救援に向かう倭の将の膳臣斑鳩《かしわでのおみいかるが》、吉備臣小梨《おなし》、難波吉士赤目子《なにわのきしあかめこ》の話を掲載している。「任那王」とは金官国王を指すと思われるが、この話は膳臣の活躍を主題とし、膳氏の記録に基づくものであろう。つまり、吉備勢力の反乱伝承とは無関係な氏族の伝承にも、加耶南部を介して新羅と通じる吉備系の首長をはじめとする倭人首長層の姿が伝えられていたことになる。

以上から、加耶南部に新羅の影響が増大するにつれ、加耶南部と関係の深い倭人首長層のなかにも、新羅との関係を深める者が登場していたことは間違いない。百済と新羅の友好関係の進展が、この流れを加速させた可能性もある。一方「百済記」によれば、大加耶は、新羅を警戒して百済との関係を深めていた。大加耶が五世紀前半頃から百済との関係を深めていたことは考古学からも捉えられている〔高田貫太・二〇一七〕。加耶南部を介して新羅と通じ、倭王の外交と衝突する葛城や吉備の反乱伝承は、政治的意思を統一するシステムが脆弱《ぜいじゃく》なまま、首長層独自の国際交流を含み込んで展開した倭王権の外交が、加耶をめぐる多方向的な綱引きの中で、対立含みの混線状況に陥ったことを伝えたものだろう。

渡来工人によって生産を開始した各地の須恵器窯の多くが消滅に向かうのも、こうした状況下で、倭人首長層が朝鮮半島から独力で技術者や文化の継続的・安定的な供給を受けることが難しくなったことを示しているだろう。

2　治天下大王と渡来系の氏族・文化

王権の工房

ところが須恵器の場合、渡来工人を継続的に確保できずに消滅する地方窯を尻目《しりめ》に、王権の工房の陶邑が、それまでの加耶系工人だけでなく、朝鮮半島南西部の栄山江《ヨンサンガン》流域の工人も加えて生産力と影響力を高めていく〔酒井清治・二〇〇二〕。栄山江流域は百済の影響が強い地域である。首長層を束ねて外交を主導する王権は、百済との関係なども利用しながら渡来系工人を集めると、須恵器の生産力・分配力を強化していたことがうかがえる。

先に紹介した江田船山大刀銘は、この頃の王権工房の生産体制を考える上でも参考になる。それによれば、「典曹に奉事せし人、名は无利弖」、つまり大王の事務をつかさどる部署に仕えるムリテが、「作刀者」の伊太和と「書者」の張安を用いて、この銘文入り大刀を製作した。大刀は、大王のもとにある「奉事典曹人」が、「作刀者」や「書者」などの専門技能者を動員して製作したものだったのである。このように王権の工房では、各職掌を担う「△△人」「△△者」たちが、それぞれの職務・技能を生かして協業する組織を形成していた。そこに張安のような渡来系の人々も含まれていた〔田中史生・二〇一三〕。

　陶邑の須恵器生産でも、神酒の容器の生産者という意味を持つ「神人《みわひと》」などの「△△人」が活躍した〔溝口優樹・二〇一五〕。注目されるのは、その「神人」らが、各地から集まって王権の工房に当番で仕え（上番《じょうばん》）、そこで技術も習得していたらしいことである。東海・北陸地方では、中央の影響を受けた須恵器が、やはり中央的な特徴を持つ埴輪《はにわ》と同じ窯で生産されている。埴輪に須恵器技術の応用も認められる。こうしたことから、王権の工房に上番した東海・北陸地域の人々が、埴輪と須恵器の生産技術を同時に習得し、それを地元に持ち帰っていたと推定されている〔菱田哲郎・二〇〇五〕。つまり上番者は、一つの単系技術工房に仕えるだけでなく、別系統の技術に属する複数の工房に仕える場合があった。江田船山大刀銘からうかがわれる各専門職務者の協業は、各職務者が複数の生産現場にかかわることで成り立っていたのだろう。

　各地から王権工房への上番のあり方については、『書紀』垂仁三二年七月己卯《きぼう》条の埴輪起源伝承も参考となる。そこには、出雲出身の野見宿禰《のみのすくね》が郷里から土部《はじべ》一〇〇人を招集し、埴輪を製作して土師連《はじのむらじ》の祖となったとある。近年、近畿《きんき》地方の初期の人物埴輪を代表する五世紀後半の大阪府蕃上山《ばんじょうやま》古墳出土の埴輪が、同時代の島根県松江市島田《しまだ》一号墳出土の埴輪と共通することが確認され、出雲と近畿の埴輪工人の交流が判明した。垂仁紀の埴輪起源伝承は、史実をもとにした説話だったのである。ただし「土部」は、埴輪製作や葬礼を職掌とした六世紀以降の部民制下の表現で、五世紀は「△△人」「△△者」などと表現されていたはずである。それはともかく、こういった人々が、出雲から首長に引き連れられて王権の埴輪製作にかかわり、帰郷後も埴輪の製作を行ったとみられる。

以上から復元される歴史は、次のようなものである。王権の工房では、渡来系の技術者や、首長に率いられて各地から上番した人々が、「△△人」「△△者」として生産にかかわっていた。彼らは、完全分業に基づく一つの単系技術工房に張り付いていたのではなく、いくつかの生産現場にかかわることもあり、様々な技術を複合した成果物が生み出されていた。そこで学び取られた技術や技能は、列島各地にも運ばれていった。

こうした体制が登場する時期は、以上に述べてきた変化の時期からみて五世紀半ば頃に置くべきだが、これまで文献史学は、それを四七〇年前後に即位した倭王武（雄略）の時代に置いてきた。けれどもその有力な証拠の一つとされる辛亥年《しんがい》（四七一）の稲荷山鉄剣銘には、ワカタケル大王に仕えるヲワケ臣が「世々《よよ》杖刀人の首《おびと》として奉事し来たり今に至る」と記されている。「世々」とは大王の代々のことなので、ヲワケはワカタケル以前の王の代から「杖刀人の首」として仕えていたことになる〔平野邦雄・一九八五〕。「杖刀人の首」とは、大王を護衛する「杖刀人」を束ねる者（首）のこと。また、ヲワケは前述のように東国出身の首長層とすべきである。つまりヲワケは、地元東国から率いた人々を含む「杖刀人」を束ねる役割を持ち、済や興の時代から王権に仕えていたのだろう。しかも銘文の最後には「此の百練の利刀を作らしめ、吾が奉事の根源を記す也」とある。軍事的な職掌を持つヲワケは、王権の武器生産工房にも指示を出せる立場にあったとみられる。

このように稲荷山鉄剣銘からも、各地の首長層に率いられた人々が「△△人」などと呼ばれて中央に上番する体制は、済や興の時代にまで遡《さかのぼ》るとみて間違いない。五世紀の半ば頃、王権を中心とする中央―地方の関係が、上番制によって形作られつつあったのである。

済王の地方重視策

葛城勢力など有力首長層との軋轢《あつれき》を抱えた済王は、四五一年の遣宋使で注目すべき行動に出る。二三人の臣僚に将軍号と郡太守号を仮授し、その除正を宋に求めて許されたのである。前王の珍も四三八年、王族を含む中央支配層に将軍号の除正を求めて認められたが、その人数は一三人。済が対象者を一気に一〇人も増やしたのは、この時に郡太守号を新たに加えたことによるだろう。

地方官の称号である郡太守が、在地の有力首長層を取り込むためのものであったろうことについては、すでに述べた。これと関連して注目されるのは、五世紀後半、全国的に古墳の規模が縮小傾向にあるなか、銘文入り鉄剣が出土した稲荷山古墳が、一二〇メートルと屈指の規模の前方後円墳として登場したことである。東国で同時期の一二〇メートル以上の前方古墳を他に探しても、栃木県小山市の摩利支天塚《まりしてんづか》古墳（一二一メートル）、群馬県高崎市の上並榎《かみなみえ》稲荷《いなり》山《やま》古墳（一二〇メートル）ぐらいしかない。こうした古墳の被葬者は郡太守の候補者となりうる。

また、稲荷山古墳は、以後首長墓の造営が続く埼玉《さきたま》古墳群の先駆けとなった古墳でもある。墳丘にはヲワケの鉄剣が出土した埋葬施設とは別に、未発掘の中心的埋葬施設がある可能性が高い。そこで筆者は、稲荷山古墳には北武蔵《きたむさし》の大首長が葬られた後、その子弟のヲワケが鉄剣とともに追葬されたとみている。しかしこうした見方には反対もある。ヲワケは鉄剣銘文で、「天下」を治めるワカタケル大王の政治を「左治《さち》」（補佐）したと述べている。このような大それたことを、地方首長の、しかも子弟程度にできるはずがないというのである。

しかしそれは、後の律令国家の郡司のイメージに引きずられている。稲荷山古墳の中心的被葬者は後の郡司クラスではなく、郡太守クラス、つまり済を支える支配層二三人の一人とみてもおかしくない力を持つ有力首長であった。『書紀』は允恭天皇や雄略天皇の時代、王権を支える有力首長の子弟がトネリなどと呼ばれて天皇近くに仕え、その意思決定に影響を与えていたことを伝えている。済・興の頃から「杖刀人の首」として大王近くに仕えていたヲワケも、そうした有力首長の子弟であろう〔田中史生・二〇一三〕。

九州に目を転じても同様のことが言える。九州最大の勢力を誇り、六世紀前半、継体大王に対し大規模な反乱を起こした筑紫の磐井《いわい》勢力は、現在の福岡県八女《やめ》市に八女古墳群を形成していた。この古墳群は、五世紀半ばのやや早い時期に築かれた石人山《せきじんさん》古墳に始まる。つまりやはり一二〇メートルの規模を誇り、磐井の二代ほど前の首長墓とみられている。つまり八女古墳群の勢力も、済王が即位する頃から急速に力を伸ばしているのである。しかも興味深いのは、磐井が、かつて中央に出仕していたことである。後述するように彼は、朝鮮半島に向かおうとする倭の大軍を妨害する。この倭軍を率いる近江毛野臣《おうみのけなのおみ》に対し、磐井は、「昔は互いに同輩として、肩や肘《ひじ》を触れあい、同じ器で食事をした仲ではないか」と語ったという（『書紀』継体二一年六月甲午《こうご》条）。つまり磐井も、ヲワケ同様、地方の有力首長の子弟として中央に上番し、大王周辺に仕えていたのである。

北部九州には、もう一つ、磐井に比肩する勢力があった。「海の正倉院」として有名な沖ノ島の祭祀《さいし》に深くかかわった宗像《むなかた》勢力である。ただ、沖ノ島で王権の祭祀が始まるのは四世紀後半だが、古墳の状況からみて、宗像勢力が沖ノ島祭祀にかかわり勢力を伸ばしたのは五世紀半ば以降のことである。『書紀』雄略九年三月条には、自ら新羅を討とうとする雄略天皇を、胸方（宗像）の神がいさめたとある。地方の神が天皇の意思に影響を与え

【図17】埼玉古墳群全景
写真下方（北側）が稲荷山古墳（写真提供　埼玉県立さきたま史跡の博物館）

る話は、天皇に近侍する有力首長の子弟が天皇の意思決定に影響を与える話と通じる。沖ノ島祭祀とかかわって成長した宗像勢力も、大王近くに子弟を送り込んでいた可能性がある。

こうしたことから、旧来の有力首長層との対立を抱えた済王以後の王権が、上番制を整えて地方との間に新たな関係を築き、また地方首長層の側も、王権との関係をテコに勢力拡大をはかっていた状況が浮かび上がる。それが、済王段階の郡太守号の登場にもあらわれていると考える〔田中史生・二〇一八〕。

注目されるのは、五世紀後半の東日本において、馬の生産などにかかわったとみられる渡来系の人々の痕跡が一気に広がり、ここに王権の関与が想定されていることである〔土生田純之・二〇一六〕。列島における馬の生産の開始・定着の裏に、王権による陸上交通網の再編があったとの指摘もある〔諫早直人・二〇一二〕。馬は軍事や交通の能力を高める。中央と地方の関係が強化されるなか、東国の馬は王権との交通関係を強化したであろうし、この頃から朝鮮半島へ渡るようになった倭国の馬にも、東国で生産された馬が含まれていただろう。

前述のように五世紀後半は、王権工房の須恵器生産技術も各地にもたらされた。「杖刀人の首」のヲワケは、王権との関係を文字で誇示する鉄剣を王権の工房で製作し、首長としての権威を高め、最後はその鉄剣とともに地元北武蔵で葬られた。地方の首長層にとっても、整えられた上番制のもとで王権とつながることにはメリットがあった。王権の新たな支配体制は、渡来文化の中央から地方への拡散を促し、各地に新たな首長層の成長も促していたのである。

渡来系氏族の萌芽

ところでこれまで何度も述べたように、稲荷山鉄剣銘には、代々の王に「杖刀人の首」として仕えてきたヲワケが、ワカタケル大王のもとで「天下を左治」することとなった「奉事の根原」が記されている。そこで示されたのが、「上祖」のオオヒコ（意富比垝）に始まり、タカリノスクネ（多加利足尼）―テヨカリワケ（弖已加利獲居）―タカヒシワケ（多加披次獲居）―タサキワケ（多沙鬼獲居）―ハテヒ（半弖比）―カサヒヨ（加差披余）―ヲワケの臣《しん》までの代々の首長を、「其《そ》の児《こ》」という表現でつないだ八代の系譜である。

このうち「上祖」のオオヒコは、記紀に登場する皇子で、中央の阿倍《あべ》氏や膳氏らの英雄的始祖とされる四道将軍の一人、大毗古（大彦）のこと。三代目のテヨカリワケは、阿倍氏系の系譜にみえるオオヒコの孫のトヨカラワケ（豊韓別命）とみられる。さらにオオヒコからタサキワケまでの五代は、ヒコ・スクネ・ワケといった首長の尊称を持つ。ところが、次のハテヒとカサヒヨにはそうした尊称がない。こうしたことから、首長の称号的な名前で構成されるオオヒコからの五代は、他の多くの一族も共有した、いわば共同系譜の部分で、ヲワケ独自の系譜は、ハテヒからヲワケの三代のみであると考えられている［溝口睦子・一九八二］。

以上を踏まえると、五世紀後半の倭国について、いくつかの興味深い状況が読み取れる。まず、この系譜にヲワケのウヂ（氏）の名がみえない。だから阿倍・物部《もののべ》・蘇我《そが》といったウヂ名は、この段階ではまだ成立していない。前述のように、この時代の倭国で姓を持ったのは、王族と中国系の人々ぐらいである。けれども北武蔵の首長層であるヲワケの系譜は、中央の阿倍氏につながる首長の系譜と接合している。こうした系譜の接合は、「杖刀人の首」のヲワケが、阿倍氏の前身である中央の大首長の統轄を受けていたために起こったと考えられる［佐藤長門・二〇〇九］。つまり、政治的につながりを持つ中央と地方の首長層は、王権への仕奉伝承を持つ英雄を共通の始祖に掲げ、これらを系譜によって共有していたのである。ここには、ウヂ名が未成立ながら、王権への仕奉を軸に、共通の始祖でつながる氏族系譜の萌芽《ほうが》を認めることができる。ヲワケの実際の系譜は二代前までしか遡れず、こうした系譜も上番制の整うヲワケに近い時代に作られたものだろう。

そして、東漢氏や秦氏《はたうじ》などの有力な渡来系氏族も、この頃、その原形が形成されたとみられる。東漢氏は五世紀後半から末、大王宮近くの地（今来《いまき》・檜前《ひのくま》）を拠点に王権に仕えた安羅《あら》（安邪《あや》）系の技能者諸集団が編成されたものとされる。安羅は加耶南部諸国の一つ、韓国慶尚南道咸安《ハマン》に所在した。また秦氏は、後述する六世紀のミヤケ制の成立・進展とともに、王権への進上品の貢納を担当した渡来系の人々が編成されたものとされる［加藤謙吉・二〇一七］。ただし、秦氏が拠点とした山背《やましろ》国葛野《かどの》郡域の考古学的様相からは、秦勢力形成の起点も五世紀後半に求めることができる［丸川義広・二〇〇五］。

ここで留意したいのは、彼らは実際の血縁的同族集団というより、出身地域や職能を踏まえて王権が組織した、擬制的な同族集団だったことである［加藤謙吉・二〇一七］。それは、ヲワケの一族が王権への仕奉を契機に、中央の有力首長層らと擬制的に同族系譜を共有したこととも重なる。前述のように、中国系の人々は〈私〉的な「家」の文化を「姓」によって継承し、それを基盤に東アジアの各王権で活躍した。けれども倭国では、王権に仕える基盤となる文化の継承を、王権の側が氏族を編成することで果たそうとしたのである。中国系の文字技能者であった青や博徳の伝承も、漢氏系の「身狭村主」「檜隈民使」に取り込まれた。中国では自立的に機能できた職能集団も、倭国では王権に依存することでしか機能できなかったのである。

こうして王権は、渡来の技術・文化を継承する渡来系集団を編成し、その担い手を安定的に供給する体制を築いた。各地の首長層が地域支配に有効な渡来の文化や技能者の確保に苦慮するなか、倭人社会における渡来文化の分配センターとしての機能を高めていったのである。考古学は、渡来系技術の定着と倭様式化が五世紀後半以降に進むことを指摘している。これも、内部で技能者を再生産する渡来系氏族の形成とともに進行したのだろう

〔田中史生・二〇〇五〕。

渡来文化としての「天下」

稲荷山鉄剣銘や江田船山大刀銘からは、他にも興味深い事実が読み取れる。稲荷山鉄剣銘に「吾、天下を左治《さち》し」、江田船山大刀銘に「天《あめ》の下治《したし》らしめししワカタケル大王の世」とあるように、ワカタケル大王の時代、支配層には大王が「天下」を治めているという認識があった。

本来、天下とは、天から委任を受けた唯一の主権者たる中華皇帝が支配する、未開社会と区別された文明世界の領域である〔渡辺信一郎・二〇〇三〕。しかし五世紀後半の倭国には、中国皇帝の天下とは異なる、大王中心の独自の「天下」観が存在した。それは、王権の列島支配が五世紀後半に強まる動きとも重なる。折しも、中国との公的な国交が、武を最後に途絶える。このため通説では、倭王武の時代に王権が実力を備えて独自の「天下」を持つようになると、これと矛盾する中国王朝の「天下」から離脱し対中外交を停止したとされている。

しかし、この説明はあまり説得的ではない。というのは、少なくとも武王権は独自の「天下」を持つ一方で、宋に朝貢の使節を派遣し、中華皇帝の天下のもとにあろうとしていたからである。鉄剣銘で大王の「天下」を表現した辛亥年＝四七一年から七年も経った四七八年、武は宋皇帝への上表文で「封国は偏遠にして、藩を外に作す」とか「天極に帰崇す」と述べ、自らの支配を宋の天下の一隅に位置づけた。最近は、武が宋の後に興った南朝斉にも朝貢していた可能性まで浮上している〔氣賀澤保規・二〇一二〕。武王権は、大王の「天下」と中華皇帝の天下を併せ持っていたとみなければなるまい。

一方、宋朝の側も、冊封《さくほう》した倭王が自らを中心とする支配領域の存在を主張することをある程度認めている。武は上表文において「東は毛人を征すること五十五国、西は衆夷を服すること六十六国、渡りて海北を平ぐること九十五国」と述べ、その支配領域を倭王を軸に四方へ広がる領域として表現している。大王の「天下」は、現実には支配していない海北（朝鮮半島南部）を含むこうした理念的な領域観をベースとしたものだろうが、宋が倭王中心の領域観をとがめる様子はない。それどころか、四三八年、宋は珍の求めに応じて倭臣の一人に平西将軍の除正を行っている。「西」は宋皇帝からみた方位ではありえず、倭王から見た方位だから、宋も皇帝の与える将軍号を、倭王を軸とした方位観のなかで承認しているのである。

この倭国における「大王」の「天下」を考える上で参考になるのは、高句麗における「太王《たいおう》」の「天下」である。高句麗では四世紀末の広開土王の時代、君主号「太王」が成立し、王を中心に四方へ広がる「天下」観も、五世紀前半代までには形成された〔武田幸男・一九八九〕。注目されるのは、高句麗がそれによって中国の天下から離脱するどころか、中国からの冊封を活発に受けたことである。高句麗も「太王」の「天下」を、中国の天下と併存させている。倭国の「大王」号は高句麗の「太王」号を意識したものとされるが、「大王」の「天下」という考え方そのものが高句麗を意識したものだろう。

また、高句麗の「天下」観には、前述の華北の争乱を逃れて流入した人々の思想・文化の影響があるとされる〔川本芳昭・二〇〇五〕。ならば、高句麗をモデルとした「大王」中心の「天下」観の形成にも、倭王に仕えていた中国系の人々の影響があったであろう。その時期は、済王以後、武王までの間である。千葉県市原市稲荷台一号墳で出土した「王賜」と記された鉄剣が五世紀中頃のものだから、「王」から「大王」への飛躍は、どう遡ってもこれ以降である。

では、倭国はなぜ対中外交を途絶させたのか。それは「大王」の「天下」と矛盾したからではなく、当時の国際関係において、結果的にそのような選択をせざるを得なくなったからだと考える。倭王武の直面した国際関係は、倭の五王の中でも最悪なのである。

倭の五王が中国南朝の冊封を受けたのは、南朝が山東半島を支配したことで、敵対する高句麗に大きなインパクトを与える存在となったからである。友好関係にある百済を経由すれば、直接交流のルートも確保しやすかった。ところが宋は、四六五年の皇位継承問題をめぐる対立を契機に北辺の刺史《しし》らが北魏に寝返る動きをみせ、四六九年には北魏によって山東半島を失ってしまう。これにより、宋の東方世界への影響力は著しく低下したはずである。四七〇年前後に即位した武王が宋への遣使をしばらく見合わせたのは、こうした事情があったからであろう。またこの事態に、高句麗の圧迫に窮した百済は、四七二年に初めて北魏に使節を派遣し救いを求めた。しかしその北魏に見捨てられ、四七五年、高句麗に王都を奪われて、滅亡寸前にまで追いやられる。これに危機を感じた武は、宋に遣使朝貢し、爵号を求めるとともに、高句麗に対抗する自身の立場への支持を求めた。北魏が高句麗を重視し百済を見捨てた以上、武は宋に頼る以外の道がなかったのである。高句麗の南進と百済の衰弱に加え、山東半島は北魏が支配する状況で、遣宋使船の航海は困難を極めたことだろう。

ところがその直後の四七九年、宋が滅亡して斉にとって代わられた。武はその斉にも直ちに使節を派遣した可能性があるが、それで倭国の対中外交は途絶する。南朝への攻勢を強めた北魏の支配は、四八〇年代初頭にはとうとう淮南《わいなん》に達した。倭国には、南に押し込まれた南朝との交流ルートの確保がさらに困難となり、これを突破してまで官爵を得る意味は大きく後退した。倭国は中国の天下から積極的に離脱したのではない。当時の国際情勢のなかで、対中外交を継続する意味も環境も失ったのである。

しかしそのなかで「大王」の「天下」は唯一性を持つようになり、王権にとっては結果的に、高句麗をモデルとした当初の構想以上の、重要なよりどころとなっていったとみられる。王権をセンターとする生産・分配体制の整備も、その実質化を後押ししたことだろう。しかしこうして、中国の天下と切り離されたところで独自の歩みを始めた「大王」の「天下」が、いずれ倭国が対中外交を再開する際に、大きな悩みをもたらすことにもなっていく。

3　継体王権と越境者たち

河内の開発と継体王権

記紀によれば、内外に困難と対立を抱えて強引な政権運営も目立った雄略の没後、王権はうまく王統をつなぐことができず、重大な危機を迎えた。これはある程度史実を伝えたものとみられている。

こうしたなか、六世紀の初めに大王として迎えられたのが、大和《やまと》盆地の外を勢力基盤とした継体である。北陸南部から近江の琵琶《びわ》湖周辺を拠点とした継体は、東海地域の首長との関係も築き、その影響力は近畿から北陸や東国をつなぐ交通路沿いの地域に及んでいた。また、瀬戸内海交通の要地である大阪湾岸地域の首長層との交流も深めている。そのネットワークは、以下にみるように、五世紀の王権による大阪湾岸地域の開発を基礎としたものだろう。

倭の五王の登場以前、大阪湾岸の河内《かわち》には、淀川《よどがわ》・大和川などの諸河川が集まり乱流する広大な湿地や湖（河内湖）が広がっていた。湖水の海への出口は限られ、少しでも長雨になれば河川の水が逆流し、海潮までもが村里に流れ込む状態であった。しかし『書紀』によれば、仁徳天皇の一一年、難波《なにわ》に堀江《ほりえ》と呼ばれる運河を開削して河内湖の水を海へと流すとともに、淀川河口付近の氾濫《はんらん》を抑える茨田堤《まんだのつつみ》を築き、これを安定させた。この年、新羅からの朝貢があり、彼らは茨田堤築造の労働力として使われたという。一方『古事記』仁徳段は、秦人を用いて茨田堤を築造し、また難波の堀江を開削して海と通じさせたと伝える。

右のうち、難波の堀江や茨田堤は他の古代史料からもその存在が確認できる。古代の重要港として栄えた難波津も、開削された難波の堀江に置かれた。けれども記紀が、これらを設けた時期を仁徳天皇の時代（五世紀頃）とすることについては、それを裏付ける史料が他にない。ところが近年、考古学によって五世紀の河内の開発状況が明らかとなり、渡来人を用いた難波の堀江や茨田堤につながる開発が、実際に五世紀に遡る可能性が高まった。五世紀に入ると淀川河口部、河内湖周辺において渡来人の痕跡が増大し、難波津の関連施設とみられる大規模な倉庫群（法円坂《ほうえんざか》遺跡）も登場する。倭の五王の時代、渡来人を用いて河内平野の治水事業が積極的にすすめられ、難波津も設けられたことで、近畿・北陸の陸域と瀬戸内海をつなぐ淀川を中心とした河川水系の交通能力が格段に向上したと考えられる〔田中史生・二〇〇四〕。

そして継体が即位した宮殿も、河内にあった。樟葉《くずは》宮（大阪府枚方《ひらかた》市）である。ここはまさに淀川に面し、宇治川と木津川・桂川が合流する水上交通の要衝の近傍にある。また、茨田堤が築かれた茨田にも隣接する。継体は妃の一人に茨田を拠点とした茨田氏の女性を

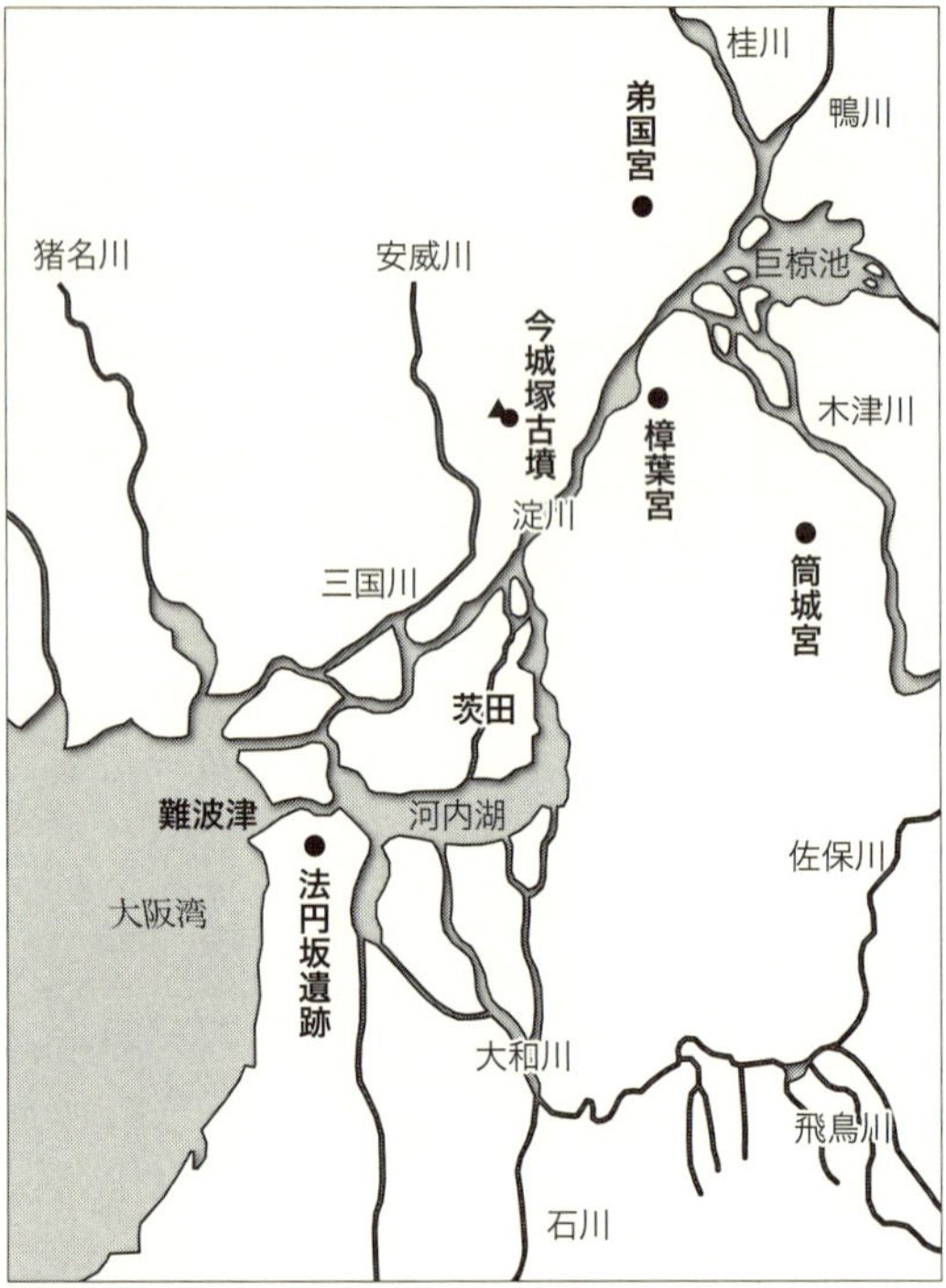

【図18】古墳時代の大阪湾岸地域と継体大王の宮殿
（大阪市建設局 資料を元に作成）

迎えていて、このあたりの首長との関係も築いていた。次いで継体は山背の筒城《つつき》（京都府綴喜《つづき》郡）や弟国《おとくに》（京都府乙訓《おとくに》郡）へ遷都するが、これらもそれぞれ木津川流域、桂川流域にあたる。こうして結局、継体の大和入りはかなり遅れた。このため大和に敵対勢力の存在を想定する説もあるが、いずれにせよ、即位後の継体が淀川水系に宮を求めた事実は、この水系が継体の権力基盤であったことをあらわしている。継体の陵墓、今城塚《いましろづか》古墳（大阪府高槻《たかつき》市）も淀川水系を意識した場所に営まれた（図18）。

『書紀』には、継体が即位前から河内と深いかかわりを持っていたことを示すエピソードがある。「方《まさ》に今絶えて継嗣《けいし》なし」（今や全く継嗣がない）という事態に直面した倭国の支配者たちは、越前《えちぜん》にあった男大迹王《をほどのおおきみ》、すなわち継体に白羽の矢を立て、迎えの使者を送った。継体は使者の意図を疑ったが、旧知の河内馬飼首荒籠《かわちのうまかいのおびとあらこ》からその真意を伝え聞くと、ようやく即位を決意したというのである。河内馬飼首は河内を拠点とする渡来系の馬飼集団で、水陸交通の要地でその活躍が伝えられる。また近江毛野臣《おうみのけなのおみ》の従者として朝鮮半島にも渡ったという（継体紀二三年四月条）。その近江毛野臣は、近江を拠点とし、継体王権の外交で中心的な役割を果たした首長である。継体が拠点とした琵琶湖以北、河内馬飼首が拠点とした河内、近江毛野臣が拠点とした近江は淀川でつながるから、五世紀の河内開発で高まった淀川水系の交通機能が、彼らの結びつきを生み出していたのだろう。

河内は瀬戸内海に面して西日本と通じる。北陸は日本海に面している。いずれもその先

【図19】隅田八幡神社人物画象鏡（写真提供　隅田八幡神社）

に朝鮮半島・中国大陸がある。そして淀川の水源となる琵琶湖を擁し、河内と北陸をつなぐ近江は、東日本と通じている。渡来人を積極的に用いた王権の河内開発で、淀川水系は東アジアへもつながる列島交通の十字路として位置づけられるようになった。継体はそこに強い影響力を持ったからこそ、有力な王位継承候補者となったのである。

渡来した百済王族

以上の倭国の状況は、百済にもしっかりと伝わっていた。百済も、即位前の継体を有力な次期大王候補者とみていたらしいのである。

和歌山県橋本市の隅田八幡神社に伝わる国宝の人物画象鏡には、次のような銘文が記されている（図19）。

癸未年八月曰十大王年孚弟王在意柴沙加宮時斯麻念長奉遣□中費直穢人今州利二人尊

所白上同二百旱所此竟

右の四八字の読み取りや解釈については諸説ある。筆者は山尾幸久説に従い、概《おおむ》ね以下のような内容であったと理解している〔山尾幸久・一九八九〕。

五〇三年（癸未年）八月、曰十大王《をし》の治世、孚弟王《ふと》（後の継体）が大和の忍坂宮《おしさか》（意柴沙加宮《おしさか》）にある時、斯麻《しま》（百済の武寧王《ぶねい》）は、長く奉《つか》えたいと念《おも》い、□中費直と穢人《わいじん》の今州利の二人を遣し、その思いを申しあげる。銅の延べ棒二百本を贈り、この鏡を作る。

つまりこの鏡は、五〇三年、百済の武寧王が、大和にあった即位前の継体との良好な関係を築くため、二人の使者を派遣して倭国で製作させたものである。したがって使者の「□中費直、穢人今州利」は、鏡の材料となる銅だけでなく、鏡の鋳造技術者も連れてきたに違いない。鏡をわざわざ孚弟王のもとで製作しているのだから、製作を担った渡来人も、孚弟王、すなわち即位前の継体にそのまま贈与されたであろう。しかも「長く奉《つか》える」（長奉）という表現は、中国でも例えば『晋書』孝恵帝紀に「長く先皇の制に奉えんと欲《ほっ》し」（欲長奉先皇之制）などとあるように、「長く従う」という意味がある。つまり百済王は、まだ倭王にも就いていない孚弟王に対し、かなりへりくだった表現でその歓心を得ようとしていた様子もうかがえる。ここには、百済が即位前の継体をどれほど重く見ていたかが示されていよう。

一方、二人の使者を送った斯麻、すなわち武寧王が百済王となったのは、銘文の直前の五〇一年である。武寧王の陵墓からは墓誌も出土していて、それによると五二三年に六二歳で亡くなった。しかも彼は、倭国生まれの百済王族であった可能性が高い。『書紀』が引用する百済三書の一つ、「百済新撰」によれば、斯麻王は四六一年（辛丑年《しんちゅう》）に百済の「質」として倭国に渡来した昆支王子《こんき》（軍君《こにきし》）の子である。倭国へ向かう父の昆支が筑紫の島に到ったとき、そこで生まれたらしい。武寧王墓誌によれば、その生年は四六二年だから、確かに「百済新撰」のいう父昆支の来倭直後にあたっている。前述のように「質」は、王の代理として相手国の王との修好をはかる渡来人である。昆支は、当時の百済王である余慶（蓋鹵王）の弟で、倭王に即位したばかりの興との関係強化をはかる目的で、倭国に派遣された［田中史生・二〇〇五］。その時に倭国で生まれた王子が、百済で王位に就いたのである。

ここで、武寧王が登場するまでの百済の状況を、倭国との関係にも留意しつつ、簡単にみておこう。

百済では四七五年、高句麗の攻撃で王都漢城が陥落し、百済王慶も亡くなったことはすでにみた。この時、百済は、王弟の文周王《もんしゅう》を即位させ、王都を南の熊津《ゆうしん》に遷《うつ》すことでかろうじて滅亡の危機をしのぐ。倭国の雄略大王（倭王武）は、「質」の昆支を百済に戻して文周王の右腕にしようとはかったらしいが、帰国直後、昆支が不審の死を遂げ、文周王も臣下によって殺されてしまう。さらに王位を継いだ文周王の子三斤《さんきん》王も謎の急死を遂げる(『三国史記』)。漢城を失い、熊津に遷って以後の百済王権は、しばらく権力が安定しなかったのである。

こうして次の王として白羽の矢が立ったのは、昆支の子で、倭国にあった末多《また》(牟大)王であった。斯麻は早くに帰国したとみられるが、末多は父の帰国後もそのまま倭国にとどまり、「質」の役割を担っていたのだろう。『書紀』雄略二三年四月条は、雄略が末多に兵器と筑紫国の軍士五〇〇人を与え、百済に護送して東城王としたといい、同是歳条は筑紫の安致臣《あちのおみ》・馬飼臣《うまかいのおみ》等が船団を率いて高句麗と戦ったと伝える。

ところが、倭国の支援を受けて即位した東城王も、臣下の手にかかり五〇一年に暗殺されてしまう。『書紀』が引く「百済新撰」は、末多王(東城王)が無道で、百姓に暴虐をはたらいていたため、「国人」がともに王を除いたとする。これにより即位したのが斯麻、すなわち武寧王である。この異常な政変に、武寧王自身が加担したとみる向きもある。隅田八幡神社の人物画象鏡銘は、その武寧王が、倭国との関係、なかでも次期大王の有力候補者である継体との関係を重視したことを示すものである。継体もこれに応え、即位後は百済との連携に重きを置いた外交を展開し、百済は武寧王の時代、ようやくその勢力を盛り返した。

このように四七五年以降の百済を倭国との関係から追うと、倭国はとにかく百済の復興支援に注力していたことがわかる。中国南朝に頼れなくなった倭王権が、友好国百済の復興を重要な外交政策と位置づけていたことは明らかだろう。

しかし、百済が倭国にのみ依存して復興を遂げたかというと、そうではない。『三国史記』百済本紀・新羅本紀によれば、五世紀前半から動き出した百済と新羅の、高句麗をにらんだ講和は、東城王時代の四九三年には婚姻同盟まで発展した。つまり百済は、高句麗からの自立をはかる新羅も味方につけることで、高句麗の圧力を牽制し、復興を遂げていったのである。けれども五世紀後半から六世紀初頭の倭国と新羅の関係は、『書紀』『三国史記』とも交戦や対立的な関係の記述ばかりが目立つ。倭・百済両王権の関係は、これまでにない蜜月《みつげつ》関係のようで、新羅との関係では全く足並みがそろっていない。

どうしてこのようになったのか。筆者は、倭人首長層のなかに、加耶を介して深まった新羅との関係をバックに、王権や王位継承を牽制する有力層があったからだと考えている。五世紀後半から六世紀前半の倭人首長層が新羅と通じるネットワークを持っていたことは、列島各地の古墳から新羅系の副葬品が出土することからも間違いない。倭王権は、加耶南部を介した新羅との多元的な関係をバックに独自の動きをする首長層に振り回されて、新羅との間に王権間の信頼関係を築くことができなかったとみられる［田中史生・二〇〇五］。

このことは、百済・新羅両王権の関心事が対高句麗で共通していたのと異なり、倭王権の最大の関心事が、倭人社会と結びつきの強い加耶情勢に置かれていたこととも関係しているだろう。大加耶は、百済が高句麗の攻撃で滅亡の危機に瀕《ひん》した直後の四七九年、中国南朝の斉に遣使して「輔国将軍・加羅国王」に冊封された（『南斉書』加羅国伝）。これが百済からの自立を目指した動きとする見方は正しいだろう。百済と新羅が対高句麗戦略では足並みをそろえる一方、加耶地域には両国からの自立を目指す動きがあった。大加耶をめぐる葛城勢力の攻撃に示されるように、加耶地域では百済と新羅のつばぜり合いもあった。それがいずれ、百済・新羅関係に巨大な亀裂《きれつ》をもたらすが、倭王権の百済王権への荷担も、こうした複雑な文脈のなかで読み解かねばなるまい。

混血児のネットワーク

朝鮮半島南端部で錯綜《さくそう》する思惑の複雑さは、韓国東南の全羅南道、栄山江流域に登場した前方後円墳にも示されている。

これらは、六世紀前半を前後する時期に築かれた倭系の古墳だが、北部九州系の石室が採用され、特に九州勢力との関係が想定される。また栄山江流域は、東城王が百済に編入しようと強い関心を示した地域でもある。だからこの倭系の古墳は、東城王の即位をめぐり筑紫の軍士の支援があったとする『書紀』の伝承とも関連するだろう。しかし、これら前方後円墳や出土品には、倭系の要素だけでなく、百済系・大加耶系・在地系の要素が認められる。だから、筑紫の軍士の墓と解釈することもできない。筆者は、もともと当地に

【図20】韓国光州市・月桂洞古墳（筆者撮影）

あって百済・倭とも交流した出自も多様な人々のうち、四七五年以後の筑紫勢力による百済支援と、百済の当地への関心の高まりから、倭・百済とつながり、その政治的地位を上昇させた人々の墓ではないかとみている〔田中史生・二〇〇五〕。

実際、当時の朝鮮諸国と倭国の間は、現代のように国籍や民族では簡単に線引きできない、人と人の複雑な出自や政治的関係が交錯していた。

『書紀』継体二四年（五三〇）九月条によれば、加耶地域では、渡来した倭人と「任那人」との間にできた子の所属をめぐり、両者の間に争いが絶えない状態が続いていた。倭人社会では、子は父方・母方に両属すると観念されたが、それは加耶でも同様だったのである。また同条によれば、倭人を父に、現地の女性を母に持つ吉備韓子那多利《きびのからこなたり》・斯布利《しふり》が、倭王の派遣した近江毛野臣と対立し、殺害されたという。那多利と斯布利は「吉備」を名乗るから、六世紀初頭前後に加耶に渡った吉備の首長を父に持ち、加耶を拠点に吉備とのつながりを維持した混血児である。その彼らが、倭王の派遣将軍と衝突したという話は、「任那」を拠点に新羅と通じ、倭王に翻意を示したという吉備上道臣田狭の話と通じる。加耶地域の倭系の人々は、出自につらなる倭との関係を保持しても、倭王権のコントロールの外にあった。

それを端的に示すのが、『書紀』に登場する「任那日本府」のスタッフたちであろう。加耶における倭国の支配拠点として描かれた「日本府」は、加耶南部の一国、安羅にあった「諸《もろもろ》の倭臣」をモデルに『書紀』編者が創作したものにすぎない。けれども『書紀』が「日本府」のスタッフとして伝える的臣《いくはのおみ》・吉備臣《きびのおみ》・河内直《かわちのあたい》・阿賢移那斯《あけえなし》・佐魯麻都《さろまつ》は、当時の安羅で活躍した「倭臣」の実態をそれなりに伝えている。

それによると、倭国からやってきた的臣・吉備臣・河内直らは、現地の阿賢移那斯・佐魯麻都の指示で、新羅王権への接近を強め、百済に警戒された人々であった。しかも阿賢移那斯・佐魯麻都と河内直は、父を同じくする異母兄弟である（図21）。祖父は百済に臣従した加耶の首長、父は百済と倭に従属した加耶の首長で、父が加耶にある時に加耶人もしくは百済人の女性との間にもうけたのが移那斯と麻都、河内に渡来して倭人女性との間にもうけたのが河内直である〔鈴木英夫・一九九六〕。つまり、百済と政治的関係を持つ移那

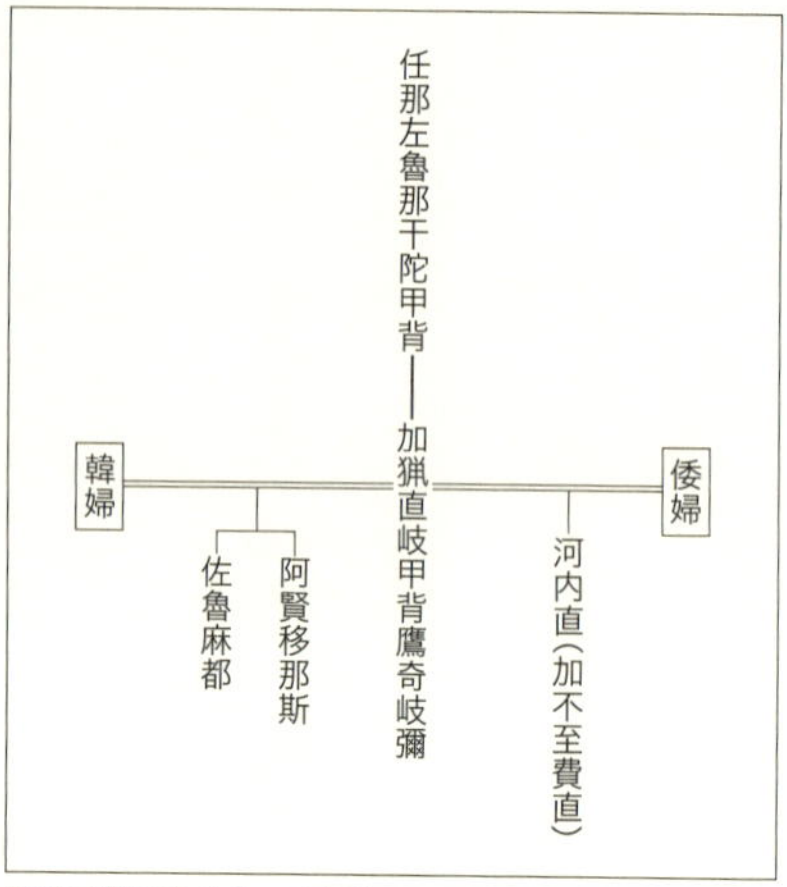

【図21】河内直らの系譜

斯と麻都は、加耶で生まれ育ち、新羅に通じていた。また、倭国から派遣された異母兄弟の河内直を介し、倭国から渡来した他の「倭臣」らにも強い影響を与えていた。結局、『書紀』のいう安羅の「諸の倭臣」も、倭王権にだけ臣従した人々ではない。『書紀』は、加耶において血統的にも政治的にも多重・多様な関係を持つ人々を、彼らの倭王権との結びつきだけをとりあげ、倭国の立場から「倭臣」と呼んだにすぎない。安羅からみれば「安羅臣」、新羅からみれば「新羅臣」と呼ぶべき者も含まれていたと思われる。実際、彼らのなかには新羅の冠服を着る者すらいたのである（『書紀』欽明五年三月条）。

倭人と系譜的・政治的につながる混血児たちは、百済でも活躍していた。倭系百済官人である。『書紀』欽明二年（五四一）七月条によると、安羅の「倭臣」の新羅接近を警戒した百済は、この問題を話し合うため、倭国に使者を派遣している。その一行に、「奈率《なそち》」という百済上層位階を帯びる紀臣《きのおみ》彌麻沙《まさ》がいた。当条の注記によれば、彌麻沙は父が紀氏、母が「韓の婦」の、朝鮮半島生まれで、そのまま百済で奈率の地位に至った。百済は、駐在する倭人首長と現地の女性との間にできた子らを官人として取り立てると、彼らの倭とのつながりを、対倭交渉に利用していたのである。

一方、倭国もこうした人々を活用しようとする。加耶問題とかかわり百済から招聘《しょうへい》された倭系百済官人の日羅《にちら》は、その一人である。『書紀』敏達《びだつ》一二年（五八三）是歳条によれば、彼の父は有明海に面した現在の熊本県芦北《あしきた》地域の有力首長である。その父が、継体大王の擁立にもかかわった政界の実力者、大伴金村《おおとものかなむら》の命を受けて朝鮮半島に渡り、そこでもうけたのが日羅であった。紀臣彌麻沙の例からみて、日羅の母も「韓の婦」であろう。朝鮮半島で生まれた日羅は、成長すると百済官人となった。けれども大伴金村を「我が君」とよび、倭国滞在中も大伴氏の世話を受けた日羅は、父の大伴氏との関係をそのまま相続していた。しかも日羅は、倭国で百済の内情を暴露し始めたため、百済によって暗殺されてしまう。出自につらなる複数の王権と結びつき、王権間の橋渡しの役を期待された混血児たちは、両属する王権と王権の間に摩擦が生じると、その矛盾を一身に背負ってしまう存在でもあった。

倭国を居地とした渡来人の子孫も、河内直が加耶の阿賢移那斯・佐魯麻都と結びついたように、越境的な両属性を持つことがあった。『書紀』斉明五年（六五九）是歳条には、渡来系の高麗画師《こまのえかき》子麻呂《こまろ》が、高句麗からの使者を自宅で接待したという話もある。渡来人の子孫が故国との関係を維持することは、倭国でもみられたことなのである。

磐井の乱と新羅

そして、継体王権を揺るがす筑紫の磐井の乱も、首長層、渡来系の人々の越境的な関係の錯綜するなかで起きた。

『書紀』によると磐井の乱は継体二一年（五二七）に勃発《ぼっぱつ》した。継体の命を受けた近江毛野臣が、新羅に破られた加耶南部の国を再興しようと、六万の兵を率いて朝鮮半島におもむこうとしたところ、かねてから謀叛《むほん》を企てていた筑紫の磐井が新羅の賄賂《わいろ》を受けると、火・豊の二国にも勢力を張って、倭国と朝鮮諸国の海路を遮断した。磐井が毛野臣に「昔は同じ器で食事をした仲ではないか」と語りかけたのは、この時のことである。こうして毛野臣の軍は動けなくなった。翌年、あらためて物部大連《もののべのおおむらじ》麁鹿火《あらかひ》が派遣され、乱はようやく鎮圧される。

しかし筆者は、この乱は「辛亥の変」ともかかわるもので、実際の年次も山尾幸久説に従い、後ろに三年ずらす方がよいのではないかと思う［山尾幸久・一九九九］。「辛亥の変」とは、継体の死去を伝える『書紀』継体二五年（五三一）条が引く「百済本記」に、天皇と皇太子がともに亡くなったとあることや、記紀その他の史料にみられる年紀のズレなどから導き出された仮説で、継体没後に王位継承をめぐる抗争があったとみるものである。山尾説は、その年紀のずれが磐井の乱をめぐる記事にも及んでいるとする。これに従うと、磐井の乱は五三〇年に起こり、翌年、継体大王とその後継者と目されていた王子がともに亡くなる政変があり、新たな王権が磐井の乱を鎮圧したことになる。

このように年次はずらすべきとしても、磐井が加耶南部に影響力を強める新羅から賄賂を受け、それまで従ってきた継体に背いたという話は、基本的に史実を伝えたものとみてよい。『三国史記』は、新羅が五二四年に加耶南部への侵攻を開始し、五三二年には金官国の王や王族が新羅に投降したことを伝える。近江毛野臣が新羅に破られた加耶南部の再興を任務としたというのはこのことと関連するし、それを新羅が阻止しようとするのも理屈に合う。また考古学でも、五世紀後半の新羅文物が北部九州からまとまって出土することが磐井の乱との関係で注目されている〔高田貫太・二〇一七〕。五・六世紀は、加耶を介して新羅と結びつく倭人首長の姿がよくみられたが、五世紀後半の筑紫勢力は、王権の対外戦略への支援を惜しみなく行ってきたから、こうした活動のなかで新羅との関係も深めていたとみられる。

右と関連して注目されるのは、平安初期の成立とされる『国造本紀《こくぞうほんぎ》』（『先代旧事本紀《せんだいくじほんぎ》』所収）の伊吉嶋造《いきのしまのみやつこ》条に、「石井（磐井）の従者の、新羅の海辺の人」がみえることである。「海辺の人」は、船をあやつる人、つまり海上交通者であろう。この史料は、磐井を討った物部氏独自の伝承との関連が想定されていて、新羅と通じる磐井の背後には、本国と北部九州とを行き来する新羅の渡来人もかかわっていた可能性が高い。

このように、磐井の乱と継体王権瓦解《がかい》の背後にも、首長層や渡来系の越境的な社会関係があった。新羅・百済・倭の思惑が複雑にからみあう加耶諸国は、結局、様々な引力に引き裂かれ、最後はその大半を新羅が飲み込んで、滅亡していくこととなる。

Ⅳ 支配思想・支配方式の渡来文化

1　ミヤケの設置と編戸・造籍

世襲王権の政治改革

磐井の乱と継体王権の崩壊、混乱は、五世紀以来の倭国の政治体制の弱点をあらためて浮き彫りにした。政治的意思が不統一で、倭国の矛盾・対立が国際社会の矛盾・対立と容易に結びつくという弱点である。しかもその矛盾は、王位継承をめぐる支配層の対立と結びついて噴き出すことが多かった。磐井の乱後、この構造的弱点を改める動きが一気に加速する。その問題が渡来人や渡来文化の問題とも深く関連するので、ここではまず、磐井の乱後に進んだ政治改革について概観しておきたい。

倭国支配層に突きつけられた大きな政治課題は主に二つある。一つは、大王の候補者をしぼり、王位を安定的に継承して、王位をめぐる深刻な対立の拡大リスクを減らすこと。そこで登場したのが世襲王権である。継体大王の王子の欽明大王が政界の混乱をひとまずおさめると、以後は、欽明の子孫たちが王位を継ぐ体制ができあがった。

もう一つは、国内外の厳しい情勢・問題に支配層が協力して向き合うために、それぞれの役割を明確にし、政治的な意思を統一すること。そこで、中央と地方の有力首長層が王権への仕奉を軸に系譜を共有する五世紀のあり方をさらにすすめ、その集団に職掌や地名に基づく氏の名を与えて、中央政治に必要な職務を分担させる氏族として再編していった。また、特に有力な氏の長を群臣《まえつきみ》とし、大王のもとで群臣会議を開いて、合議して政治的な意思を統一する体制も整えられた。

しかし、倭国の政治改革は、中央の改革だけでは不十分である。地域社会の混乱や対立をおさめるためには、中央と地方の関係を結び直す必要があった。そこで重要な役割を果たしたのが、列島各地に王権の拠点として置かれたミヤケ（屯倉・官家）である。

ミヤケは、それぞれの役割や中央との結びつき方によって、経営の規模や期待される役割が異なっている。農業の拠点に置かれ、周辺の開発にかかわるものや、塩や鉄などの生産にかかわるもの、あるいは交通の要衝に置かれて、地方と中央、地方と地方を結ぶミヤケなどである。ただ、その景観や経営の具体像は、ミヤケが考古学的にきちんと捉《とら》えられていないこともあって不明な点も多い。けれども、郡家関連遺跡など、七世紀後半以降の地方の支配拠点の様相なども参照するならば、多くのミヤケは上記のいくつかの役割を併せ持ち、そうした活動を経済的・技術的に支えるための田畑や工房、倉、労働者などがともなう、複合的な経営組織体であったと推測される（図22）。

またミヤケによって、それまでの上番制に加え、貢納制もしっかりと動き出したことも重要である。それ以前も、生産した馬や石棺《せっかん》の石材など、各地から王権への献上・貢納は

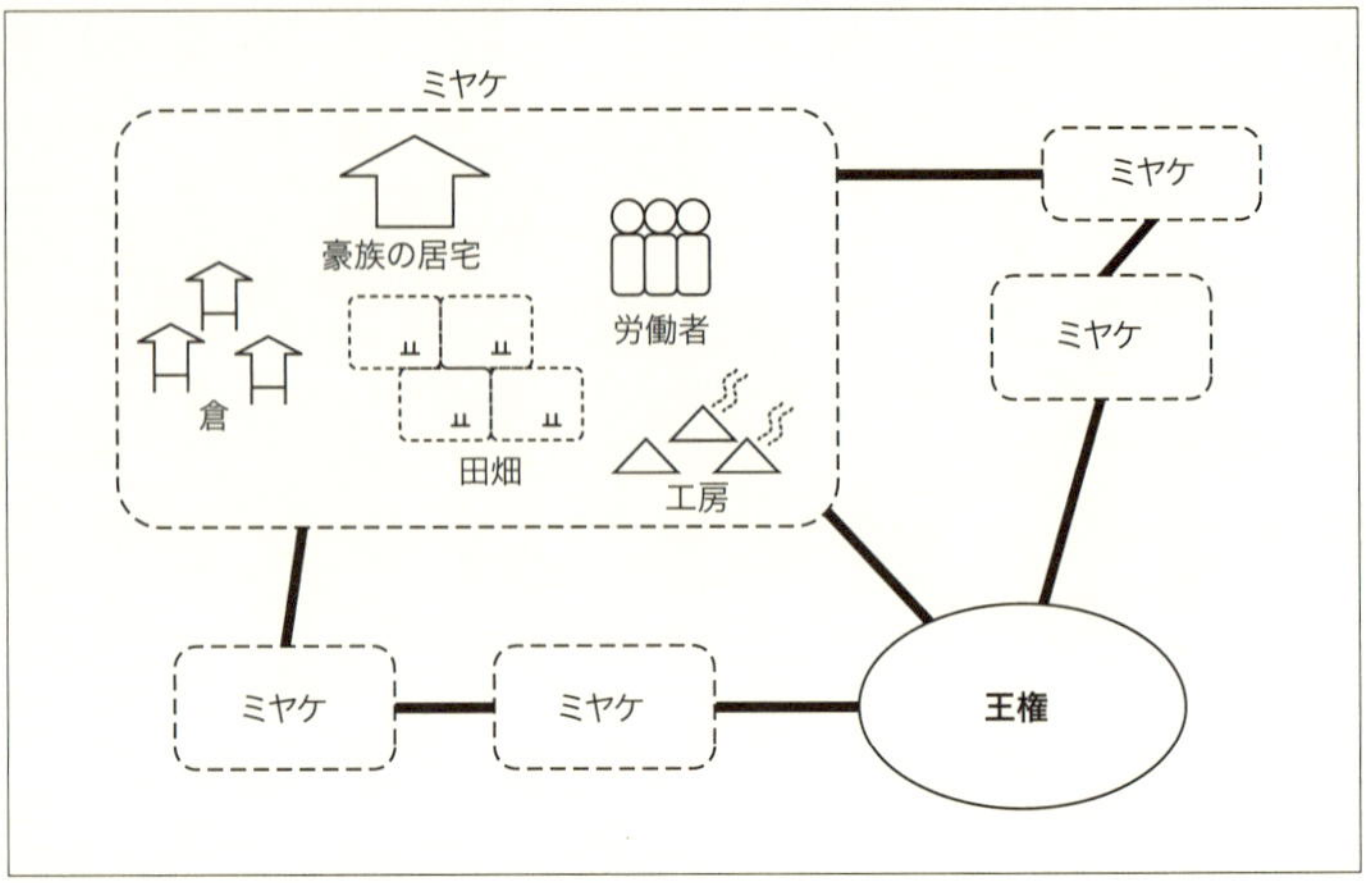

【図22】ミヤケの経営と王権との関係の概念図

頻繁にあった。ただ、それが制度と呼び得るような恒常的なシステムとして機能していたことは確認できない。おそらくそれまでの貢納は、上番にともない行われるか、王権からの分配・贈与と対応して互酬的に行われるものだったのではないかと推測する。けれども各地にミヤケが置かれると、王権はミヤケを通して必要に応じた労働力や現物の調達が可能となった。また人や物資の移動も、各地のミヤケとミヤケを連結するようにして行われたため、ミヤケは王権をセンターとする広域ネットワークの中継地点・地域拠点としての性格も持つようになった。

　さらに王権は、ミヤケを現地で実際に経営し、労働力や物資を調達する権限を、地域の首長層にも与えた。というより、在地の首長層の力に依存しなければミヤケは経営できなかったと言った方が正しい。しかしその権限を保障された首長層は、ミヤケがもたらす生産力や王権につらなるネットワークを地域支配に利用できる。こうして各地の首長層も、ミヤケを利用し、権威を高め、地域社会への影響力を強めようとした。一方、王権は、ミヤケを経営する地域の豪族たちを国造《くにのみやつこ》などの地方官に任命し、その経営を支援するなどして中央と地方、地方と地方を結びながら、地域支配を進めていく。

以上のように、中央と地方に、それぞれの役割をもって王権に仕える中心的な支配者集団がつくられると、王権は彼らに、各地の人々を支配する権限を認める。こうして、中央に生産物をおさめたり労働の義務を負わされたりした人々を部《べ》と呼ぶ。この組織は、「△△人」「△△者」などと呼ばれて王権の職務に従事した五世紀以来のあり方を基礎とするが、上番者を経済的に支える地元の人たちまでをも「△△部」として組織した点で、王権の地方支配がより進んだ体制となっている〔溝口優樹・二〇一五〕。また、各地の部を地方の首長層が率いて、それを中央の有力首長層がとりまとめるといったように、タテわりの職務分掌組織となっていた。こうした支配の体制を部民制《べみんせい》と呼んでいる。

博多湾岸に置かれたミヤケ

五世紀の上番体制では、各地からの上番者が、王宮やその周辺の関連施設、工房などに仕えたから、王権への仕奉の場は中央にあった。けれども、六世紀のミヤケ制によって、王権への仕奉の場は地方にも出現した。こうしてミヤケは、地域における部の支配でも重要な役割を果たすこととなった。このようなミヤケの、信頼できる最も早いものは、磐井の乱の鎮圧後、その息子の葛子《くずこ》が、父の罪に連座することを恐れて献上し設置された糟屋《かすや》屯倉とされている（『書紀』継体二二年一二月条）。

葛子が玄界灘に面した糟屋の地をミヤケとして献上したのは、磐井が朝鮮半島へ向かう倭軍を妨害したのがこの付近だったからである。糟屋は、響灘《ひびきなだ》・宗像海域と博多湾とをつなぐ地域である。倭の水軍はここを封鎖されたため、宗像海域から博多湾側に進めず、朝鮮半島へも渡れなくなった。だから糟屋におけるミヤケの設置は、乱鎮圧の象徴的意味があるとともに、王権にとっては博多湾へ入る拠点を直接掌握したことをも意味した［田中史生・二〇一八］。

これ以降、『書紀』は安閑・宣化紀に、ミヤケ設置の記事を集中的に掲載している。その多くは西日本、なかでも瀬戸内地域や、磐井の勢力下にあった筑紫・豊《とよ》・火《ひ》に偏り、ミヤケがまずは、磐井の乱後の対外ルートの掌握という課題と連動して進んだことがわかる。

そのなかでも、『書紀』宣化元年（五三六）五月辛丑朔条の宣化天皇の詔《みことのり》は注目される。そこではまず、天下の基本は食にあり、筑紫は遠近の国々が往来する関門の地であるとの前置きをした後に、次のように命じている。

私は阿蘇仍君《あそのきみ》〈未だ詳《つまび》らかでない〉を遣わし、河内国の茨田郡《まんだのこほりの》屯倉《みやけ》の穀を運ばせる。

> 蘇我大臣稲目宿禰《そがのおおおみのいなめのすくね》は尾張連《おわりのむらじ》を遣わし、尾張国の屯倉《みやけ》の穀を運ばせよ。物部大連麁鹿火は新家連《にいのみのむらじ》を遣わし、新家屯倉《にいのみのみやけ》の穀を運ばせよ。阿倍臣《あべのおみ》は伊賀臣《いがのおみ》を遣わし、伊賀国の屯倉の穀を運ばせよ。こうして官家《みやけ》を那津《なのつ》のほとりに修造する。また筑紫・肥・豊の三国の屯倉は、各地に散在して輸送に不便で、緊急の要に対応できない。そこで諸郡に命じて屯倉の稲穀を分かち移し、那津のほとりに集めて、非常に備え、民の安寧をはかれ。

右によれば、大王の指示のもと、河内国の茨田郡屯倉、尾張国の屯倉、伊勢国の新家屯倉、伊賀国の屯倉からそれぞれ稲穀が運ばれ、博多湾の港湾である那津付近のミヤケ（官家）が修造された。「修造」とあるが、これは那津官家の実質的な設置とかかわるものであろうとされている。これによって王権は、糟屋に続き、とうとう博多湾岸の中心部も直接おさえたのである。

また、那津官家には、九州の筑紫・肥・豊の三国のミヤケの穀も、一部割き分けられて集められることになった。これによって、九州各地のミヤケは対外交通の要衝に置かれた那津官家の管理下に入り、北部九州諸勢力の独自の対外交渉機能も、王権の統括下に置かれるようになったと考えられている〔笹川進二郎・一九八五〕。このことが、以後の古代日本の対外関係に与えた影響は大きい。

茨田郡屯倉の先進性

ただ、右の史料には少し不可解な点がある。東海地域のミヤケの稲穀は、中央の有力首長である群臣を介し、現地の首長層を動かして運ばせているのに、河内の茨田郡屯倉の稲穀だけは、大王が直接、しかも河内ではなく肥後の首長の阿蘇仍君に命じて運ばせている。

この謎を解くカギは、茨田郡屯倉の性格にあるだろう。このミヤケだけ「郡」の文字が入っている。一般に郡といえば、後の律令制下の行政区を指す。七世紀半ば頃に国造の支配領域を再編して評が設定され、それが郡に発展した。ただ、評や郡にあてられた訓の「コホリ」は、集落をあらわす朝鮮語の「コホリ」に由来し、さらに前史がある。前述のようにミヤケは、国造制とも関連する。そのミヤケの一部では、六世紀半ば前後から、戸籍をつくり（造籍）、戸に編成（編戸）した渡来系集団を、「某コホリ」として把握することが行われていたのである。このミヤケのもとで編成された「コホリ」が、やがてミヤケの支配領域を指す名称へと拡大し、これを基礎に評・郡が成立したとする説が有力である〔鎌田元一・二〇〇二〕。「茨田郡屯倉」の「郡」も、こうした評・郡制の前段階の「コホリ」とかかわるものとされている〔平野邦雄・一九八五〕。

さて、すでにみたように、茨田地域は五世紀に渡来人らによって治水事業や開発が進められ、瀬戸内海地域と近畿《きんき》圏を結ぶ交通の要衝としての位置を高めた。その後、ここにミヤケが置かれると、当地の渡来系の人々は、漢氏や秦氏に編成されていったようだ。例えば『播磨国風土記』は、播磨国揖保郡の「枚方里《ひらかたのさと》」の地名の由来を、河内国茨田郡枚方里から「漢人」が移住したことによると説明している。これは、揖保郡枚方付近のミヤケの開発のために、茨田のミヤケから「漢人」が移住したことを伝えているとみられている〔舘野和己・一九九二〕。また『古事記』仁徳段は、「秦人」を徴発して茨田堤や茨田三宅（ミヤケ）を作ったとする。これらの伝承は、茨田の渡来系の人々が、その後ミヤケの経営にかかわるようになったこと、また彼らは漢氏や秦氏に編成されて「漢人」「秦人」と呼ばれるようになったことを示している。

　そこであらためて注目されるのは、『書紀』欽明元年八月条に次のように記されていることである。

　秦人・漢人ら、諸蕃《となりのくに》の投化《おのずからもう》ける者を集め、国郡に安置し戸籍に登録した。秦人の戸数は総計七千五十三戸であった。大蔵掾《おおくらのふびと》（秦大津父《はたのおおつち》）を以《もつ》て、秦人の管理者とした。

　これは、秦氏の氏族史料に基づく記事とみられ、表現には『書紀』編纂《へんさん》段階の潤色も認められる。しかし欽明大王の時代に秦人・漢人の編戸・造籍のことが記され、その戸数が秦人について具体的に記されている点は注目される。従来からこの記事は、渡来系集団の編成とかかわる、欽明期頃のある一定の史実を反映したものとみなされてきた。これを前提とするならば、「秦人」「漢人」の編成された「茨田のコホリのミヤケ」も、欽明期の頃、渡来系集団を造籍・編戸することによって成立した可能性が高い。つまり、他のミヤケに先駆けて造籍・編戸の方式を導入した先進的なミヤケだったのである。

しかも、茨田のミヤケの渡来系の人々は、前述のように播磨のミヤケの経営にもかかわっている。瀬戸内海地域と近畿圏の結節点にある「茨田のコホリのミヤケ」は、その先進性ゆえに、瀬戸内海の他のミヤケの経営にも影響を与える、王権の拠点的・中核的なミヤケの一つであったとみられる。一方、播磨は、ミヤケの経営・開発とかかわって、九州とも結びついていた［田中史生・二〇〇二］。つまり、九州、瀬戸内海地域、茨田の間には、ミヤケをつなぐ、交通・交流関係が形成されていたのである。

以上を踏まえると、茨田郡屯倉から九州に稲穀を運んだ肥後の阿蘇仍君も、このミヤケの交通・交流関係とかかわりを持っていたとみるべきだろう。阿蘇仍君の本拠地肥後にもミヤケは置かれていたが（『書紀』安閑二年五月条）、九州のミヤケからの物資や労働力は、船で瀬戸内海のミヤケを経由し、淀川河口部のミヤケまで運ばれたはずである。しかも肥後のミヤケは、那津官家の統括を受ける。阿蘇仍君は、こうして肥後、那津のミヤケの経営にかかわるなかで、茨田郡屯倉との間を行き来していた可能性が高い。つまり、肥後の阿蘇仍君が大王の命を受け、茨田郡屯倉の稲穀を那津に運ぶことになったのは、彼が日常の業務として、肥後—那津—茨田のミヤケの交通関係と直接かかわっていたからだと考えられる。

では、東海地域のミヤケの稲穀は、どのようにして那津に運ばれたのか。これは、大阪

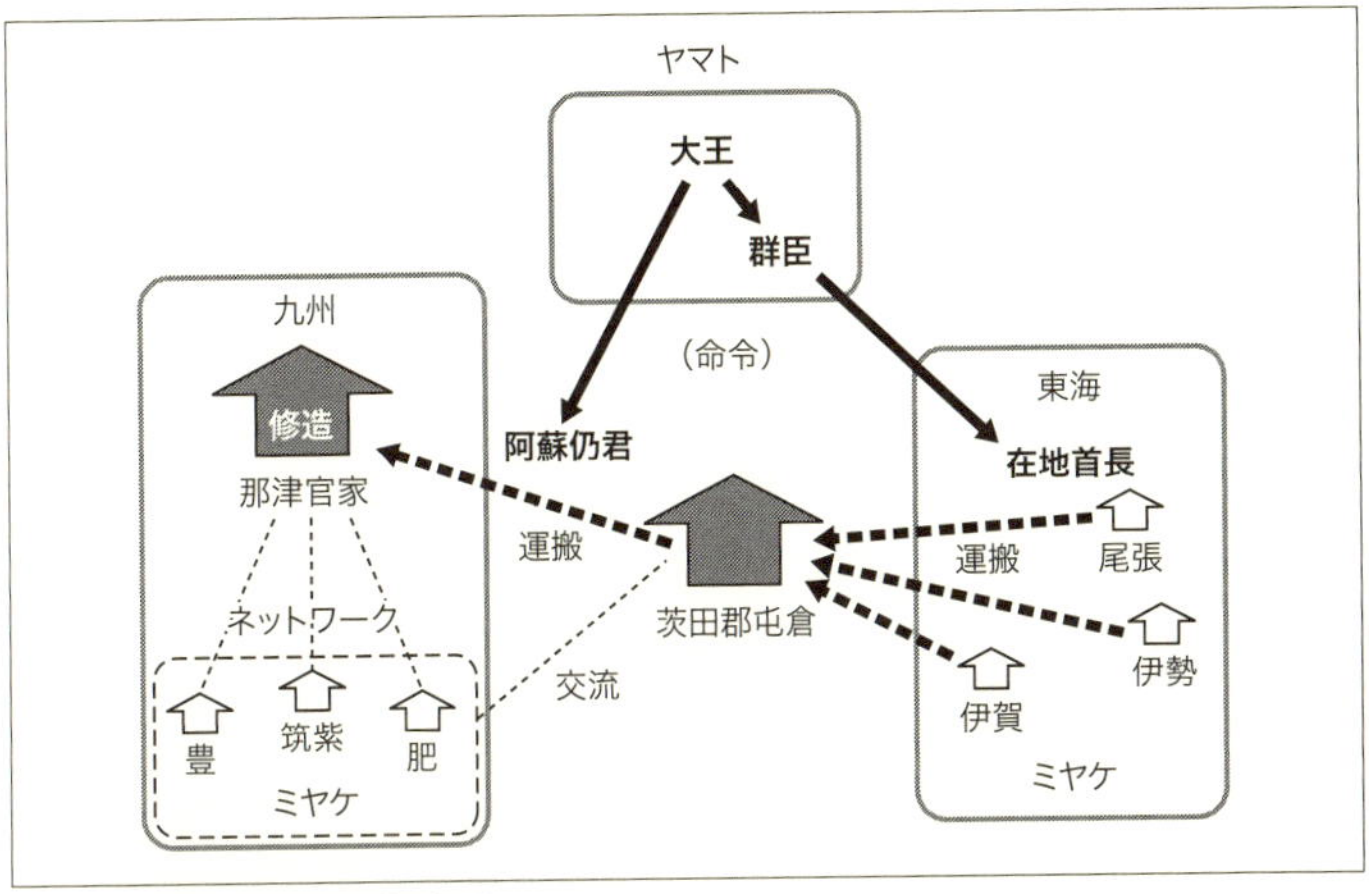

【図23】那津官家修造の概念図

湾岸を経由し、そこから瀬戸内海を通って那津に向かったとみるのが自然だろう。前述のように五世紀の淀川河口部の開発で、東海地域と大阪湾岸地域は、近江・淀川水系を介してつながった。この淀川の河口部に茨田郡屯倉がある。つまり、東海地域のミヤケの稲穀も、一旦《いったん》、茨田郡屯倉に集められたとみられる。阿蘇仍君が茨田郡屯倉から運んだ稲穀には、東海地域から運ばれた稲穀が含まれていたと考えられるのである（図23）。

　そうなると、東海地域のミヤケから茨田郡屯倉への稲穀運搬に、なぜ地元の首長層だけでなく、中央の群臣層が関与したのだろうか。これは、東海地域のミヤケと茨田郡屯倉の間に、日常的なミヤケの交通関係が存在しなかったからだろう。ミヤケの交通は、王権の労働力・物資の調達と関連して発達した。けれども東の東海地域のミヤケからみると、西の茨田郡屯倉は王権の所在地を飛び越えた場所にあって、日常のミヤケの交通関係では結びつかない。つまり、東海地域のミヤケを経営する在地首長層は、茨田郡屯倉との関係を持たない。このため、東海地域のミヤケの経営者に影響力を持ち、かつ茨田郡屯倉にも指示を出せる群臣層がこれにかかわらねばならなかったのである〔田中史生・二〇一八〕。

白猪史胆津の造籍

茨田郡屯倉で行われた漢人・秦人らへの編戸と造籍は、その対象をさらに広げて、瀬戸内海の別のミヤケでも採用されていく。『書紀』欽明一六年（五五五）七月壬午《じんご》条には、「吉備の五郡」に白猪《しらいの》屯倉を置くとある。この五つの「郡」も、編戸と造籍をともなう「コホリ」のことであろう。ただ、実際の編戸は、白猪屯倉の設置からしばらく後であった。『書紀』欽明三〇年（五六九）条には次のようにある。

正月辛卯朔、詔して、「田部《たべ》を設置して長い年月が経ったが、年齢が十余歳になっても籍に記載されず、課役を免れる者が多い。胆津《いつ》〈胆津は、王辰爾《おうじんに》の甥《おい》である〉を遣わして、白猪田部《たべ》の丁《よほろ》の籍を検定せよ。夏四月、胆津は白猪田部の丁を検閲し、詔に従って籍をつくり、田戸《たべ》を編成した。天皇は胆津が籍を定めた功績を讃えて、白猪史《ふびと》の姓を与え、田令《たつかい》に任じて瑞子《みつこ》の副官とした。

右は、胆津という人物が、白猪屯倉においてミヤケの労働者である田部の「丁籍《よほろのせき》」を作成し、田戸という戸を編成した。その功績で、白猪史の姓が与えられ、ミヤケを監督する田令の瑞子の副官となったという話である。瑞子は、葛城山田直《かつらぎのやまだのあたい》瑞子《みつこ》のことで、「備前児《こ》島郡《じまのこほり》」に置かれた児島屯倉の田令であった（『書紀』欽明一七年七月己卯条）。また胆津に与えられた「史」の姓は、六世紀以降、文字技能を持つ渡来系氏族に与えられた。つまり胆津は、渡来系の文字技能者である。ここで胆津は、百済系渡来人の王辰爾の甥と注記されているが、白猪は百済の姓とみられ、王を姓とする辰爾との血縁関係は疑わしい。白猪屯倉の名前も、この胆津の姓「白猪」に由来すると考えられている〔加藤謙吉・二〇〇二など〕。王辰爾については後述するが、百済の姓をそのまま称していた胆津は、百済から渡来して間もない文字技能者であろう。

さて、ここで胆津が検定した「丁籍」の「丁」とは、課役の対象年齢に達した成年男子を指す。しかし「丁籍」は、「丁」の名前だけをただ書き連ねた帳簿ではない。その程度の帳簿はすでにあったが、それでは新たに課役年齢に達した者が捕捉《ほそく》できないから、胆津の新たな文字技術が投入されたのである。これによって「田戸」、すなわち田部の戸が成立した。労働力徴発の基本単位となる戸は、労働力を再生産する単位でもあるから、将来的に「丁」となる年齢層も包み込むような編成が求められる。胆津はそうした戸の編成を目的に、「丁籍」を作成したのである〔笹川尚紀・二〇一一〕。これによって白猪屯倉にはコホリが成立したとみられる。

また胆津は、その成功によって、児島屯倉の田令である葛城山田直瑞子の副となった。児島屯倉と白猪屯倉は別のミヤケとみる説が有力だから、白猪屯倉は児島屯倉のネットワーク下にあるミヤケであったと考えられる。そうなると、胆津を造籍・編戸の功績によって瑞子の副としたということは、この成功を踏まえ、児島屯倉でも造籍・編戸が行われた可能性が高い。児島屯倉のある児島郡、すなわち「児島のコホリ」は、こうして成立したと考えられる。このようにして、胆津の技術を用い、互いに関連する吉備のミヤケに「五郡」が形成されたのだろう。しかも、これが百済の渡来人によってなされたとすると、「五」という数も、百済の影響による可能性がある。百済では、王都や地方の行政区分に〝五〟の数を基準として用いていたからである。

そして実際、この胆津の文字技術ともつながる百済の木簡が、韓国扶余邑《プヨ》（忠清南道《チュンチョンナムド》）の陵山里《ヌンサンニ》から出土している。陵山里木簡は六世紀半ばのものであるから〔李炳鍋・二〇一二〕、胆津の活躍した時代と重なる。その二九九号木簡には次のようにある。

三貴	至[安]	今母	[只][文]
[丑]牟	至文	安貴	[翅]文
[□][丁]	[大]貴	[□][□]	

この木簡は、用途不明ながら、横界線を入れた四段書きで人名とみられる一二文字が整理

されて書き連ねられている。そもそも六世紀の百済には、『周書』百済伝によって、戸口の管理・徴発を行ったとみられる「点口部」が置かれたことが知られていた。その管理・運用において、木簡が使われた可能性は高い〔田中史生・二〇二二〕。右の木簡は胆津の「丁籍」作成技術ともつながる、帳簿の作成技術をうかがわせるものである。なお、同遺跡の三〇七号木簡には断片ながら「資丁」の文字が確認されていて、六世紀の百済における「丁」の編成・管理とかかわる可能性がある。

今来漢人と編戸

六世紀半ばから七世紀前半は、胆津に限らず、新たに渡来した技能者が倭王権のもとで様々に活躍した。このように、新たな技術や文化を持って渡来し、倭王権に仕えた人々とその子孫を、「今来才伎《いまきのてひと》」や「新漢人《いまきのあやひと》」と呼ぶことがある。イマキ（今来）とは、旧来に対し、新来を意味する一般的な言葉で、「今来才伎」とは新来の技術者のこと。そのうち漢氏管轄下に入ったものが「新漢人」、すなわち今来漢人《いまきのあやひと》である。今来の渡来人の伝承は漢氏と関連するものが多い。

今来の渡来人の史料上の初見は、すでに触れた『書紀』雄略七年是歳条の吉備田狭の反乱伝承のなかにある。それは「新漢」の陶部高貴《すえつくりこうき》・鞍部堅貴《くらつくりけんき》・画部因斯羅我《えかきいんしらが》・錦部定安那《にしごりじょうあんな》錦《こん》・訳語《おさ》卯安那《めうあんな》が百済から渡来し、その居住を東漢《やまとのあやの》直掬《あたいつか》が世話したとするものである。

しかしこの話は、今来漢人の渡来伝承と吉備氏の婚姻関係の伝承など別々の話を、無理に接合して雄略の時代の出来事として改作した可能性が高いことが指摘されている［大橋信弥・一九九六］。そこで、ここに登場する「新漢」の、以後の活動をみると、鞍部・錦部が六世紀後半からで、「新漢」を姓に冠す人々にいたっては七世紀初頭に遣隋学問生・留学僧、伎楽舞《くれがくのまい》の伝習者としてようやく登場する。

今来漢人の新しさは、その一部の組織が、律令国家の世襲的な技術民である品部《しなべ》・雑戸《ざつこ》の中に引き継がれる点からもうかがえる。律令国家の官司には、職務遂行上、官営工房を持つものがあり、彼らはそこに仕えた。これまでの研究で、令制の品部・雑戸の前身組織は、今来漢人を中心に、百済の部司《ぶし》の影響を受けて成立したとされている［平野邦雄・一九六九］。六世紀の百済では、王権の様々な職務を各「部司」が分掌する体制をとり、王室の家政機関としての性格を持つ内官に一二の部司、国政一般を司《つかさど》る外官に一〇の部司が置かれた（『周書』百済伝）。先の点口部は外官に属した部司の一つだが、特に内官には刀部・木部・馬部など、その名称からみて、令制品部・雑戸の職務に通じるものが多い。このため王権の工房に仕えた品部・雑戸の前身組織には、百済の内官部司の影響が想定されている。また百済の部司制は、五世紀的な「△△人」の組織が「△△部」などと表記される六世紀以降の部民制の職務分掌組織に発展する際にも、影響を与えたと考えられている［吉村武彦・一九九三］。

さて、品部・雑戸制で特に興味深いのは、これらが戸を基本単位に把握され供給されていたことである。こうした編成方式は、渡来系を中心に、少なくとも六世紀末から七世紀初頭頃の王権の工房に遡ることが指摘されている。そこでは、手工業技術者が戸別に編成・掌握されていた。また、戸から供給された「△△戸《べ》」（百済戸など）と呼ばれる技術者を、「△△戸」のなかから任用される「△△手人《てひと》」（百済手人など）が統率する、「手人―戸」の編成方式がとられていた〔浅香年木・一九七一〕。雑戸には、雑戸籍と呼ばれる特殊な戸籍があったことも知られている。これは令制の一般戸籍と異なるもので、令制以前に作成された戸籍の系譜を引くものなのだろう。こうした造籍をともなう戸を単位とした労働徴発は、前述のように一部の先進的なミヤケでも導入されている。

ここで、『書紀』から信憑性《しんぴょうせい》の低い雄略七年条を除き、あらためて「イマキ」を探すと、欽明七年（五四六）七月条に、「倭国《やまとのくに》の今来郡《いまきのこほり》」が、檜前邑《ひのくまむら》の川原民直《かはらのたみのあたい》宮《みや》による良馬飼育の成功を報告したとあるのが初見となる。川原民直は東漢氏系の渡来系氏族で、この記事も東漢氏系の史料に基づくものだろう。この記事には『書紀』編者の文飾があるが、宮に関する一定の史実は盛り込まれている〔加藤謙吉・二〇一七〕。しかも当地は、東漢氏につながる渡来系の人々が五世紀後半から集住した地域である。『坂上系図』が引く『姓氏録』逸文にも、仁徳天皇の時代、東漢氏の祖の阿智王が朝鮮半島より「本郷の人民」を新たに呼び寄せ、「今来郡」を建て、これが後に高市《たけち》郡に改められたとある。

けれども『書紀』では「イマキ」の信頼できる記事が、「イマキノコホリ」の名とともに欽明の時代に初めて見えることは注目すべきである。前述のように、ちょうどこの頃から、渡来系集団を造籍と編戸で把握した「コホリのミヤケ」が登場するからである。さらに欽明一六年（五五五）一〇月条には、高市郡（今来郡）に韓人大身《からひとのおおむ》狭《さ》屯倉と高麗人《こまひとの》小身《おむ》狭《さ》屯倉を置いたとある。韓人は百済人のことだと注記もされている。当地には、欽明の時代に今来才伎らを編成したコホリのミヤケが置かれた可能性が高い。

以上のように、ミヤケを介した渡来系技術者の造籍をともなう編戸は、「今来」の地でも六世紀半ばに遡るだろう。こうして戸から徴発された彼らは、王権の工房において手工業生産などに従事し、それが品部・雑戸制に引き継がれたと考えられる。しかし、首長層の共同体成員への影響力に依存した一般的な部民制の労働徴発では、編戸や造籍を必ずしも必要としない。ならば、品部・雑戸制にもつながる今来漢人の組織編成には、同様に百済の部司制の影響が想定される一般的な部民制よりも、先駆的な労働徴発方式が採用されていたことになる。

このように六世紀半ば以降の倭王権は、渡来系の人々を、ミヤケでも工房でも、文字技術を使った先駆的な方法で把握・編成し、それらが倭王権の支配体制全体に影響を与えていった。そしてそこにおいて、新たに渡来した人々が大いに活躍していたのである。

2　王辰爾と渡来の諸博士・僧の政治的身体

王辰爾が記録した「船賦」

六世紀は、胆津の他にも、新たな文字技術をもたらし注目された渡来人がいる。胆津の叔父《おじ》と伝えられる王辰爾である。後に奈良貴族たちも、辰爾を、日本の漢字文化の創世期を担った偉大な人物の一人と高く評価した（『懐風藻』）。

前述のように、白猪姓の胆津と王姓の辰爾の親族関係は疑わしい。異姓の両者は、少なくとも父系的なつながりはないだろう。結局、王辰爾も、その出自については不明な点が多い。けれども、辰爾系氏族が百済出自を称していることなどからみて、胆津同様、六世紀の半ばに新たに百済から渡来した人物であったとみてよいと思う〔田中史生・二〇〇九〕。

辰爾の活動を伝える最初は『書紀』欽明一四年（五五三）七月甲子条である。それによると、欽明大王が樟勾《くすのまがりのみや》宮に行幸した際、大臣の蘇我稲目《そがのいなめ》が大王の命を受け、王辰爾を遣わして、「船賦《ふねのみつき》」を数え記録させた。この功績により、大王は辰爾を「船長《ふねのつかさ》」とし「船史《ふねのふびと》」の姓を与えた。辰爾にも、文字をあやつる渡来系氏族が持つ「史」姓が認められたのである。

ここで辰爾の数え録した「船賦」の中身は不明だが、「フネノミツキ」と読まれているから、船からの貢納物を指すと解される。また辰爾は、樟勾宮へ行幸した欽明大王の命を受けた蘇我稲目のもとで「船賦」を数え記録しているから、「船賦」の数録は欽明の樟勾宮行幸と関連を持っていたと考えられる。

『書紀』の欽明大王の行幸記事は、どれも対外関係と結びついて伝えられるが、樟勾宮行幸の時期も、王権は対外関係をめぐる大きな案件を抱えていた。この前年、百済の聖明王《せいめい》から援軍の要請が届いていたのである。百済は新羅の協力でかつての王都漢城から高句麗を追い出すことに成功したが、その支配権をめぐって新羅との対立を先鋭化させていた。百済の援軍要請を検討した欽明は、行幸の一月前の六月、これに応じることを決意する。百済に使者を派遣し、良馬二匹・同船二隻・弓五〇張・箭《や》五〇具を贈って、援軍派遣の見返りに、医博士《くすしのはかせ》・易博士《やくのはかせ》・暦博士《こよみのはかせ》の交代と卜書《うらのふみ》・暦本《こよみのためし》・薬などを要求したのである。欽明が要求した諸博士のことは後述するが、この時百済に提供された僅《わず》かな量の馬・船・弓箭は、欽明が援軍要請に応《こた》える意志を百済に示した、いわば手付金にすぎない。こうして欽明王権にとって、百済へ送る救援軍をそろえることが大きな政治課題となった。そこで真っ先に行われたのが樟勾宮への行幸である。

「樟勾宮」は、クス（樟・楠）と、川の屈曲を意味する「勾」から名付けられた宮で、今の大阪府枚方市楠葉《くずは》付近の、淀川の川津近くにあったと推定されている。そこにはかつて、欽明の父継体大王が即位した樟葉宮があった。水上交通の要衝である。これら宮の名称に含まれる「樟」は、その水系を利用して運搬されたクスノキと関連しているだろう。樟勾宮は、切り出されたクスノキが運搬される様子がよく見える河川交通の要地にあったと考えられるのである。そしてクスノキは、古代において船材として多用されていた。実際、援軍の準備をすすめた欽明は、行幸の一〇ヶ月後、多くの兵馬とともに船四〇隻を百済へ送っている。

つまり、樟勾宮への行幸は、百済の要請に応じて軍事援助を決心した欽明が、造船用材などの軍事物資を調達するために行ったものである。樟勾宮付近には、淀川水系を利用し運ばれたクス材も貯木されていたことだろう。文字技術者の王辰爾は、これら淀川水系を利用し周辺首長が貢納する物資を、宮近くの津で計算・記録したとみられる〔田中史生・二〇〇九〕。

ならば、百済渡来の王辰爾は、倭国の軍備を支援するために百済王権が送った文字技能者であった可能性が浮上する。

辰爾と高句麗・百済

次いで辰爾の活躍を伝えるのは、『書紀』敏達元年（五七二）五月丙辰《へいしん》条の著名な「烏《からす》羽《ば》の表」の話である。

これは欽明三一年（五七〇）四月に越《こし》から高句麗使人が漂着したとの報告に始まる、高麗使をめぐる一連の記事として伝わる。この使節は、高句麗が倭国に正式に送った初めての使節とみられていて、画期的な意味があった。加耶地域だけでなく漢城も新羅の手中におさまり、それを押し返せない高句麗に往時の勢いは失われていた。漢城が占拠されたことで、それまで国境を接していた百済と高句麗は新羅に分断され、高句麗が南で対処すべき相手は、新羅となったのである。こうした新たな外交課題に対し、高句麗は対倭外交の開始で、国際戦略の突破口を開こうとしたのだろう。

ところが、高句麗使は山背《やましろ》に新造された相楽《さがらか》の館に盛大に迎え入れられたものの、そこで待たされるうちに、欽明大王が亡くなってしまう。高句麗使のもたらした「調物《みつきもの》」と「表疏《ふみ》」（国書）が都に送り届けられたのは、敏達大王即位の翌月までずれ込んでしまった。ここで高句麗の「表疏」をめぐり問題が発生する。それが烏の黒い羽根に書かれていたため、フミヒトらが誰も読めなかったのである。そのなかでただ辰爾だけが、羽根を湯気で蒸し、絹布に押しつけて文字を転写し、解読に成功した。これに喜んだ敏達大王は辰爾に宮殿での近侍を命じる一方、「東西《やまとかわち》の諸《もろもろ》の史《ふびと》」を「汝らは日ごろ文筆の業を学びながら、なぜ成就しないのだ。汝らは数は多いが、辰爾には及ばない」と叱責《しっせき》したという。

右の話は、これまでも新しい渡来人の技術の優位性を語るものとして、しばしば取り上げられてきた。だが、辰爾も「史」姓を持ち、この国書の解読に参加した大和（東）、河内（西）それぞれに拠点を持つ「東西の諸の史」の一人で、おそらくは「西《かわち》の諸《もろもろ》の史《ふびと》」

に属していた［加藤謙吉・二〇〇二］。また、高句麗の正式な国書が細工をせねば読めない烏の羽根に書かれていたというのも、やはり信じがたい。高句麗は独特の漢文様式を持っていたから、それに初めて接した当時のフミヒトらがこの解読に苦しんだことが、右の逸話の背景にあるという説がある［李成市・一九九八］。そう考えてよいと思う。

しかし、辰爾だけが高句麗の国書を正確に読めたというなら、彼は、高句麗の文字文化にも通じた人物ということになる。ところがなぜか、辰爾が大王の信頼を得て近侍するようになって以降、高句麗との外交がうまくいかない。すなわち、辰爾が高句麗の国書を読み解いた翌月、高句麗大使が使節内の対立から殺される事件が起こる。続いて五七三年にも高句麗から使者がやってくるが、倭国はこれに疑念を抱き、饗応《きようおう》もしないまま帰国させる。しかもその道中で高句麗使人二人が倭の送使によって殺害される事件まで起こった。五七四年に到来した使者は、その殺害された二人の消息を尋ねる目的の来航だったという。当初、飾船・客館まで備えて高句麗使を迎え入れた倭国に、高句麗の意図とは逆の強い不信の空気が高まっていったことは間違いない。それは、高句麗の国書を読み解いた辰爾が大王に近侍するようになると顕著になる。国書解読以降、辰爾は高句麗使との交渉に深くかかわったはずだが、それが倭国と高句麗の関係によい影響を及ぼさなかったことは間違いない。

それまで長らく敵対関係にあった百済と高句麗が、この時期どのような関係にあったのかは、他の史料からはっきりとは捉えられない。新羅への警戒という面では、共通の利害を持っていたことは確かである。けれども、辰爾が百済本国から送り込まれた文字技術者の可能性が高いとすると、この時の百済はまだ、倭国が高句麗に接近することを好んでいなかったと考えるべきだろう。王辰爾は、こうした本国の意図をくみながら、倭国において優れた文字技能を発揮し、倭王権の信頼を勝ち取った渡来人だったとみられる。

百済渡来の諸博士

以上のように、王辰爾が百済の政治的意図を持ち込んだ渡来人だとすれば、その姓が王であることにも注目してよいかもしれない。王姓は、百済渡来の諸博士に多い姓だからである。百済は六世紀に入ると、倭国からの軍事援助の見返りとして、高度な知識を持つ五経博士ら諸博士を倭王権に頻繁に贈与した。

五経博士は、政治や社会の秩序、道徳などを説く儒教に関する五つの基本経典を教える教官で、その設置は中国の前漢の時代に遡る。百済や倭国に影響を与えたのは、南朝の斉を継いで五〇二年に成立した梁である。五経館を開設し、教学を重んじた仕官や書物の収集を積極的に行うと、五経博士が、僧とともに支配層のブレーンとしてよく活躍するようになった。武寧王時代に力を盛り返した百済は、その梁に度々使節を派遣し、仏教の教義や毛詩博士・講礼博士などを請い受ける。こうして梁制にならった国の運営方式を導入すると、博士や僧を同盟国である倭国にも送って、両国の戦略的連携の強化をねらったのである。こうして倭国に送られた知識人は、五経の諸博士にとどまらず、医・暦などの諸博士や僧侶《そうりょ》も含んでおり、渡来の知識人たちは、百済―倭の連携強化を前提に、倭国支配層が抱える問題に対して多方面から助言を与えた〔新川登亀男・一九九四〕。

『書紀』によれば、五経博士の倭国への渡来は、継体七年（五一三）、百済が五経博士の段楊爾《だんように》を貢上したことに始まる。これは、百済が加耶の己汶《こもん》への侵攻を始めた際、その支持を倭国からとりつける見返りとして送ったものである。その後、倭国からも百済を支援する軍が出された。三年後の継体一〇年（五一六）、己汶領有に成功した百済は、倭国の支援に謝意を示し、五経博士の漢高安茂《あやのこうあんも》を貢上して段楊爾と交代させたという。このように百済は、倭国の軍事的な連携・支援の見返りとして五経博士を贈り、交代で滞倭させて、倭国に提供する知識・情報を更新していた。

前述のように欽明一四年（五五三）、樟勾宮行幸の直前、百済の援軍要請に応じることを決意した欽明大王も、百済にその見返りとして、医博士・易博士・暦博士の交代と卜書・暦本・薬などを要求した。これを受けて百済は、翌年二月、五経博士と僧を交代させ、易博士・暦博士・医博士・採薬師《くすりかりはかせ》・楽人《うたまいのひと》などを送っている（『書紀』）。その中に、「五経博士王柳貴《おうりゆうき》」「易博士施徳王道良《せとくおうどうりよう》」「暦博士固徳王保孫《ことくおうほうそん》」「医博士奈率王有㥄陀《なそちおうゆうりようだ》」などの王姓者が多く登場する。この他、諸博士の姓には段・高・馬・潘・丁など、中国的一字姓者が多い。継体一〇年の高安茂に「漢」の文字が付されているように、彼らは中国系の系譜を引く人々である。

では、彼らは、百済が梁から得た博士の一部なのだろうか。実際、そのように考える説があって、筆者も、以前は漠然とそう考えていた。けれども史料上は、百済が梁から得た諸博士は数も種類もかなり限られる。史料にはみえない百済への渡来があって、その一部が倭国に渡った可能性は否定しないが、百済があれだけ多様な諸博士を次々と倭国に送り込むほど、梁から百済に諸博士が渡っていたとまでは考えがたい。百済の諸博士の多くは、以前から百済にあった中国系の人々と考えるのが自然である〔加藤謙吉・二〇〇二〕。五世紀の百済は、華北の混乱で流入した中国系の人々を在来支配層と区別し、特定の地位を維持・保障した。それによって、彼らの文化とアイデンティティと政治的ポジションが、姓とともに子孫に継承されることとなった（Ⅱ章参照）。六世紀に入り、百済が梁制にならいつつ諸博士の体制を整えるとき、彼らは、自らが引き継ぐ中国的な文化を基礎に、その中心的担い手となったのだろう。

しかも注目されるのは、渡来した中国系の姓を持つ五経博士の多くが、「施徳」「固徳」「奈率」などの、百済の官位を帯びて渡来していることである。それは彼らが、百済における五世紀以来の父祖の政治的立場を引き継いでいたことを示すとともに、百済官人の立場を保持したまま倭王権に仕えたことを意味する。ここに、百済渡来の諸博士が、倭国との連携強化をねらう百済の意図のもとにあったことが、はっきりと示されている。その渡来の背景まで、五世紀に百済から渡来した中国系の人々と類似している。交代制も、倭国に供与する知識・情報の更新だけを目的としたのではなく、政治的な連携の調整・更新を意図したものだろう。そして倭国も、百済と連携をする際、それを積極的に受け入れたのである。

こうなると、百済との政治的関係が透けて見える王辰爾の、百済への軍事的支援の準備における活躍や、高句麗の倭国への接近に割って入る動きは、それが王姓者である点からも、看過できない。高句麗の国書を解読したという話は、本国で高句麗の文字文化に触れる、外交とかかわる部門にあったことも推測させる。要するに辰爾も、当時の倭—百済関係において、王姓諸博士らと同様、中国系百済人の政治的・社会的身体を持つ渡来人であったろう。百済と政治的につながる渡来人は、交代制を前提とした諸博士だけではなかったとみるべきである。

渡来僧の政治的身体

欽明大王の要請を受け、欽明一五年（五五四）二月に百済から渡来した人々のなかには、諸博士だけでなく僧侶も含まれている。これは、百済が、五経博士と僧をセットで支配層のブレーンとする梁のあり方にならっていたことを示している。この時、僧曇慧《どんえ》ら九人が僧道深《どうじん》ら七人と交代したというから、九人の僧がこれ以前に倭国に渡来し、王権に仕えていたことになる。『書紀』において仏教公伝はこの僅か一年半ほど前の一三年一〇月だが、その際に百済が贈ったのは仏像、仏具、経典で、僧は含まれていない。すでに九人の僧を倭国に送っていたからだろう。つまり百済からの僧の渡来は、百済による仏教公伝より早い。しかしまだ仏教を受容していない倭国にとって、僧は、諸博士の一部という認識にとどまっていたに違いない。

百済渡来の諸博士が百済の政治的な身体を持っていたとすると、当然、渡来僧も同様の政治性を帯びていたはずである。それをよくあらわすのが、教科書でも代表的な渡来人として紹介される、六〇二年〔推古一〇〕に百済から渡来した僧の観勒《かんろく》である。彼は、暦本や天文地理書、遁甲《とんこう》方術〔占術〕の書をもたらし、それらの技能を倭国の三人の「書生」に教えた〔『書紀』〕。暦法や天文地理、遁甲方術の技能は、いずれも軍事的に有用で、観勒の渡来と活躍には、倭国との軍事的連携を目指す百済側の戦略的意図が込められていたとみられている〔新川登亀男・一九九四〕。観勒は『書紀』の収める大王への提言書において、百済王を「我が王」と呼んでいる〔推古三二年四月戊申《ぼしん》条〕。しかし『書紀』において「我が王」という表現は、本来、外交使節が本国の王を指して用いるものである。百済の官位を帯びた渡来の諸博士と同様、観勒も渡来から三〇年が経過しても、その本属は百済にあった。百済渡来の僧が五経博士とともに交代する例からみて、滞倭期間の長い観勒にも、帰国の可能性はあったとすべきだろう。

なお、前述のように暦の知識は倭国にも五世紀に一部流入していた。しかし、暦の文化の本格的な流入は、六世紀半ばに百済から暦の博士が渡来して以降である。暦は占術などと組み合わせて用いられるが、百済は五世紀の半ば、宋との交流のなかで元嘉暦《げんかれき》という中国の暦と占術の知識を導入し、一緒に活用する体制を整えていった。観勒が暦法とともに天文地理、遁甲方術などの知識をもたらしたというのは、要するに、暦をあやつるための知識を体系的に伝えたことを意味する。倭王権は観勒に学生をつけ、これらの技術を学ばせて、倭国の作暦体制を整えようとしたのだろう。

こうして導入した暦を、倭国は、生産や流通の管理に積極的に用いた。例えば、六二一年にあたる「辛巳年八月九月作」と記された法隆寺釈迦三尊像台座銘は、扉板と推定される建築部材に墨書されたものが、仏像の台座の材に転用されて伝わったものである。これは、倉の布の出納・管理を記録したものと推定されている。また、現在、日本最古の年紀のある木簡となる「戊申年」（六四八）と墨書された難波宮跡出土木簡は、その上に習書とみられる「稲」の文字が繰り返し記されている。この他にも、干支年を記した古い木簡には、生産・流通とかかわるものが多い。そうであれば、王権の生産・流通拠点として列島各地に設置されたミヤケでも、暦は利用された可能性がある。造籍もそうだが、百済が同盟と引き替えに供与した技能者とその技術は、各地に広がり、倭国の経済的基盤を強化するのに大いに役立ったと考えられる。

倭国に影響を及ぼす百済の対倭外交のあり方は、倭国への接近を模索する高句麗にも影響を与えたようである。

高句麗の対倭外交が、百済の王辰爾に割り込まれて五七〇年代に一度頓挫したことはすでにみた。それを仕切り直すため、高句麗が五九五年（推古三）に新たに送り込んだのが、I章でも紹介したあの慧慈である。この間、高句麗を取り巻く国際環境はさらに厳しさを増していた。三〇〇年近くも南北に分かれて争った中国王朝を、北朝に属する隋が五八九年に一つにまとめると、周辺の国々に強い態度で臨むようになったからである。この国際環境の変化に朝鮮半島情勢は緊迫したが、とりわけ隋と国境を接する高句麗の緊張は高かった。高句麗は台頭する新羅との戦いを南に抱えたまま、北方の隋に備えなければならなくなったのである。こうした国際環境のなか、高句麗僧の慧慈は、当時の倭国政界のキーパーソンの一人である厩戸王に師として仕え、倭国の対隋外交に影響を与えたとみられている〔李成市・一九九八〕。辰爾にしてやられた苦い経験を踏まえ、百済をまねて、高句麗の戦略を帯びた僧を派遣し、倭国との連携関係を築こうとしたのであろう。

慧慈は、同じ年に百済から渡来した慧聡《えそう》とともに、倭国仏教界の「三宝の棟梁」と称されるまでに倭国支配層の信頼を得る。こうして二〇年もの長きにわたり倭国で活動し、厩戸との強い人格的な絆《きずな》も築き上げた後、帰国を果たした。注目されるのは、厩戸・慧慈が相次いで死去すると、その三年後、高句麗は再び僧恵《え》灌《かん》を送り込んだことである。倭国は慧灌を、僧尼を統括する僧正《そうじょう》に任命したという（『書紀』推古三三年正月戊《ぼ》寅《いん》条）。僧正は、この前年に僧尼統制の必要を説いた観勒が自ら初めて就いた僧官でもある。恵灌は、慧慈によって築かれた高句麗—倭ラインの次を引き継ぐ、高句麗の対倭戦略を担った高句麗僧であろう。

3　仏教受容に揺れる

飛鳥寺と王興寺

飛鳥《あすか》文化の代表的寺院で、教科書では「蘇我氏の氏寺」「日本最初の大寺院」とも紹介される飛鳥寺は、奈良県明日香村にあった。今は規模を縮小しているが、現在の安《あん》居《ご》院《いん》がそれにあたる。創建当時の名称は法興寺《ほうこうじ》。平城遷都にともない京内に移って元興寺《がんごうじ》と呼ばれるようになったが、もとの飛鳥寺も残されて、そこは本元興寺と称された。一般に流布する飛鳥寺の名は、地名による俗号だが、この寺号も『書紀』に見えるから、古い。また「飛鳥大仏」の名で親しまれる安居院の本尊の釈迦如来坐《ざ》像《ぞう》は、創建当時の姿を伝え、仏像の乗る石造の台座も、創建当時の位置をとどめていることがわかっている。一九五六年

【図24】飛鳥寺復元模型（写真提供 奈良文化財研究所）

から一九五七年の三次にわたる発掘調査で、飛鳥時代の飛鳥寺が一塔・三金堂の珍しい伽藍《がらん》配置だったことも確認されている（図24）。

ここで『書紀』を見てみると、飛鳥寺創建に至る経緯は次のように描かれている。百済の聖明王が六世紀半ばに倭国へ仏教を伝えて以降、崇仏派とその反対派の対立は激化の一途をたどった。こうしたなか、五八七年、崇仏を訴える蘇我馬子と厩戸王はそれぞれ法興寺と四天王寺の創建を誓い、崇仏に反対する物部守屋《もりや》・中臣勝海《なかとみのかつみ》らを討ち破る。その翌年、百済は倭へ使者を派遣し仏舎利（釈迦の遺骨）と僧、造寺技術者らを贈り、馬子の法興寺造営が始まった。その竣工《しゅんこう》は五九六年のことである。

しかし右の『書紀』の記事も、細部をみると、経典などを用いた様々な潤色の痕跡《こんせき》があって、そのままでは信用することができない。けれども、倭国支配層の間に仏教受容をめぐる葛藤《かっとう》があったこと自体は、ある程度認めてよいだろう。何よりも、「仏教公伝」から最初の本格的仏教寺院飛鳥寺の創建まで数十年もの空白があることが、そのことを物語っている。百済が五経博士と僧をセットで運用する中国の方式をもたらしたとき、倭王権は諸博士の受容に積極的に動いた。しかし仏教の受容には慎重な姿勢をみせていたのである。

飛鳥寺の性格を考える上で重要な発見が、韓国でもあった。扶余邑で発見された百済王《ワン》興寺《フンサ》の木塔の址《あと》である。

発掘調査によって、王興寺の塔は、心柱を支える礎石（心礎《しんそ》）が地下に設けられ、そこに舎利容器を納める四角い穴があけられていたことがわかった。またその穴に舎利を納める儀式の際、ガラス製、石製、金製の玉や耳環《じかん》などの装身具類、金板・銀板や金糸など、実に様々な品々が一緒に埋納されたこともわかった。地下式心礎、そこにあけられた方形の舎利孔《こう》、装身具類の埋納。これらはいずれも、日本の発掘で確認されていた飛鳥寺の塔址の状況と一致する。

しかも、舎利孔から出土した舎利容器には銘文があって、そこには、五七七年（丁酉《ていゆう》年）、「百済王昌」が亡き王子のためにこの塔を建てたことが記されてあった（図25）。『元《がん》

【図25】韓国光州市・月桂洞古墳
百済王興寺舎利容器（韓国国立扶余文化財研究所所蔵）

興寺《ごうじ》伽藍《がらん》縁起《えんぎ》并《ならびに》流記《るき》資財帳《しざいちょう》』（以下『元興寺縁起』と略す）によれば、この「百済王昌」こそ、蘇我馬子の飛鳥寺創建に際し、仏舎利や僧、造寺技術者らを贈った百済王である。

飛鳥寺の塔の創建については、平安末期の歴史書『扶桑略記《ふそうりゃくき》』の推古元年（五九三）正月条に興味深い話が載っている。心礎を地下に据え、いよいよ塔を建てる段階になって、仏舎利を心礎に納める儀式が挙行された。その時、馬子とその従者一〇〇人以上が百済服を着て会場にあらわれ、これを観た人々が歓喜したというのである。王興寺と飛鳥寺の、地下式塔心礎の舎利孔や装身具類の類似性を踏まえれば、この儀式が実際に百済式で行われた可能性は高い。それにしても馬子らが、そこにおいて、百済服を着てまで百済王権との深い関係をアピールし、それを観た人々が喜んだとあるのは、どういうことであろうか。その背景は、飛鳥寺創建までの歴史をたどることで、みえてくるだろう。

崇仏論争の国際環境

『書紀』欽明一三年（五五二）一〇月条の「仏教公伝」記事にはこうある。百済の聖明王は、天竺《てんじく》（インド）から三韓（百済・高句麗・新羅）にいたるまで仏法の教えに従っていると、倭国にも崇仏をすすめた。欽明が群臣に対しその可否を問うと、馬子の父の蘇我稲目は、「西蕃《にしのとなりのくに》の諸国」は皆仏を敬っているのに、わが国だけそれに背くべきではないと主張した。しかし、物部尾輿《おこし》と中臣鎌子《かまこ》は、「蕃神」を崇拝すれば国神《くにつかみ》の怒りにふれると、強く反対した。これは、崇仏論争を象徴するあまりに著名な話である。

けれども「外国の神」である仏教と国の神とを対比させ、崇仏をめぐる論争があったという話は、中国の仏教関連の書物にも出てくるもので、『書紀』の崇仏論争も、これを下敷きに創られたのではないかといわれている〔吉田一彦・二〇一二〕。つまり、物部氏らの崇仏反対派が、仏教を「蕃神」と呼び、国神を崇《あが》めるべきだと主張したという話は、信憑性が低い。けれども、隣国の全てが仏教を受容していることを理由に崇仏をとなえた稲目の主張は、仏教関連書物からの潤色ではない。実際、当時の国際社会はそういう状況であったし、仏教は国際関係を語る上で重要なキーワードでもあった。中国が、仏教を中心とした国際社会の秩序化を目指していたからである。

五経博士や僧を重んじた梁は、仏教に基づく国家運営にも熱心で、自らが仏教界の最高の保護者となり、仏教を広めることで、中国中心の国際秩序の構築を目指した。周辺諸国との間に仏教思想を介した梁中心の外交関係を盛んに結んだのである。百済はこの梁に朝貢し、冊封《さくほう》を受け、梁の武帝が撰述した「涅槃《ねはん》等の経義」の下賜まで願い出ている。こうして百済は、仏教を介した梁中心の国際秩序に参入すると、梁制にならって五経博士や僧をそろえ、それを倭国にも送るようになった。これが、倭国との政治的な連携強化を目的としたものであったことはすでにみた。その際、倭国に仏教受容もすすめたのである。そこには、百済が加わった仏教による中国中心の国際秩序に、倭国も加わるよう促すメッセージが込められていたと考えられる。

しかし仏教伝来当時の倭国は、対中外交を再開する動きが全くみえない。倭国が中国に遣使したのは、それから半世紀ほど過ぎた六〇〇年の遣隋使までずれ込んだのである。『隋書』倭国伝によると、この遠来からの使節に興味を持った皇帝は、役人を介して倭国の風俗を尋ねさせている。すると倭国使は、「倭王は天を兄とし、日を弟としています。夜明け前にあぐらを組んで座り、政務をとり、日が出るとやめて弟に任せます」と説明し、隋の皇帝をあきれさせた。「はなはだ義理なし」と一蹴《いっしゅう》され、政治の執り方を改めるよう諭されてしまったのである。

ただ、この話は、Ⅲ章でみた五世紀後半の「大王」の「天下」が、一世紀を経てどのような独特の「天」の思想や政務方式を生み出していたかをよく示している。右の「天」や「日」を媒介とする王権思想には、高句麗の影響が想定されている。それは、倭の五王の構想した「大王」の「天下」が、高句麗の「太王」の「天下」をモデルとしたことによるだろう。けれども対中外交を途絶させた倭国は、他の朝鮮諸国と異なり、それを中国の天下から全く切り離し、唯一の世界観として独自に醸成させた。このために、中国皇帝の世界観や秩序と、うまくかみ合わせられなくなっていたのである。そしてこのために、対中外交再開の決断には時間がかかったとみられる。

仏教受容をめぐる倭国支配層の対立とは、まさにここにあったのではないかと思う。隋もまた、仏教を介した自国中心の国際秩序の形成に余念がなかった。結局、六世紀以後の東アジアは、国際社会から仏教を受容することと、中国中心の国際秩序を受け入れることが密接に結びついていた。だから、倭国が対中外交を再開するか否かの議論は、崇仏の可否の議論と容易に結びつく。国神の怒りに触れるからと崇仏に反対したとされる物部氏や中臣氏の実際は、王権を支える独自の世界観や思想が揺らぐことを危惧《きぐ》し、百済に傾斜して対中外交再開まで模索する蘇我氏らの政策方針に強く反対した有力首長層であろう。一方、その両氏が蘇我氏や厩戸王によって倒されると、これを好機とみた百済は、早速、仏教受容を全面的に支える僧や技術者を送り込んできた。こうして蘇我氏主導のもと、飛鳥寺の造営が始まったのである。

象徴としての飛鳥寺

けれども、それによって、仏教受容がすんなり倭国の方針とはならなかった。蘇我氏や厩戸王が物部氏や中臣氏を倒しても、倭国支配層の間で、外交をめぐる議論と混乱はまだ続いていたからである。

新羅が漢城を占拠して以降、高句麗や百済にとって悩みの種は、新羅への対処であった。隋が南北両朝を統合する直前、高句麗と百済は、北の隋の冊封を受けるとともに、やはり仏教を重んじる南朝の陳との通行も継続している。一方、新羅は陳とは交流したが、隋との国交を開いていなかった。蘇我馬子らが物部守屋らを倒した翌年、つまり百済が飛鳥寺の創建にかかわる僧や技術者を派遣した五八八年は、そういう国際環境にあった。百済は、倭国を自国の戦略に沿った国際関係に参入させ、新羅への牽制《けんせい》を強めようとしていたとみられる。

ところが、この翌年の五八九年、国際環境がまた大きく変わる。隋が陳を平定し、ついに中国を一つに束ねたのである。百済は早速これを祝う使節を送り、隋の歓心を得ることに成功する。高句麗もその翌年、隋の冊封を受けたが、隋への警戒は強く、朝鮮半島情勢は新たな緊張の火種を抱え込むこととなった。一方、倭国のなかには、新羅と個別につながる首長層が依然いた。群臣会議によって王権の意思の統一がはかられるようになったといっても、首長層のこうした個別の国際関係が否定されたわけではない。『書紀』推古三一年（六二三）一一月条は、蘇我馬子に近い境部臣《さかいべのおみ》や阿曇連《あづみのむらじ》が、新羅から多くの「幣物《まいない》」を受け取っていたと記している。新羅の個別的なネットワークは、倭国の政権に近いところにまで及んでいたのである。

この直後の五九一年（崇峻《すしゅん》四）、崇峻大王は筑紫に大軍を駐留させた（『書紀』）。百済・新羅間で争点となっている加耶問題に関し、新羅に軍事的圧力をかけようとしたらしい。一方、新羅も同年に「倭典《わてん》」と呼ばれる対倭外交専門の官司を創設する（『三国史記』）。倭国との緊張緩和を目指し、対倭交渉を集中的・戦略的に行う専門部署を設けたのだろう。これにともない、新羅による倭国支配層への外交攻勢も強まったと推測される。

そして翌五九二年一一月、倭国において大王が臣下に殺害されるという衝撃的な事件が発生した。『書紀』によると、崇峻大王から疎《うと》まれていると感じた蘇我馬子が、蘇我氏と関係の深い東漢直駒《やまとのあやのあたいこま》に暗殺を命じたという。しかし崇峻は、馬子の姉妹の小姉君《おあねのきみ》と欽明大王の間に生まれた王子で、物部守屋らとの権力闘争に勝利した馬子らが、五八七年に推挙し即位した大王である。それからわずか五年の間に、馬子と崇峻の関係はすっかり冷え込んでしまったらしい。注目されるのは、大王の死の二日後、馬子らが筑紫の駐留軍にわざわざ「内乱によって外事を怠ってはならぬ」という命令を下し、対外政策に変更のないことを念押ししたことである。崇峻暗殺の裏に、筑紫に軍を駐留させる対新羅強行策への異論が噴き出していたことが推察される。倭典を設けた新羅からの外交攻勢を受け、政権内部に亀裂《きれつ》が生じていたのだろう。

翌月、推古大王が即位する。そして年が明けた五九三年（推古元）正月、新大王のもと、いよいよ飛鳥寺で塔心礎に仏舎利を安置する儀式が挙行された。馬子は多くの従者とともに百済服を着てあらわれ、百済式の儀式を行った。それはまさしく、倭国の親百済、仏教受容の方針が、内外に示された瞬間だったといえる。翌年、大王自ら仏教を興隆する方針を打ち出し、首長層の間に寺院建立のブームが起こったという（『書紀』）。

同年、新羅は初めて隋の冊封を受ける。そこには、百済に大きく傾く倭国の動きを牽制する意図も含まれていたであろう。そして高句麗の慧慈が渡来したのも、その直後である。高句麗も倭国新政権の外交方針や仏教受容の方針に注目していた。そして六〇〇年、倭国もとうとう遣隋使を派遣した。倭国を取り巻く国際環境はまた新たな段階に入った。

留学する渡来系氏族

しかし、隋の皇帝に「はなはだ義理なし」と一蹴された六〇〇年の遣隋使は、失敗に終わった。その衝撃のなか、六〇三年、推古の王宮が小墾田宮《おはりだのみや》に遷され、冠位十二階の制が開始された。飛鳥の北の玄関口に位置する小墾田宮は、大王の出御する大殿の前面に、左右を庁（朝堂）に挟まれた空間（朝廷）が広がる。儀式などの際、一二等級の異なる冠を着けた官人たちが、それぞれの位に応じてここに整列した。こうした建物配置は、その後の宮殿構造にも引き継がれる。推古王権は、位によって官人を組織し、それに基づき宮殿で整然と政務や儀礼を行う、東アジア共通の政治の手法を取り入れたのである。

そして六〇七年（推古一五）、新冠位を帯した小野妹子《おののいもこ》を大使とする使節があらためて派遣された。『隋書』倭国伝によると、その使節は「海西の菩薩《ぼさつ》天子が仏教を興隆しているとお聞きし、朝貢いたしました。僧侶数十人を派遣して仏教を学ばせたいと思います」と述べたという。こうして倭国も、「菩薩天子」たる隋皇帝を中心とした仏教的な国際秩序に本格的に参入した。残念ながら、この時に隋へ渡った学問僧の名前は伝わらない。

翌年九月、倭国は再び小野妹子を大使とする遣隋使を派遣することになった。『書紀』推古一六年（六〇八）九月辛巳《しんし》条には、そのメンバーの一部となる以下の人々の名前が伝わる。

〔大　使〕小野妹子
〔小　使〕吉《き》士《しのお》雄成《なり》
〔通　事〕鞍作福利《くらつくりのふくり》
〔学　生〕倭漢直《やまとのあやのあたい》福因《ふくいん》・奈羅訳語《ならのおさ》恵明《えみょう》・高向漢人《たかむくのあやひと》玄理《げんり》・新漢人《いまきのあやひと》大圀《おおくに》
〔学問僧〕新漢人《いまきのあやひと》日文《にちもん》・南淵漢人《みなぶちのあやひと》請安《しょうあん》・志賀漢人《しがのあやひと》慧隠《えおん》・新漢人《いまきのあやひと》広済《こうさい》

右の人々は、大使の小野妹子を除くと、全て渡来系氏族の出身者たちで、特に、中国で学ぶ学生や僧侶は、全て渡来系氏族で占められている。それは、これまでも指摘されてきたように、留学者たちに中国で学ぶための基礎的能力、つまり高度な国際的知識や文化的能力、素養が必要だったことによると考えられる。

ただし、この留学による文化移入の方式を、単に渡来系氏族に頼った文化移入と評価するだけでは不十分である。渡来系氏族は、血縁的紐帯《ちゆうたい》（擬制的なものも含む）によって技能伝習を行う、技能者の再生産組織である。しかし留学者たちは、自身の氏族とは全くつながりのない師のもとで、学生として新たな知識や技能を学んだ。師と弟子の関係によって技能を学び、文化を移入したのである。

そこで、海外で師につき技能を修得した留学生を、倭国史のなかに探すと、その史料上の初見となるのが、五八八年（崇峻元）に百済に留学した善信尼《ぜんしんのあま》と、弟子の禅蔵尼《ぜんぞうのあま》、恵善尼《えぜんのあま》ら三人の尼僧たちである。近年、善信尼の百済留学に関する史料には後世の潤色が加えられているとの指摘もあるが、善信尼らの百済留学自体は史実とみてよい〔田中史生・二〇一四〕。

『書紀』や『元興寺縁起』によれば、三人の尼は、戒法を学び受けることを目的に、蘇我馬子の便宜で百済への留学を果たした。善信尼の父は、東漢氏に属する渡来系の鞍部《くらつくりの》村主司馬達等《すぐりしばたつと》。蘇我馬子と近い関係にあり、初期の仏教信者として、また馬子の仏教信仰を支えた人物として著名である。善信尼の弟子二人も渡来系氏族の出身であったから、善信尼らは、渡来系氏族特有の環境のなかで仏教の教えとその素養を身につけ、出家して百済に留学することになった。けれども百済の師は、当然、善信尼らとの氏族的な関係がない。帰国後の善信尼は、後進の育成に腐心したが、その弟子に渡来系ではない大伴氏出身者もいた。百済の師の教えは、倭国において、氏族も渡来系も越えて伝えられていったのである〔田中史生・二〇一〇〕。

仏教が変えた技能伝習方式

しかしよく考えてみれば、僧尼は結婚して氏族をつくることができないのだから、仏法の伝習も師弟関係の連鎖で果たす他ない。つまり仏教を受容するということは、これまでの氏族的な技能・知識・職能伝習のあり方を根本的に変えることなのである。実際、七世紀になると、特に仏教の教えを伝える寺院の周辺において、師弟による技能伝習方式が広がっていく。

飛鳥寺創建とかかわり、五八八年に百済の昌王が倭国へ送った工人・僧侶のことは、『書紀』崇峻元年是歳条や『元興寺縁起』本文、そして『元興寺縁起』が引く「塔露盤銘《とうろばんめい》」などに見えている。これらのうち、信頼してもよいと考えられる部分から飛鳥寺の造営作業についてみてみると、そこには、百済渡来の工人だけでなく、倭国の工人も加わっていたらしい。倭国の工人組織にはいくつかの作業単位があり、それらを東漢氏出身者が束ねていた。各作業単位にも、「部首《べのおびと》」と呼ばれる渡来系氏族出身の監督者がいる。また部首のもとには実際の作業にあたる「諸手《もろもろのてひと》」と呼ばれる人々がついていた。この在来の組織は、前述の、後の品部・雑戸制につながる今来漢人ら手工業技術者集団の組織の一端を示しているとみられている〔浅香年木・一九七一〕。そしてこの在来の組織が、百済から渡来した工人の教えを受けつつ、作業にあたっていたと想定される〔田中史生・二〇一〇〕。

右の、渡来工人に在来工人が交わり技術の伝習や移転を行うあり方は、朝鮮半島でもみられた。百済の仏教建築は特に木塔造りにおいて秀でていたらしく、新羅でも、七世紀の半ばに百済から工人を迎えて皇龍寺《ファンリョンサ》九層塔が建てられている。この時、新羅王族が二〇〇名の新羅の匠を率いて、この事業を統括したという（『三国遺事』）。

こうして、倭国でも仏教受容とともに進む渡来の技能・文化の移転は、倭の在来の渡来系氏族に新たな技能を付与する転機となった。善信尼の一族は、まさにそうして自らの技能を刷新した渡来系氏族である。

『書紀』推古一三年（六〇五）四月朔条には、飛鳥寺におさめるブロンズの仏像をつくるため、善信尼の甥にあたる鞍作鳥《くらつくりのとり》を「造仏の工《たくみ》」に任じたとある。鳥は、完成させた仏像を試行錯誤しながら金堂に安置した。それが有名な現在の安居院の本尊（飛鳥大仏）である。つまり鳥は、仏像づくりに長《た》けた人物である。一方、百済は、飛鳥寺の創建に際して造仏工を送っていない。造仏の技術は、飛鳥寺創建以前、すでに鳥周辺に伝えられていたのである。

では、倭国に仏像づくりを伝えた造仏工はいつ渡来したか。それは五七七年（敏達六）一一月に、百済から渡来していた（『書紀』）。鳥が渡来工人から仏像づくりを学ぶとすれば、この時に渡来した工人以外にない。そしておそらく、鳥の父の鞍部多須奈《くらつくりのたすな》も、この渡来工から造仏技術を学んでいる。多須奈は「百済仏工」とも称されたが（『扶桑略記』）、これは百済渡来の仏工という意味ではなく、百済の造仏技術を学んだ工人という意味だろう。つまり五七七年に百済から渡来した工人の仏像づくりの技術は、多須奈・鳥の父子に伝えられたとみられる。

けれども、「鞍部」「鞍作」の氏の名は、彼らが本来、馬具生産とかかわる職掌をもって王権に仕える氏族であったことを示している。おそらく彼らは、鞍の製作とかかわり木工・金工に通じていたことから、渡来工から造仏技術を学ぶことになったとみられる。渡来工と在来工人のマッチングが、造仏技術の移転でも行われていた。

ところが興味深いことに、彼らは父子二代にわたり仏像づくりにかかわりながら、そのことを、「鞍作」のように氏の名では示さなかった。鳥の作品とされる法隆寺金堂釈迦三尊像の光背銘には、「癸未《きび》年」（六二三）という年紀とともに「司馬鞍首止利仏師造」とある。ここでは「仏師」が「司馬鞍首止利」の姓名から区別された職掌として明記されている。二代にわたり四〇年近く仏像づくりにかかわっても、造仏は「司馬鞍首」という伝統的な氏族的職掌・名称に包摂されず、鳥個人にかかわる「仏師」のみが、彼の職能を示している。これは、彼らと造仏の関係が、いかに多須奈・鳥と二代続いたとしても、従来の渡来系氏族の技能の継承とは次元を異にするものであったことを示している。

それは、彼らの造仏技術が、氏族的な技能伝習として継承されるものではなかったからだろう。このことは、鳥派の影響を残す法隆寺金堂四天王像の光背銘からも裏付けられる。そこに記された造仏工に、非渡来系の者も含まれているからである。渡来した仏像づくりの技術は、もはや渡来系氏族の独占する文化ではない。つまり、多須奈・鳥父子が学んだ造仏技能は、その導入期から特定氏族の職掌として継承される体制をとっていなかった。だから仏像づくりの職能は、彼らの姓とはならなかったのである〔田中史生・二〇一〇〕。

仏教伝来とともに始まるこうした技能伝習の新方式を端的に示すのが、先に紹介した百済僧観勒の例だろう。観勒のもたらした技能は、暦・天文遁甲・方術の三つの分野に分けられ、これらをそれぞれ別の出自を持つ三人の「書生」が習得した。「師」から血縁関係のない「生」への、つまり師から弟子への技能の教授である。しかもここで見逃せないのは、観勒が、書生に教授する技能と直接かかわる「暦本」「天文地理書」「遁甲方術の書」をもたらしたことである。その教授に際して、これらの書物が積極的に活用されたことは間違いない。今では当たり前となった、先生とテキストで学ぶスタイルである。このスタイルが広がれば、技能や文化は特定氏族の縛りから解放され開かれる。テキストは、それが記された時代も場所も飛び越えて、それを読む者に様々な知識を授ける。複数のテキス

【図26】飛鳥寺(安居院)の飛鳥大仏(釈迦如来坐像)
(飛鳥寺所蔵、写真提供 奈良文化財研究所)

トと複数の師に学べば、複数の技能や文化が混合し、何か新たな気づきや考えが生まれるかもしれない。

　こうして仏教は、倭国の国際関係のみならず、王権の基盤となる技術や文化の再生産のあり方そのものを変えていくことになった。倭国は、渡来文化・技術を、渡来人や渡来系氏族から離れて定着させる伝習方式を、とうとう手に入れたのである。

V　帰化人誕生の国際環境

1　百済の滅亡と亡命渡来人

監視される渡来

隋が成立して東アジアの緊張が高まると、倭国は国際交流の玄関口となる九州での人の出入りを、とても気にするようになっていく。

『書紀』推古九年（六〇一）九月戊子《ぼし》条によれば、この時新羅の間諜《かんちょう》（スパイ）が対馬で捕らえられ、上野《かみつけの》に流された。さらに、同一七年（六〇九）四月庚子《こうし》条では、筑紫大宰《つくしのおおみこともちのつかさ》から、一〇人の百済僧と七五人の俗人が肥後葦北津《あしきたのつ》に漂着したとの報告があり、それを調べる使者が中央から派遣されている。その使者とは難波吉士徳麻呂《なにわのきしとくまろ》と船史竜《ふねのふひとたつ》。いずれも渡来系氏族である。特に竜はあの王辰爾の子孫で、渡来者に関する記録や報告書を作成する任務を負っていたのだろう。百済人らは本国へ送還の途中、一部が倭国に留《とど》まることを希望し、それらは飛鳥寺に住むこととなった。七世紀初頭、倭国境界領域での人の国際的な移動が、対馬や有明沿岸部にまで及んで監視されていたのである。なお、推古一七年条の筑紫大宰は九州の統括と対外的任務を負った、後の大宰府《だざいふ》の前身で、これが史料上の初見となる。この頃の筑紫大宰は、博多湾に面した那津官家《みやけ》を拠点としていたと思われる。

おそらく右とかかわるのが、『書紀』推古一六年（六〇八）条の「是歳、新羅人多く化来《もうおもむ》けり」という簡略な記事である。それ以前の『書紀』の渡来人記事は、ほとんどが渡来系氏族の「家記」などを参照し書かれたものであったが、この推古一六年条は氏族伝承との関連が全く見いだせない。前述の葦北津に漂着した百済人の処遇からは、当該期、九州沿岸に渡来人があると中央に報告がなされ、中央はそれを調査・記録して、送還・安置などの措置をとっていたことが知られる。推古一六年条の「是歳、新羅人多く化来けり」は、こうして作成されていた政府記録に基づく何らかの史料が参照されたと考えられる。ただし、ここに「化来」とあるのは、実際は「渡来」などと記されていたはずである。ちょうどこの頃、新羅は百済や高句麗から攻撃を受けていたから、確かに難民が発生しやすい状況にあった。

また王権の眼は、九州北部だけでなく、南部にも向けられた。『隋書』や『書紀』からは、倭王権が七世紀に入って、奄美《あまみ》・沖縄諸島の人々とも直接交渉しようとしていたことが読み取れる〔田中史生・二〇一二〕。

こうした動きとともに、外交の方法にも変化がみられる。朝鮮諸国の使者がもたらす倭国支配層への贈与品を、群臣らが客館でチェックする手続きをとるようになったのである。それはまず、王辰爾も関与した五七〇年代の高句麗からの使節に対して始まった。この時、敏達大王は群臣を客館に派遣し、高句麗からの「調物」を「検録」させている（『書紀』敏達元年五月朔条）。おそらく辰爾のすすめもあって、高句麗の贈与品の流れを王権として記録し把握して、高句麗と倭国支配層の贈与関係が裏で個別に結ばれるのを防ごうとしたのだろう。この新たなチェック体制は、少なくとも七世紀前半頃には友好関係にある百済にも適用されている［田中史生・二〇〇五］。

唐がもたらす緊張

六一〇年代にはいると、隋は大土木工事や高句麗遠征がたたって、急速に衰える。そしてとうとう六一八年には、煬帝《ようだい》が反乱軍によって殺され、あっけなく滅んだ。隋に代わって中華王朝を引き継ぎ、隋以上の強国となったのが唐である。

この唐の勃興《ぼっこう》を目の当たりにした倭国の留学生の中に、遣隋留学生として医学関連の知識を学んでいた恵日《えにち》があった。高句麗をルーツとする百済人を祖にあおぐ、渡来系氏族の出身者である。彼は中華王朝の新たな主《あるじ》となった唐の底力と可能性を知るや、倭国も唐と通行すべきと考えるようになった。そして同様の考えを持つ学生・学問僧らとともに、六二三年七月、新羅経由で帰国を果たし、その他の学業をなした留学生らの召還と、法典や儀式の備わる唐との交流の必要性を進言したのである。

彼らが新羅経由で帰国するきっかけは、新羅が六二一年に唐へ派遣した朝貢使にあったとみられる。恵日らは隋で新羅の留学生たちと親しく交流し、新羅の遣唐使に近づくきっかけをつかんだのだろう。隋は諸方から集う学問僧のために、都の大興城《だいこう》（長安）・東都洛陽城《らくよう》に、隋の高僧を招聘《しようへい》し等しく勉学をさせる場を用意していた。このため、倭国の学問僧は他国の学問僧と机を並べて学ぶ環境にあったが、なかでも学友となる僧は新羅出身者が多かったと思われる。というのはこの頃の新羅は、百済や高句麗と異なり、多くの学問僧を中国に派遣し、中国仏教教団と強いつながりを持っていたからである［田中史生・二〇一七］。しかも新羅側にも恵日らに接近する動機があった。高句麗・百済と対立する新羅は、唐から新羅寄りの姿勢を引き出させるなど、対唐関係の強化を軸に高句麗・百済を牽制《けんせい》する戦略をとっていたから、倭国が唐に接近することは歓迎すべきことだったのである［山尾幸久・一九八九］。

こうして、この七年後の六三〇年、倭国は新羅に導かれ、恵日を副使とした最初の遣唐使を派遣した。この時、倭国の対中外交は、百済経由から新羅経由へと切り替わった。

ただし、当時の唐は国内支配を安定させ、近隣諸国を支配しようと動き始めた時期で、六三二年、倭国使の帰国につけて高表仁《こうひようじん》を送ると、倭王権に唐の冊封《さくほう》を受けるよう強く迫ったらしい。けれども『旧唐書』倭国伝に「表仁、綏遠《すいえん》の才無く、王と礼を争い、朝命を宣《の》べずして還《かえ》る」とあるように、この唐の強圧的な姿勢が倭国の態度をかえって硬化させ、唐への警戒を高めさせることになった。

その八年後の六四〇年、唐が西域の高昌国を滅ぼすと、国境を接する高句麗の警戒もさらに高まった。そして、唐に対抗する体制を整えようと、六四二年に大臣の泉蓋蘇文《せんがいそぶん》がクーデターを起こし国王を殺害すると、傀儡《かいらい》の王をかついで、独裁的な政権運営を開始した。百済でも、前年に即位したばかりの義慈《ぎじ》王が、反対派を追放するなどして権力集中をはかった可能性がある。また、新羅の西部を攻めて、海上の新羅―唐の交流ルートを遮断し、高句麗と手を結んだ。さらに、倭王権との関係強化のために、六四三年頃、王子の余豊璋《ほうしょう》とその弟の善光、そして彼らの妻子らを「質《しち》」として倭国に送った。一方、高句麗・百済に挟まれ窮地に陥った新羅は、六四三年、唐に使者を派遣して出兵を請うた。

この国際情勢の変化に、六四二年に発足したばかりの皇極《こうぎょく》王権は激しく緊張した。倭国では、前年に舒明《じょめい》大王が亡くなり、その后《きさき》の皇極が即位し、蘇我馬子の子の蝦夷《えみし》が大臣として政界を主導していた。しかし対唐関係をうまく結べない倭国の外交は舵取《かじと》りが難しく、当時としては異例の父子継承を続ける蘇我本宗家のあり方にも一族から不満が漏れるなど、権力闘争の火種を抱えていた。焦った蝦夷は、強引に子の入鹿《いるか》へ権力の委譲をはかる。その入鹿は蘇我系王子の古人大兄《ふるひとのおおえ》の擁立を企てて、厩戸の子の山背大兄《やましろのおおえ》を襲い自害させた。しかしこうした蘇我本宗家の権力集中の動きは支配層の激しい反発を招き、乙巳《いっし》の変が勃発する。乙巳の年にあたる六四五年、皇極の息子の中大兄《なかのおおえ》らが蝦夷・入鹿父子を葬り去り、稲目以来四代にわたり倭国の政治を牽引した蘇我本宗家を退場させたのである。

百済滅亡と亡命者

乙巳の変後、皇極は譲位し、弟の孝徳が即位した。国際社会との交流を意識し、威容を誇る宮殿が難波津の近くに設けられた（前期難波宮）。新体制では中大兄が有力な次期大王候補として政治にかかわり、政変を成功させた立役者の一人中臣鎌足《なかとみのかまたり》も内臣《うちつおみ》という地位につき、大王の側近として政権に参加した。また、高向玄理《たかむこのくろまろ》や僧旻《みん》といった中国留学組が、その知識をかわれ、国博士《くにはかせ》として政権の顧問役となった。この頃、ミヤケの支配をベースに後の郡となる評《こおり》を設けるなど、いくつかの政治改革も進んだ。

孝徳が没すると、皇極が復権して都を飛鳥に戻し、再び王位に就いた。斉明大王である。しかしこの時代も、難波は王権の外交政策の重要拠点として機能した。壮麗な難波宮は外交儀礼の場として使用され、その北方の難波堀江の近くに六世紀以来の客館「難波館《なにわのむろつみ》」があった〔仁藤敦史・二〇一六〕。この斉明の時代、東アジアの大波が倭国を一気に飲み込む。その直接の引き金となったのが、六六〇年の百済滅亡である。

この一年前の六五九年、唐・新羅と百済・高句麗の両陣営の対立が激化するなか、倭国は緊張緩和をねらい遣唐使を派遣している。遣唐使船はこれまでのように新羅の支援を得られず、百済南方の島から一気に中国大陸を目指し、なんとか江南地域へ漂着した。けれども一行は、唐側に「海東の政」が行われるとの理由で抑留されてしまう。それは唐・新羅連合軍による百済総攻撃を指していた。唐も倭国を百済寄りとみなしていたのである。

六六〇年、唐軍一三万、新羅軍五万が水陸から百済王都泗沘《しび》城へ迫った。義慈王は降伏し、倭国と長く友好的な関係にあった百済がとうとう滅亡したのである。遣唐使の帰国を待つ斉明王権は、この突然の報告に慌てたであろう。けれども、百済の再興に動く百済遺臣の存在を知ると、倭国に「質」としてあった義慈王の子豊璋を旗頭に、唐・新羅と戦う方針を固めていく。ところが、こうして各地の軍を募りつつ九州へ向かった斉明が、そこで亡くなってしまう。この度重なる緊急事態に、斉明に同行し九州にあった中大兄が即位を待たずに指揮をとり、豊璋を「百済王」に任じて、朝鮮半島に兵を差し向けた。結果、六六三年八月、白村江で組織的な陣を構える唐水軍に、ただ突撃を繰り返すだけの倭軍は大敗を喫し、豊璋も高句麗に逃れて、勝敗は決したのである。

それから程なくして、高句麗も滅んだ。泉蓋蘇文の死後、蘇文の三子の間で内紛が起こった高句麗は、かつての強国の威容を失い、倭国に高句麗を支援する力もなかった。中大兄が正式に即位した六六八年、高句麗も唐・新羅軍の前にとうとう屈したのである。

右の混乱のなか、倭国には倭軍に参加した引き揚げ者とともに、百済人を中心に朝鮮半島からの亡命者が次々と渡来してきた。その数は少なく見積もっても数千人規模。階層も王貴族層から僧・尼、その他一般の人々と幅広い。九州の国際的な人の動きに目を光らせていた王権も、白村江直後は、さすがにこれらを十分に把握する体制を築けなかったらしい。

平安初期の仏教説話集『日本霊異記《にほんりょういき》』の上巻第七には、百済再興を支援する倭軍に加わり朝鮮半島へ渡った備後国《びんご》三谷《みたに》郡の郡司の先祖が、百済の僧を連れ帰って三谷寺を創建したという話が載っている。三谷寺は、百済系の軒丸瓦《のきまるがわら》が出土する三次《みよし》盆地の寺町廃寺《はいじ》のことで、説話は当地の首長が白村江の敗戦を契機に独自・主体的に仏教受容を行った史実を反映している〔鬼頭清明・一九九四〕。百済再興の支援軍に加わった首長層のなかには、朝鮮半島から直接渡来人を連れて本拠地に戻る者があったのである。こうした地域の直接的な渡来人受容は、六世紀以前のあり方を踏襲している。この頃から地方に拡大する仏教寺院には、中央から地方への波及だけでなく、地方の首長が渡来人を直接受容し創建するものもあった。

けれども、従来型の多元的な国際交流の構造を引きずったまま、大規模な人の流入を放置すれば、王権には重大な危機がもたらされるだろう。友好国を失い、外交の破綻《はたん》した王権を尻目《しりめ》に、地方首長が渡来の技術者や知識層を独自に受け入れて、文明の象徴たる寺院まで登場させる事態は、王権の対外的優位性そのものを揺るがす事態だからである。『日本霊異記』上巻第一七には、やはり百済再興の支援に加わり唐軍に囚《とら》われた伊予《いよ》国越《お》知《ち》郡の大領の祖先が、観音に帰依したお陰で無事筑紫に帰還し、朝廷に召されて事情聴取を受けたという話が記されている。唐からの帰還の話は史実の反映とみられるから〔三舟隆之・二〇一三)、白村江からしばらくすると、倭王権は帰還者や渡来者を筑紫で直接把握する体制を整えていったようだ。発掘調査によれば、那津官家のある博多湾から少し奥まった現在の福岡県太宰府《だざいふ》市に営まれた大宰府の施設も、七世紀後半に登場している。律令制下の大宰府は、筑前国に置かれて西海道《さいかい》(九州)諸国を総管し、対外的業務を最前線で担った重要な役所だが、その基盤整備が、白村江後に急速に進んだとみられる。

そして、こうした九州の〈外〉に備える体制の強化でも、百済からの亡命者が活躍した。博多湾からの外敵を防ぐため、大宰府の西に、深さ三~四メートル、幅六〇メートルの水堀を備えた全長一・二キロ、高さ一三メートルの土塁が築かれた。水城《みずき》である。また、六六五年(天智《てんじ》四)には、大宰府の北に朝鮮式の風格を持つ大野城、南に基肄《きい》城が設けられた。これら防衛施設の整備を、軍事知識・技術を持つ百済の亡命貴族層が担ったのである。

難波から各地へ

百済滅亡から百数十年が経った七九九年(延暦《えんりやく》一八)一二月、甲斐《かい》国に住んでいた亡命百済人の子孫らが、先祖以来の姓を変えて欲しいという要望を出してきた。甲斐国人止弥《とみの》若虫《わかむし》・久信耳鷹長《くしじのたかなが》等一九〇人の言上によれば、彼らの百済人の先祖は、渡来して難波に安置された後、「丙寅の歳正月二十七日の格」、つまり六六六年(天智五)の法令によって甲斐に移住したという(『日本後紀』)。この子孫が一九〇人なのだから、六六六年に甲斐に移住した百済人は数十人にはのぼるだろう。
「丙寅の歳正月二十七日の格」によって東国へ移配されたのは、若虫らの先祖たちばかりではない。『書紀』天智五年是冬条は、次のように記している。

百済の男女二千余人を「東国《あづまのくに》」に住まわせた。彼らには「癸亥《きがい》の年」より三年間、僧俗を問わず官から食料が支給されていた。

右の「癸亥の年」は、六六三年（天智二）で、白村江の敗戦の年にあたる。二〇〇〇人以上もの百済人は、それから三年間、ある場所で官から食料を支給された後、六六六年冬に東国に移配された。同年、若虫らの先祖も難波から東国の甲斐に移住する。つまり、若虫らの先祖は、六六六年に東国に移された二〇〇〇人余りの一部であったとみられる。そうなると、東国移配の二〇〇〇余人の多くも、若虫らの先祖同様、それまで難波にあった可能性が高い。多くの亡命百済人が、白村江の敗戦の年から三年間、難波に安置されて官から食料を支給された後、「丙寅の歳正月二十七日の格」に基づき東国へ移住したとみられる。

このように考えると、亡命百済人たちの難波への安置は、あたかも白村江の敗戦の年に始まるかのようである。しかし、実際はそれを少し遡《さかのぼ》る。『日本霊異記』上巻第一四に、百済人の釈義覚《しゃくぎかく》が、斉明大王の時代、六六〇年の本国滅亡を契機に渡来し、「難波の百済寺」に住んだとあるからである。亡命百済人をまずは難波に安置するという基本方針は、六六〇年の百済滅亡時からのものであろう。その後、白村江の敗戦の年に、僧俗を問わず全ての亡命百済人に官から食料を支給する施策が開始された。寺で活動をしていた義覚にも、この年から三年間は官から食料が配給されたはずである。

では義覚の住んだ「難波の百済寺」はどこかというと、大阪市天王寺区の堂ヶ《どうが》芝《しば》廃寺がこれにあたるとされている。「難波の百済寺」が義覚の渡来以前からあったものか、義覚ら亡命百済僧らの創建によるものかは判然としないが、近年、同地区の細工《さいく》谷《だに》遺跡の調査で「百済尼寺」の存在も明らかとなった。同地には百済が滅亡する六六〇年より少し前から、僧寺「百済寺」と尼寺「百済尼寺」がセットで造営されていたとする見解もある［古市晃・二〇〇三］。

いずれにしても、この一帯が、渡来した亡命百済人たちの最初の安置場所になっていたことは間違いなさそうである。そうなるとこの辺りは、ちょうど前期難波宮の南方に位置する。また難波宮の北には港となる難波津と客館「難波館」があった。外交儀礼を行う難波宮を中心に、その北に港と客館が、その南に亡命百済人たちの安置地区があるといった具合である。

では官からの食料支給が、百済滅亡の年ではなく、白村江の敗戦の年に始まったというのは、どういう意味であろうか。これを解くカギは、百済滅亡以降の百済人の移住が、いずれも表3のように白村江以後にみられるという点である。

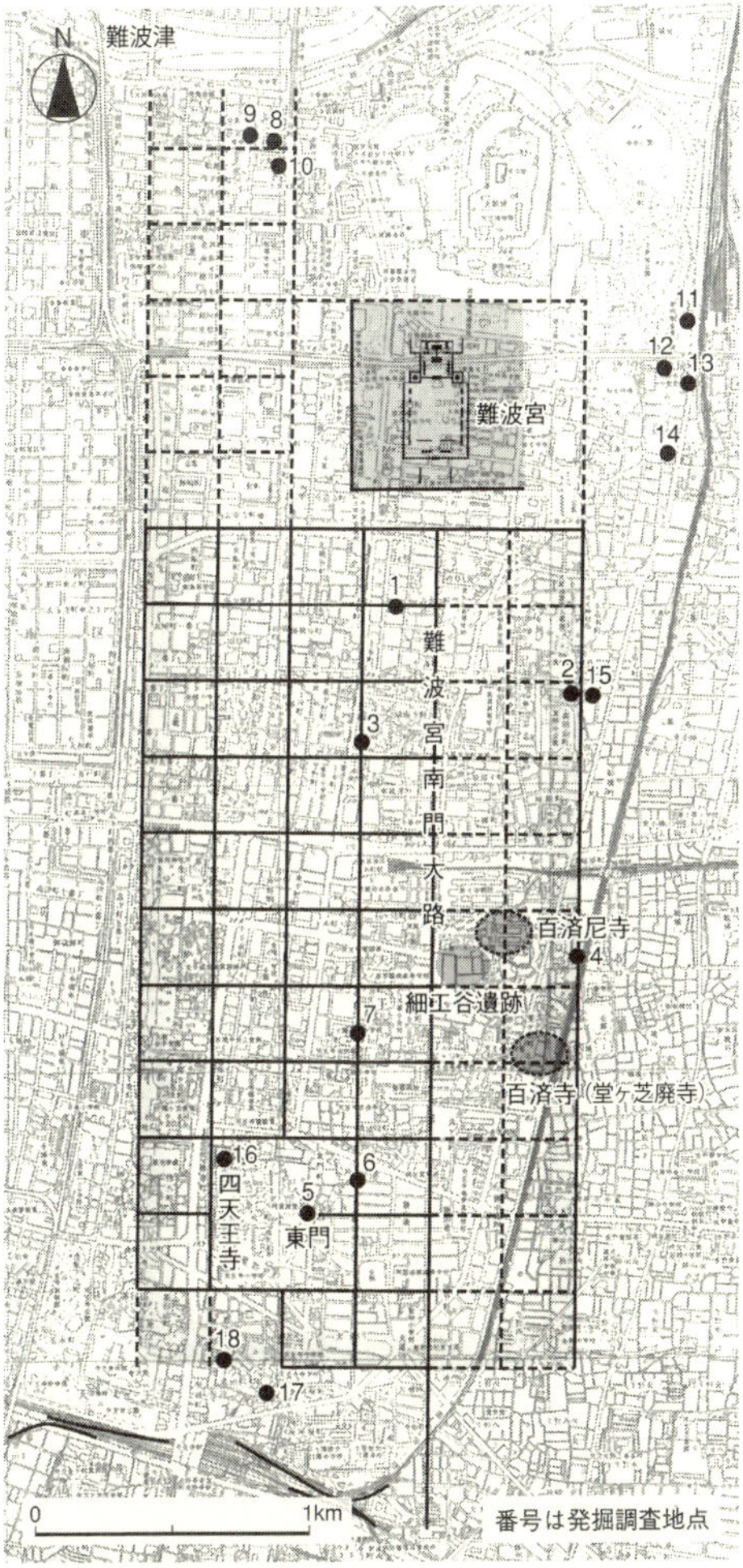

【図27】前期難波京復元図（積山洋『東アジアに開かれた古代王宮・難波宮』新泉社、2014年・図36に一部加筆）

表3によれば亡命百済人らは近江へも移配されたが、これは六六七年（天智六）に近江への遷都が行われたことと関連する。実際、④の百済の官位「佐平」を持つ余自信や鬼室《きしつ》集斯《しゅうし》は、百済でもトップの貴族層で、学識が高く、官人として中央で活躍した。また、②は①と一連のもので、六六五年二月、四〇〇人以上の百済人が近江国神前《かんざき》郡に移住し、翌三月、彼らに田が与えられたという意味であろう。ならば、すでにみた③の東国移配の百済人にも、同様に田が与えられたはずである。このように考えると、百済人の東国移配を指示した六六六年の法令が正月二七日に出されているのに、実際の移配がその年の冬まで遅れることも合点がいく。この間、彼らに与えるべき田が、東国各地で準備されていたのである。

以上のように、多くの亡命百済人を難波にとどめながら、彼らに定住の地を与える施策は六六五年から始まった。六六〇年の百済滅亡の時から百済人の渡来はあったにもかかわらず、である。どうやら百済再興を画策していた倭王権は、百済滅亡後しばらくは、亡命百済人たちを移住者と捉《とら》えていなかったようだ。百済再興のあかつきには、彼らの大半を帰国させるつもりだったのだろう。ところが、白村江の大敗でその企ては完全に不可能となる一方、難波は続々と渡来する亡命百済人でふくれあがる。彼らに移住地を与える施策は、待ったなしとなったはずである。こうして、白村江の敗戦の直後、亡命百済人らの移住をすすめる方針が固められると、それまでの間、難波にある全ての僧俗に官からの食料

【表3】百済滅亡後の百済人の移住(『書紀』より)

	西暦	年/月	記事
①	665	天智4/2	百済の男女400余人を近江国神前郡に住まわす。
②	665	天智4/3	神前郡の百済人に田を賜う。
③	666	天智5/冬	百済の男女2000余人を東国に住まわす(「丙寅歳正月二十七日格」による)。
④	669	天智8/是歳	佐平余自信・佐平鬼室集斯等男女700余人を近江国蒲生郡に遷居させる。
⑤	684	天武13/5	化来の百済の僧尼及び俗、男女23人を武蔵国に安置する。

支給を開始した。こうして近江や東国へ、亡命百済人らが次々と移配されていったと考えられる。彼らは移配されると、そこで田が与えられ、定住への道が開かれていった。

興味深いことに、百済が滅亡した六六〇年七月以降、六七二年(天武元)までは、来航する外交使節は筑紫にとどめ、難波に入れた形跡がない〔廣瀬憲雄・二〇一八〕。亡命百済人らの移配が一段落するまで、難波の外交機能は、ほぼ亡命百済人らへの対応に振り向けられていたことになる。

またこの亡命百済人らの移住計画の過程において、倭王権は難波に向けて、もう一つ注目すべき施策をうっている。難波で食料支給を開始した直後の六六四年(天智三)三月、百済王族の善光一族を難波に居住させたのである。

前述のように善光は、百済最後の王となる義慈王の子で、兄の豊璋とともに「質」として渡来した。兄が百済遺臣と倭王権に担がれて朝鮮半島に戻った後も、倭国にとどまっていたのである。豊璋は『書紀』皇極紀に登場する翹岐《ぎょうき》と同一人物とみる説が有力で〔西本昌弘・一九八五〕、これに従えば、倭国にある時は「百済大井家《くだらのおおいのいえ》」に住んでいたとみられる（『書紀』皇極元年五月戊寅条）。ならば難波遷居以前の善光らも、ここにあった可能性が高い。「百済大井家」の場所は、大和説・河内説があり、従来は河内説が有力であったが、近年は、むしろ大和に求めるべきとする説が出されている〔渡里恒信・二〇〇六〕。いずれにしても彼らは、白江村の敗戦を受けた六六四年、難波に居地を移した。敗戦の混乱のなか、難波は百済のトップ貴族層を含む多様な階層の亡命者でひしめきあっていただろう。近江や東国に移配された人々のほとんどがまずは難波に安置されたと仮定した場合、その規模は三〇〇〇人を超える。ここに倭国の生活にも慣れた百済王直系の善光を移し、彼らの上に置くことで、貴族層を含む亡命百済人たちの統率と秩序化をはかったのだと考えられる。

2 「帰化」の成立と律令国家

「帰化」の受け入れ

そして以上の亡命百済人らの移住に向けた動きが、実は本書のテーマともかかわる、帰化人を生み出す過程でもあった。そのことを述べる前に、まず「帰化」の完成形ともいえる律令国家の「帰化」について、みておきたい。

ここでいう律令国家とは、中国に由来する律令法に基づき運営された中央集権的な日本古代国家のことである。律は刑罰に関する法、令はその他の一般行政に関する法で、官人たちは律令をもとに国家を運営した。この律令体制は、百済滅亡に始まる国際社会の厳しい荒波にさらされた倭王権が、支配体制の根本的な立て直しをはかって導入したもので、これとともに、国号は「倭」から「日本」へ、君主号も「大王」から「天皇」へと切り替わった。

ただ、律令国家への切り替えは一気にすすんだのではなく、日本では令が先に導入された。まず天智の時代に近江令《おうみりょう》が制定されたというが、これが体系的な法典であったか否かは学説が分かれる。ついで天皇号の導入が確実な天武の時代に体系的な法典の整備が目指され、それが次の持統の時代の六八九年（持統三）に、飛鳥浄御原令《あすかきよみはらりょう》の頒布として結実する。さらに、文武天皇の時代の七〇一年（大宝元）、「大宝」の独自年号とともに律も備えた大宝律令が完成し、翌年にはこれが全面的に施行されて、名実ともに律令国家としての体裁が整った。その後、七五七年（天平宝字元）には、大宝律令に一部修正を加えた養老律令が施行された。

日本の律令国家は、中華皇帝の支配する唐とよく似た天皇中心の中華国としての顔も作り上げた。天皇の支配・教化が直接及ぶ文明世界を「化内《けない》」、その外側の未開な世界を「化外《けがい》」とした。また化外諸蕃国《ばんこく》からの渡来人を、外国使節である「蕃客《ばんかく》」と、自らの意志で天皇の民となることを願う「帰化」に区分した。「蕃客」でない渡来人は「帰化」に分類される。律令国家はその成立当初、漂流者ですら「帰化」としてあつかった。「帰化」も「蕃客」も、中華の君主たる天皇の徳を慕い、未開社会から渡来したとされる点は同じである。

さて、養老令の戸令《こりよう》16没落外蕃条は、律令国家の帰化人の受け入れ手続きについて、次のように規定している。

凡《およ》そ外蕃に没落して還《かえ》ることを得たらむ、及び化外人の帰化せば、所在の国郡、衣粮《いろう》を給へ。状を具《つぶさ》にして飛駅《ひやく》を発して申奏せよ。化外の人をば、寛《ゆたか》なる国に貫《かん》に附《つ》けて安置せよ。

このうち「外蕃に没落して還ることを得たらむ」とは、遭難などによって海外で行方不明となった者が帰国した場合をいう。つまり当条は、こうした帰国者や「帰化人」の来着時の対応について定めたものである。このうち、「帰化」に対する手続きのみを抜き出して整理すると次のようになる。

一、「化外人」の「帰化」があった場合、来着地の国郡は衣食を保障し、早馬（飛駅）を発してそのことを急ぎ中央へ報告する。

二、その後、「化外人」には食料を支給しつつ「寛国」まで送り、そこの戸籍につけて安置する。

右の通り、「帰化」の渡来人は日本に来着後も、移配地で戸籍につけられるまでは化外人である。化内人となるのは日本の戸籍制に組み込まれた段階においてであった。化内の民の身分は、大きくは良民と賤民《せんみん》（奴婢《ぬひ》）に二分される。「帰化人」は戸籍に登録されることで、公式に日本天皇の一元的支配のもと、化内良民の身分に編入された。しかしその後は母国に戻ることが許されない。そのようなことを勝手にすれば、「本朝」に背き「蕃国」に投じる謀叛《むほん》人とみなされることになる（養老賊盗律4謀反条律疏）。

また、こうして帰化人が戸籍につけられると、他の化内良民と同様に口分田が支給される。それと同時に、「復《ふく》」一〇年の特別措置も適用された（養老賦役令15没落外蕃条）。「復」とは調・庸・雑徭《ぞうよう》などの賦役を免除することで、化内での不慣れな新生活を安定させるための中華天皇から「帰化人」への恩典である。この給復の期間、徴税の基本台帳となる計帳に「帰化」と注記され、諸国では管理のための基礎帳簿（「帰化帳」なるもの）も作成された［田中史生・一九九七］。しかしこの「復十年」が終了すると、「帰化」の定着に向けた措置は一段落し、法的には他の化内良民との差が消滅することになる。

こうして律令国家は、外交使節（「蕃客」）以外の渡来人を「帰化」に分類すると、これを日本への移住者とみなして天皇の一元的支配体制のもとに定着させようとした。「蕃客」についても、入国から出国までは、厳しい管理のもと、本国からもたらした物品の動きがチェックされ、移動や行動が制限された。一方、日本人の出国者は、天皇が国家に必要と認めた外交使節や留学生たちに限られた。律令国家は、王権を相対化しかねない前代までの東アジアに広がる多元的で多様な国際交流を、天皇を中心とした一元的支配体制のなかに押し込め、徹底的に管理したのである。その過程で、倭国の時代にはよくみられた、本国王権との政治的関係を維持して列島に住み、倭王権に仕えるような渡来人は、概《おおむ》ねその姿を消すこととなる。

以上の養老律令に基づく手続きは、それがモデルとした唐の律令でも基本的に同様であった。ただし養老律令より前の大宝律令では、「帰化」の受け入れに関し、唐律令にはない特殊な規定があった。それは九世紀中頃に成立した養老令の注釈書『令集解《りょうのしゅうげ》』に引用された、大宝令の注釈書「古記」の記述によって判明する。それによると戸令没落外蕃条には、「帰化」があった際、「若《も》し才伎有らば、奏聞して勅を聴け」という一文が敢《あ》えて付加されていた。特殊技能者が渡来した際は、特別に天皇の命令を仰ぐようにと定められていたのである。律令国家は当初、律令条文において、「大陸文化」の導入者としての帰化人の役割に期待を表明していたことになる。

けれどもこの部分は次の養老令で削除された。中華思想において「帰化」の受け入れは、あくまで文明世界の頂点に君臨する中華皇帝（天皇）の威徳を示すもので、非文明世界から「帰化」した者に、優れた技術を期待する内容は矛盾である。つまりこの一文からは、日本の律令国家が、倭国以来の渡来人受容のあり方を継承しようとしていた側面が読み取れる。一方、その削除には、律令国家が帰化人をあくまで中華の論理によって位置づけるべきことを理念としていたことが示されている〔田中史生・二〇〇五〕。

来着地と移住地

ところで養老職員令《しきいんりょう》によれば、「帰化」や「蕃客」への対応を職務とすることが明記された地方の行政組織は、大宰府と、壱岐・対馬・日向・薩摩・大隅の各国である。いずれも九州で、当時の行政区分では五畿七道《ごきしちどう》のうちの西海道に属する。また律令に「蕃客」「帰化」への対応が明記されない九州北部諸国の対外業務も、西海道諸国を総管する大宰府が直接把握する体制をとっていたとみられる。つまり「蕃客」「帰化」の具体的な来着地は、以前から国際交流の拠点であった九州を想定し、特に来着の多い九州北部の諸国には、大宰府の直接的な関与を求めたのである。

また養老公式令《くしきりょう》70駅使至京条によれば、帰化人は「寛国」へ移配されるまでの間、「館」に安置されて食料等が支給されるとともに、自由な往来が制限された。「館」とは外国使節や遣唐使などの遣外使節も使用した客館のことである。塀や堀で囲われて外部から隔絶され、館内に安置した渡来人を管理しやすい空間となっていた。京・難波・筑紫に設置されたが、帰化人の来着地は西海道が想定されていたので、帰化人を安置する「館」も主に博多湾に面した筑紫館（鴻臚館《こうろかん》）ということになる（図28）。

【図28】大宰府鴻臚館復元図(写真提供 福岡市博物館)

一方、帰化人の移住地については、前述のように日本の戸令没落外蕃条が「寛国」で戸貫に附すよう定めている。余裕のあるゆたかな国に移配し、戸籍につけよという意味である。これは唐令の同条が「寛郷」において戸籍につけよとすることに基づく。日本令が「郷」を「国」とあらためたのは、唐の地方行政では郷が戸口掌握の中心的役割を果たしたのに対し、日本はこれを国に担わせたためである〔田中史生・一九九七〕。

けれども、律令はこの「寛国」について、具体的にどの地域を想定しているのかを記していない。そこで、律令国家形成期となる天智期から奈良時代にかけての実例をみると、その移配地は、畿内に住み官人などとして中央で活躍した一部を除き、近江、もしくは東国に大きく偏っている。このうち近江への移配はすでにみた通りで、ここに大津宮が営まれる天智期にほぼ限定される。だから、畿内移配と同様の性格を持っていたと考えられる。けれども、それ以外の移住地が東国に集中するのは、西国にも多くの渡来人が住んだ七世紀前半以前と大きく異なる。

そこで彼らが畿内以外のどの国に移配されたのかを、飛鳥浄御原令の編纂《へんさん》が開始された天武期以降でみると、表4のようになる。これによれば移配国として確認できるのは、遠江《とおとうみ》・武蔵・常陸《ひたち》・甲斐・尾張《おわり》・美濃《みの》・駿河《するが》・相模・上総《かずさ》・下総《しもうさ》・下野《しもつけ》の諸国である。いずれも東海道・東山道諸国に属する。

東国移配の背景

さて、これまでの研究では、こうした帰化人の移配地の東国への偏りを、主に以下の二つの背景で説明してきた。「蕃客」の往来のある西国に帰化人を住まわせると母国通謀の懸念がある一方、東国には未開の原野が広がっていたため、彼らをその開拓に積極的に用いたというのである〔関晃・一九五六、上田正昭・一九六五など〕。

このうち、通謀懸念説については、養老雑令《ぞうりょう》29蕃使往還条に次のようにあることが史料的根拠となっている。

凡そ蕃使の往還せむ、大路《だいろ》の近側に当りて、当方の蕃人を置き、及び同色の奴婢を畜ふること得じ。亦伝馬子《てんまし》及び援夫《えんぷ》等に充つること得じ。

右は、外交使節の往還する「大路」の近傍に、同国出身の「蕃人」や「奴婢」などを置

【表4】天武期以降の渡来人の移配国（畿内を除く。『書紀』『続紀』より）

	西暦	年/月	記事
①	675	天武4/10	筑紫が唐人30口を貢る。遠江国に安置する。
②	684	天武13/5	化来の百済の僧尼及び俗、男女23人を武蔵国に安置す。
③	687	持統元/3	投化の高麗56人を常陸国に居く。田や食料を与えて生業を安定させる。
④	687	持統元/3	投化の新羅14人を下野国に居く。田や食料を与えて生業を安定させる。
⑤	687	持統元/4	筑紫大宰、投化の新羅の僧尼と百姓の男女22人を献る。武蔵国に居く。田や食料を与えて生業を安定させる。
⑥	688	持統2/5	百済の敬須徳那利を甲斐国に移す。
⑦	690	持統4/2	帰化の新羅の韓奈末許満等12人を武蔵国に居く。
⑧	690	持統4/8	帰化の新羅人等を下野国に居く。
⑨	715	霊亀元/7	尾張国の人外従八位上席田君邇近と新羅人74家を美濃国に貫して、始めて席田郡を建つ。
⑩	716	霊亀2/5	駿河・甲斐・相模・上総・下総・常陸・下野の七国の高麗人1799人を武蔵国に遷し、高麗郡を置く。
⑪	758	宝字2/8	帰化の新羅僧32人、尼2人、男19人、女21人を武蔵国の閑地に移し、始めて新羅郡を置く。
⑫	760	宝字4/4	帰化の新羅の131人を武蔵国に置く。

いてはならないという規定である。「大路」とは、大宰府までの山陽道と西海道の一部を指し、西海道来着の「蕃客」もこの道を使い上京することを建前とした。しかし実際の「蕃客」の来着地は日本海側にまで広がり、律令国家もその実態をよく認識していた。この点は、「帰化人」の移配地が東海道・東山道諸国に偏り、彼らを西日本だけでなく日本海側にもほとんど移住させなかったこととも合致する。

この問題と関連して注目されるのは、すでにみたように、六〇一年（推古九）、スパイを疑われ対馬で捕らえられた新羅人が上野に移されていることである。七世紀初頭も、母国通謀の警戒される渡来人が移配される先は東国であった。

では、日本の雑令蕃使往還条と対応する唐令はどうだったかというと、中国北宋の令である「天聖令《てんせいれい》」を参照すれば、やはり「帰化」した者が出身国の使節と接触することを明確に禁じていた可能性が高い。中国寧波《ニンポー》市の天一閣で近年発見された「天聖令」は、唐令の情報を多く含み、唐令復元の際にはよく参照される史料である。養老雑令蕃使往還条と対応するその雑令宋令35には、「其《そ》れ帰朝人の色類相似る者は、又客と相見《まみ》ゆること得じ」とある。「帰朝」は唐令において「帰化」の意味で用いられていて、例えば先にみた日本の戸令没落外蕃条の「化外人帰化」を、唐令は「化外人帰朝」とする。「帰朝人」はこの唐令没落外蕃条と対応する表現で、「天聖令」の雑令の条文は唐令を引き継いでいる可能性が高い。

つまり唐も日本も、帰化人を、明王の徳化を慕い自らその民となることを願う者と位置づけながら、その裏では、出身国とのつながりを警戒していたことになる。だから日本では、帰化人の西海・山陰・山陽・北陸の諸道への移配が基本的に避けられたのだろう。

一方、「未開」の東国の開拓説は根拠が薄い。律令に基づけば、「帰化人」には移住に際し口分田《くぶんでん》が与えられ、その開発や準備も「帰化人」ではなく、国家が予《あらかじ》め行わねばならない。また『延喜式《えんぎしき》』民部式が定める国力に基づく大・上・中・下の四等級の諸国と照合すると、帰化人が移配された東国の諸国は、いずれも大国か上国である。もし東国移配の主眼が未開地の開拓にあるのならば、中・下国への移配もあってしかるべきだろう。大国・上国への移配地の偏りは、律令の定める「寛国」への移配がしっかり意識されていたことを示している。

もちろん、集団的移住や人口増加には開発がともなうのは当然だし、彼らは実際に東国各地の生産力と直結する活動を行い地域の発展にも寄与した〔荒井秀規・二〇一七〕。けれども、養老考課令《こうかりよう》なども定めるように、戸口を増やし田農を開発・推進することは、全国の国司・郡司の行うべき重要任務で、そうした意味の開発が、古代では東国にのみ必要だったわけではない。開拓説は、「未開」を「東国」という枠組みにあてはめて理解する根拠が不明なのである。

結局、雑令29蕃使往還条に基づけば、その移配地が東海道・東山道に偏るのは当然であろう。そのなかで開拓に従事する者もあったであろうが、いずれにしても、東国各地への「帰化人」移配の目的については、個々の事例、地域に即した検討が必要であろう。

帰化人の誕生

ここまでみてきたことで、帰化人が日本においてどのようにして誕生したのかをようやく考えることができそうである。

本書I章では、『書紀』の「帰化」「投化」「化来」といった語のほとんどが、『書紀』編者による書き換えや潤色を受けていることを明らかにした。律令制導入以前の倭国に、「帰化」の受け入れ体制があったことを証明できる史料はない。一方、比較的信用できる『続日本紀《しょくにほんぎ》』（以下『続紀』と略す）は、その第一巻で飛鳥浄御原令体制下の時代を扱うものの、ここには「帰化」に関する記事がない。『書紀』が信用ならないとなると、このままでは、「帰化」が飛鳥浄御原令まで遡りうるかどうかさえもはっきりとしない。

そこで、『書紀』から「帰化」「投化」「化来」といった語を一旦《いったん》とり除き、記事の内容から、これまでみてきた律令的な「帰化」の受け入れ体制がどこまで遡れるかを、確認してみよう。

まず、大宰府が把握した渡来人を東国に移配し、田を与えて定住させるという、律令の「帰化」の受け入れとほぼ共通する手続きを探すと、それは六八七年（持統元）には行われている。すなわち『書紀』持統元年四月癸卯《きぼう》条には、筑紫大宰が「投化」の新羅の僧尼と百姓の男女二二人を献上し、これを武蔵国に移して、田や食料を与えて生業を安定させる措置をとったとある（表4⑤）。同様の措置は、この他、同年三月にも、高句麗人五六人の常陸国移配、新羅人一四人の下野国移配に対して行われている（表4③④）。同年三月・四月の新羅人・高句麗人の東国移配は、共通する施策のもとに行われたものだろう。

以上のことから、律令的な「帰化」の受け入れ体制は、持統元年頃にはほぼできあがっていたとみてよい。けれども持統元年は、飛鳥浄御原令の頒布の二年前である。つまり、律令的な「帰化」は、飛鳥浄御原令の施行以前に遡る。

そこでさらに遡って「帰化」の痕跡《こんせき》を探すと、すでにみた亡命百済人らに対する施策に目がとまる。王権が渡来人に移住先で田を支給する例は、六六五年（天智四）の、近江国神前郡に移配された百済人の例ですでに確認した（表3①②）。また東国への移配は、六六六年（丙寅歳）正月の法令に基づく、同年冬の百済人二〇〇〇余人の東国移配の例で確認した（表3③）。この時も、王権が彼らに田を準備し与えたとみられる。天智の時代の六六六年正月の法令は、律令的な帰化人の東国移配の出発点となった法令といえる。

では、移配した渡来人を戸籍につけるのはいつから始まるのであろうか。実はこれも天智の時代に始まっている。『続日本後紀《しょくにほんこうき》』承和《じょうわ》六年（八三九）八月戊寅条には、加賀国の百済公豊貞の祖が「庚午年を以て河内国大鳥《おおとり》郡に貫せられ」とある。「庚午年」は六七〇年（天智九）にあたる。つまりこれは、豊貞の祖がこの年に作成された戸籍「庚午年籍《こうごねんじゃく》」に登録されたことを言っているのである。この時作成された庚午年籍は全国規模の戸籍として、律令的な戸籍制の出発点となったものである。

すると、『書紀』天武一〇年（六八一）八月丙子条に次のようにあることが、あらためて注目されることになろう。

三韓の諸人に詔して曰《のたま》はく、「先日十年の調税《みつきのおおちから》を復《ゆる》したまうこと既に訖《おわ》りぬ。且《また》、加以《しかのみならず》、帰化《まうおもぶ》く初《はじめ》の年に倶《とも》に来る子孫は、並に課役悉《ことごとく》に免《ゆる》す」とのたまう。

右の詔は、「三韓」からの「帰化」への給復に関するもので、「十年」とあるから、律令で戸籍につけた後に与えられる恩典「復十年」が、この時、すでに行われていたことを示している。ここではそれをさらに、「帰化」に際してともなわれてきた子孫で課役年齢に達した者にも、拡大して適用するというのである。これにより、少なくとも飛鳥浄御原令の編纂が命じられた天武一〇年の段階では、令の規定を意識した「帰化」が成立していたことが判明する。

問題は「先日十年の調税を復したまうこと既に訖りぬ」の意味である。筆者はこれを、給復を「先日」開始したという意味だろうと考えてきた。しかしそう解釈すると、給復の導入から天武一〇年八月の詔まで、それほど間がないことになる。この短期間で新たに課役年齢に達した者はその数が極めて限られるから、この詔の段階では恩恵を受ける子孫も僅《わず》かにとどまる。しかしこれを、一〇年の給復期間が「先日」終わったという意味で理解すると、その一〇年前がちょうど庚午年籍作成の直後にあたる。つまり、庚午年籍で戸籍につけられた渡来人に復が適用されたとすると、その終了が詔の前年の天武九年となるから、天武一〇年の詔は、そうしたタイミングで出されたことになる。そう解釈すると、この詔には、新たに課役年齢に達した者にも「帰化」への恩典を及ぼすことで、新来者の負担を軽減するとともに、天皇の徳の及ぶ「三韓の諸人」の「帰化」を大量に再生させる意図があった可能性が浮かび上がる。

以上、検討が少し複雑になったが、「帰化」の成立は本書の重要な課題なので、ここであらためて整理しておこう。天智の時代、亡命渡来人には定着を前提に、移住地において田が支給され、そこで戸籍につける手続きも始まった。その際、「復十年」の適用も開始された可能性がある。また、東国への本格的な移配も始まった。このように、律令的な思想と体制を意識した帰化人は、天智の時代、百済・高句麗滅亡後の亡命者渡来人たちを移住者として受け入れる過程で誕生したと考えてよさそうである。

3　帰化人と姓

渡来系氏族の改賜姓

「帰化」は、移住地で戸籍につけられることで化内良民の身分に編入されるが、化内良民であれば姓が必要である。つまり「帰化」した者が戸籍につけられる際には、姓の登録も必要であった。

律令制下の姓は、藤原・大伴・坂上といった氏族の名前をあらわすウヂ（氏）に、朝《あそ》臣《み》・宿禰《すくね》・忌寸《いみき》といった朝廷における氏族の位置づけをあらわすカバネ（姓）の種類・有無を組み合わせることで階層化されている。ウヂは中国の姓氏と共通性があるが、カバネは世襲される爵としての性質を持つとされ、日本独自のものである〔山尾幸久・一九九八〕。このウヂ・カバネとも天皇が与え（賜姓《しせい》）、改める（改姓《かいせい》）もので、賜姓・改姓を行う天皇とその一族は姓を持たない。また売買可能な所有財産とされた賤民は姓を持つことが許されない。古代日本の姓は、姓を与える天皇と、姓の世界から排除される賤民という両極の無姓者を境界とし、その内側に築かれた世襲される良民の社会秩序なのである。

こうした律令制的な姓の秩序は、六世紀の世襲王権の確立とともにすすんだ支配層の氏族編成を土台に、諸氏のカバネを真人《まひと》・朝臣・宿禰・忌寸・道師《みちのし》・臣《おみ》・連《むらじ》・稲置《いなぎ》の八姓に整理することを定めた六八四年（天武一三）の「八《や》色《くさ》の姓《かばね》」を経て、整えられる。こうして日本の官人の社会秩序は、個人を対象とする官位（冠位）の秩序と、その官人を生み出す氏族を対象とするウヂ・カバネの秩序を両輪として形成された。

そして、六世紀以前の渡来人を祖に持ち、七世紀にはすでに王権のもとで活躍の場を広げていた有力な渡来系氏族も、六八五年（天武一四）六月、倭漢（東漢）氏や秦氏を忌寸とするなど（『書紀』）、天武期に他の有力氏族とともに新たなカバネが与えられた。倭国の時代に力を伸ばした渡来系氏族を、官人社会の秩序に積極的に組み込んだのである。

ところが、百済・高句麗滅亡後の新来者には、後述する一部を除き、カバネなどを与えず、まずは渡来時に称していた姓をそのまま日本での姓とした。彼らに新たな姓を与えるのは、律令国家成立後、しばらく経ってからのことである。『続紀』神亀《じんき》元年（七二四）二月甲午《こうご》条によると、この時即位した聖武天皇は、即位の宣命のなかで、渡来系移住民への賜姓について次のように述べている。

官々《つかさつかさ》に仕え奉《まつ》る韓人部《からひとども》一二人《ひとりふたり》に、その負ひて仕え奉るべき姓名《かばねな》賜ふ。

この神亀元年の詔は、諸官司に仕える「韓人部《からひとども》」のいく人かに、その職掌にふさわしいウヂ・カバネの名を与えようというものである。そして実際、この三ヶ月後、百済・高句麗滅亡後の渡来系移住民を中心に、官人として中央に出仕していた者たち計二四名にカバネを含む姓が与えられた［伊藤千浪・一九八五］。これによって唐系の一つの忌寸氏族と、高句麗系・百済系・新羅系の二一の連《むらじ》氏族が新たに登場した。

ただ詔が出された七二四年頃は、百済・高句麗滅亡から半世紀以上が経過し、ここで賜姓された者の大半は渡来の二世以降であったとみられる。律令国家は当初、中央官人として出仕する百済・高句麗滅亡後の新たな渡来系移住民を、氏族としては官人秩序に組み込もうとしていなかったことになる。それは、氏族組織を基盤に出仕する他の支配層と異なり、彼らが、本国での地位やキャリアを生かした個人の技能・知識で官人に任用された者たちだったことによるだろう。けれども神亀元年頃に各官司で活躍していたのは、その子孫たちである。右の詔は、父祖から継承した知識や技芸をもって中央官司に仕える次世代以降の人々の活躍が目立つようになったことを踏まえ、彼らを氏族としても官人秩序に取り込むことにしたものとみられる。ただし、これによって二〇余りの新たなカバネ氏族が生み出されると、それがさらに拡大されることはなかった。以後、この詔に対応する継続的な賜姓は行われなかったからである。

ところがそれから三三年後、聖武天皇を継いで即位した孝謙天皇の時代の七五七年（天平宝字元）、渡来系氏族の姓にも大きな影響を与える、姓に関する次の勅命が下った。

その高麗・百済・新羅の人等、久しく聖化を慕ひて、来りて我が俗《くにぶり》に附き、姓を給はらむことを志願《ねが》はば、悉《ことごと》く聴許《ゆる》せ。その戸籍に、無姓と族の字とを記すは、理に於《お》いて穏《おだや》かならず。改め正すべし。（『続紀』天平宝字元年四月辛巳条）

右を、ここでは宝字元年勅と呼ぶこととする。前半部分は、天皇の民となり長い時間が経過した「高麗・百済・新羅の人等」に対して姓を与えることが述べられている。後半部分は、戸籍に姓が無かったり「族」の字のつく姓(国造族・県主族など)が登録されたりするのは不適切なので、これを改めるよう指示が出されている。渡来系の人々に直接かかわるのは前半部分だが、全体として、姓秩序の再整備を意図した内容となっている。

この宝字元年勅は、皇太子道祖《ふなど》王を更迭し、新皇太子に大炊《おおい》王を立てると宣言した後の、大赦や課役負担軽減など、恩典的な施策とともに打ち出された勅の一部である。当時の政権は、孝謙天皇と、その母・光明皇太后、そして皇太后の信任の厚い藤原仲麻呂《ふじわらのなかまろ》によって担われ、大炊王は仲麻呂の邸宅に住んでいた。したがって、この時に出された勅は全体として、仲麻呂らによってすすめられた皇太子交代劇を正当化し、政権への支持をあらためて訴える目的を持ったものだろう。しかし、姓秩序の再整備を意図した宝字元年勅は、神亀元年の詔のような一時的な措置で終わらなかった。この勅に基づく渡来系氏族への賜姓は平安初期まで引き継がれ、族姓者もこれ以降みられなくなっていくからである。

また宝字元年勅と神亀元年の詔とは、渡来系の人々に姓を与える前提も異なっている。神亀元年の詔は、中央で官人となった渡来系の幾人かに「その負ひて仕え奉るべき姓名《かばねな》」を与えるとし、賜姓の前提や範囲を限定していた。ところが宝字元年勅は、長く天皇の徳化を慕い「我が俗に附く」者からの賜姓要求を「悉く」認めるとしている。では、「高麗・百済・新羅の人等」が「我が俗に附く」とは、どのような意味なのだろうか。

姓と「移風易俗」の思想

右のことを考える上で、参考となる事例がある。天平宝字元年勅の翌年、美濃国席田郡《むしろた》の郡司の外正七位子人《こひと》、中衛《ちゅうえ》無位の吾志《ごし》らが、出身国に因《ちな》む賜姓を求めて、賀羅造《からのみやつこ》のウヂ・カバネを与えられたという事例である。その際の彼らの申し出によれば、六世の祖父にあたる乎留和斯知《をるわしち》が、加羅国から「化を慕ひて来朝」したものの、当時は「風俗」に慣れず、姓字をつけなかったという（『続紀』天平宝字二年十月丁卯《ていぼう》条）。子人らの先祖は六世紀頃、加耶地域から渡来したのであろう。

さて、子人らは「化を慕ひて来朝」した渡来人の子孫で、すっかり「風俗」になじんだことを理由に、望み通りの姓が与えられた。これは宝字元年勅の前半部分に対応する。また、こうして無姓の状態も改められた。これは宝字元年勅の後半部分に対応する。つまり、これまで無姓であった子人らが賜姓の機会を得られたのは、宝字元年勅が出されたからである。宝字元年勅は、神亀元年の詔と異なり、ウヂ・カバネを持たない地方の渡来系の人々にそれらを与える契機となった。

ならば宝字元年勅の「我が俗に附く」とは、日本の「風俗」になじむという意味だということがわかる。実際、律令国家は、「日本」の外に異なる「風俗」が広がっていると考えていた。『続紀』天平二年（七三〇）三月辛亥条は「諸蕃・異域《いいき》、風俗同じからず」とし、通訳がいなければコミュニケーションもとれないと記している。そうなると、宝字元年勅の主眼は、日本の習慣にようやく慣れた「高麗・百済・新羅の人等」に、願いに任せて姓を与える政策だったことになる。

しかしそうなると、次の疑問は、渡来系の賜姓対象者をこのように一気に拡大する政策が、なぜこの時期に出されたのか、である。この疑問を解くためには、古代において「風俗」という言葉が、現代とは異なり、極めて政治的な意味を帯びたものであったことを知っておく必要がある。

養老職員令58弾正台条や戸令33国守巡行条に関する『令集解』諸説は、「風俗」について次のように説明する。

風は気、俗は習なり。土地の水泉、気に緩急あり、声に高下あり。これを風と謂《い》ふ。人、この地に居《を》るや、習ひて以つて性を成す。これを俗と謂ふ。

つまり「風俗」とは、地域の環境（気）を意味する「風」と、その土地に根ざす人の文化（習）を意味する「俗」を組み合わせた言葉である。そして「明王の化《おもぶけ》、まさに風を移してこれを雅《みや》ばしめ、俗を易《か》へてこれを正しむるべし」と説くように、明君は、教化によって環境（風）を優雅なものに移し、人の文化（俗）を変えてこれを正しいものに導くべきだとされていた。これを「移風易俗」という。これら『令集解』諸説の説明は、いずれも中国の六世紀頃の書物『劉子《りゅうし》』に記された「風俗篇」の文章を参照している。中国では「移風易俗」は「王化の基」（『宋書』楽志四・白紵篇大雅）ともいわれたように、中華皇帝の教化の基本とされていた。中国の中華思想を取り入れた日本の律令国家もこの「移風易俗」思想を強く意識し、また化外の「諸蕃・異域」の「風俗」は日本の「風俗」と異なるとみなしていたのである。

以上の点を踏まえると、宝字元年勅の政治性がよくみえてくる。「明王」たる天皇の「聖化を慕い」、「帰化」して「風」を「移」し、日本の「我が俗」に「易《か》」わった者に姓を与える。つまり、「移風易俗」思想に基づく賜姓・改姓政策だったのである（図29）。宝字元年勅を出した当時の政権は、藤原仲麻呂政権とも呼ばれ、地方政治を重視するとともに、官名を次々と唐風に変更するほど、中華文明に強く傾斜した政権として知られる。このような政権だからこそ、中華的な「移風易俗」に基づく賜姓政策を、地方を巻き込むかたちで広く打ち出したのだと考えられる。しかも、天皇を中華の明王とする中華思想は、元来、律令国家の根幹をなす思想である。このため宝字元年勅は、仲麻呂政権が倒れても、以後の政権に引き継がれていくこととなった。

こうして、宝字元年勅によって、渡来系への賜姓は、地方へ、非官人へと空間的・階層的に拡大していった。例えば先にもみた甲斐国の止弥若虫・久信耳鷹長ら一九〇人は、七九九年（延暦一八）、「己等の先祖は未だ蕃姓を改めず」と申し出て、天平宝字元年勅を根拠に、若虫に「石川《いしかわ》」が、鷹長等に「広石野《ひろいしの》」が賜姓されている（『日本後紀』延暦一八年一二月甲戌《こうじゅつ》条）。ここで彼らは、渡来以来の姓を「蕃姓」と呼んでいる。無位、無カバネ

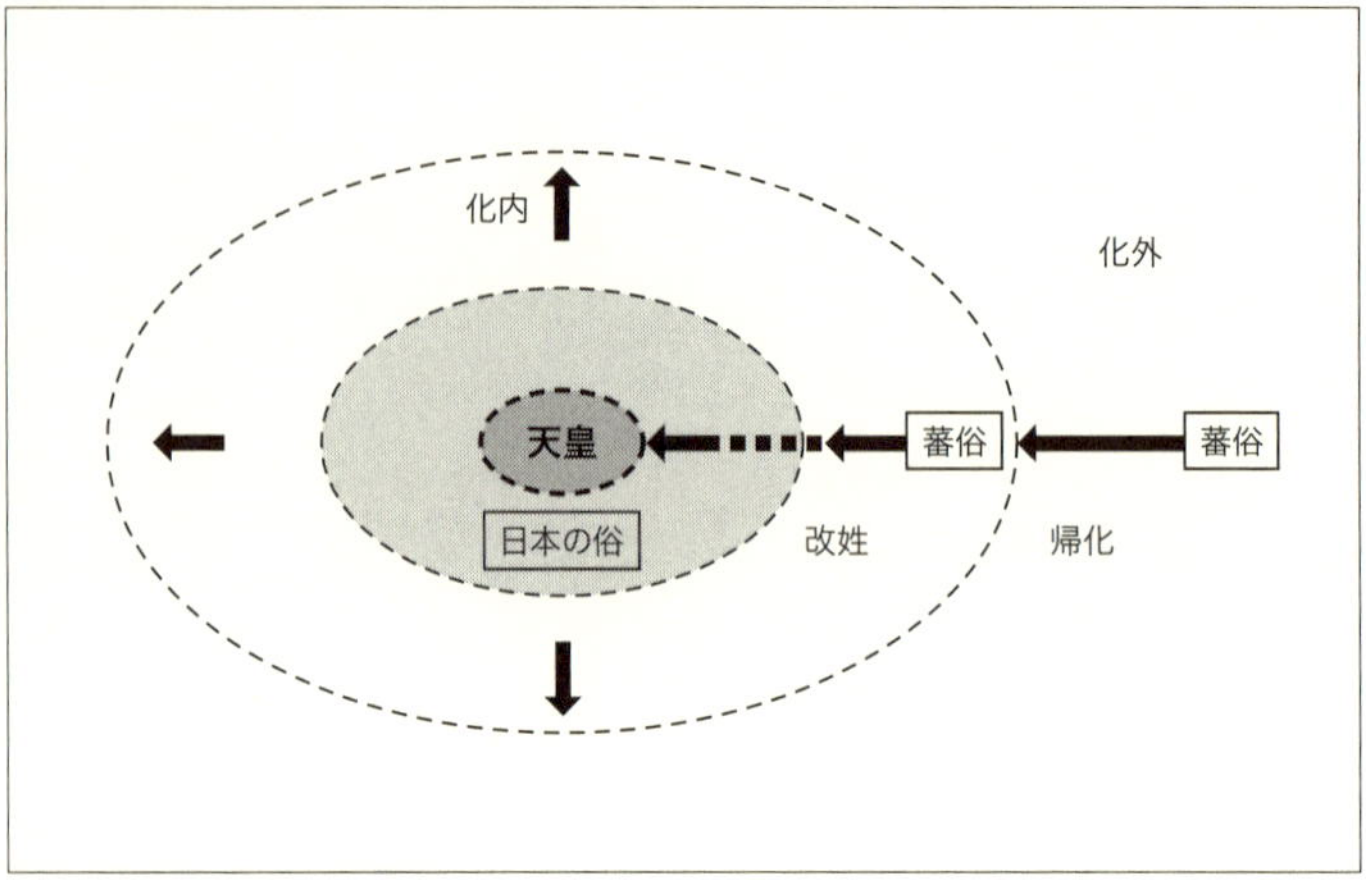

【図29】移風易俗思想と改姓

の彼らは、甲斐国の非官人層であったとみられる。

また、「諸蕃」の「俗」から「我が俗」となった者に姓を与えるという宝字元年勅の論理は、当時の日本支配層の民族観にも影響を及ぼした。「蕃姓」者は「蕃俗」保持者であるという認識を生み出したのである。『続紀』は、渡来時の姓のままの者を、化内人であるにもかかわらず「唐人の正六位上王希《おうき》庭《てい》」（延暦一〇年五月）、「高麗人の達沙仁徳《たちさのにんとく》」「百済人の余民《よのみ》善女《よしめ》」（天平宝字五年三月）、「上野国にある新羅人の子《し》午《ご》足《そく》ら」（天平神護二年五月）などと、出身国名を冠して「○○人」と表記する場合がある。唐や百済の「蕃姓」を持つ者は、唐や百済の「蕃俗」を持つ者だから、唐人・百済人だという理屈であろう。これは宝字元年勅が、賜姓対象者を「高麗・百済・新羅の人等」と呼んだこととも対応する。ところが、賜姓を受けて「蕃姓」が改められると、「唐人」「百済人」「高麗人」などとは記さなくなる。また「蕃姓」の改姓では、例えば王希庭に「江田忌寸《えたのいみき》」姓が、子午足らに「吉井連《よしいのむらじ》」姓が与えられたように、まるで在来氏族であるかのような和風の姓が与えられる例が多い。改姓で「蕃俗」が改まったことを示そうとしたのだろう〔田中史生・一九九七〕。

しかも、この姓と「俗」の結びついた民族観は、「唐」出身者と「三韓」出身者で区別されていた。「唐人」の場合、「蕃姓」はそのほとんどが「帰化」一世の段階で改姓されている。ところが、「高麗・百済・新羅の人」の場合、そのほとんどが「帰化」の二世・三世の段階で「蕃姓」の改姓が行われている。このことは、唐人の「俗」の方が「三韓」人のそれよりも「我が俗」に容易になじむとみなされていたことを示している〔田中史生・一九九七〕。けれども、日本律令国家は、もともと朝鮮諸国からの文化的な影響を土台に立ち上がった国家である。「日本」と文化的に近いのは「三韓」よりも「唐」の方であるというような認識が、実態に基づくものだったとは考えがたい。このことは、中華国を標榜《ひょうぼう》する日本が、実際の中華の本場が唐だということを認めていたこと、言い換えれば日本律令国家が唐化を理想としていたことのあらわれだろう。

結局、宝字元年勅に始まる賜姓政策とは、律令国家が化外から「帰化」した「高麗・百済・新羅の人等」を従えて、彼らの「蕃俗」が天皇の教化によって文明化していくという、中華国としての演出なのである。倭国の時代の支配者たちは優れた技能・文化を持つ渡来人をとにかく求めた。しかし中華国を標榜する律令国家には、「帰化」によって文明化し日本に定着する「蕃俗」が必要であった。だから、帰化人・渡来人の歴史的意義を「大陸文化」の導入者としてのみ評価するこれまでの研究は、倭国時代の社会の様態とは適合的であっても、律令国家の帰化人の問題を捉えたものとは言いがたい。

「百済王」姓の登場

以上、百済・高句麗滅亡後の渡来人とその子孫は、神亀元年の詔や宝字元年の勅によって、日本で新たな姓を得るようになったことをみた。けれどもそのなかにあって、出身国の王の血統を引き継ぐと見なされ、早くから特別にカバネを含む姓を与えられた人々がいた。百済王《くだらのこにきし》氏、高麗王《こまのこにきし》氏、肖奈公《しょうなのきみ》氏である。「王《こにきし》」や「公《きみ》」は八色の姓には含まれていないが、カバネの一種である。

なかでも百済王氏は、百済最後の国王義慈王の子、あの善光に始まり、百済王直系の血筋を持つことが史料からはっきりと確認できる。「質」として倭国にあった善光が、六六三年の白村江の大敗の翌年、難波に移されたことはすでにみた。難波に続々と集まる亡命百済人らを統率するためである。六六五年からは、亡命百済人らを「帰化」として扱い、各地に移配して定住の地を与える施策が始まるが、善光一族らはそのまま難波にとどまり、ここを居地とするようになった。つまり「帰化」したのである。

しかし、他の亡命百済人らと異なり、善光らの「帰化」はかなり遅れた。彼らは持統初年頃まで、「帰化」ではなく「諸蕃賓客」として処遇されていたことが知られる〔長瀬一平・一九八五〕。王権は、百済再興が完全に不可能と認識しながら、その旗を簡単には降ろせなかったのだろう。ただ、天武天皇の時代の六七四年頃には、善光一族を「百済王」と呼ぶようになり〔田中史生・一九九七〕、この集団的呼称「百済王」が、持統朝の浄御原令施行と全国的な戸籍（庚午年籍）の作成を契機に姓へと転化する〔筧敏生・二〇〇二〕。戸籍につけられた善光らは、ここで正式に化内良民となり、帰化人となった。なお、百済王氏の「王」を「コニキシ」とよむのは古代朝鮮語の王の意である。

さて、本来は国王の称号である「百済王」を、日本が姓とした意味については、これまで様々な説が提起されてきた。そのなかでも有力説とされるものが二つある。一つは、「百済王権」が化内に取り込まれ、天皇に従属し奉仕する存在となったことを示すものとか〔長瀬一平・一九八五〕、「百済王権」が日本王権に包摂されていることを表象するものとみる説である〔石上英一・一九八七〕。もう一つは、上記の説を、善光らに「百済王権」と呼びうる実態がないと批判し、むしろ中国の内臣・外臣制が参考とされたとする説である。内臣・外臣制とは漢代に整えられたもので、化内の臣下を内臣、化外の臣下を外臣とし、「王」や「侯」などの爵を与えて皇帝中心の秩序に編入する体制のことである。これに基づき、「化内」の秩序に組み込んだ善光らに「百済王」姓を与え、彼らを外臣から内臣に転化させて、百済と対等である化外の新羅王をも日本の外臣に位置づけようとしたとみるのである［筧敏生・二〇〇二］。

ただし前者の説も、「百済王」姓に「百済王権」の表象機能があったとはするが、百済王権が実質的に機能していたとは評価していない。一方、後者の説も、化内の姓としての「百済王」が、化外で新羅王権を体現する新羅王と対等に位置づけられたと考えているから、その意味では「百済王」姓に「百済王権」の表象機能を認めている。この点で、両説に大きな違いはないだろう。カバネに爵的性質があることを踏まえれば、カバネ「王」を付した「百済王」姓によって、亡命百済王族に内臣的位置づけを与えたと理解することはできるだろう。また、ウヂ・カバネの秩序が官人の社会秩序と密接であることを踏まえれば、「百済王」氏を日本天皇のもとで百済王権の代表者（王）を出しうる氏族と位置づけ、それにふさわしいウヂ・カバネを与えたとみることもできるだろう。

白村江後の日本王権が、こうした認識のもとに「百済王」姓を登場させる根拠となったのは、一つには、善光の兄の豊璋を「百済王」に「冊立《さくりつ》」したことである。もう一つは、もともと百済王から官位を与えられていた亡命百済人などに対し、天智期から天武期にかけて、その官位と対応した倭国の冠位を授け、百済王権の政治秩序を倭王権の秩序にそのままスライドさせて取り込んだことである［田中史生・一九九七］。

こうして百済王氏は、日本王権が「百済王権」を取り込んだことを象徴する存在として、特別な渡来系氏族と位置づけられることとなった。例えば平安時代の官人学者、三善清行《みよしきよゆき》は、九一四年（延喜一四）の著名な「意見十二箇条」で「三韓入朝し、百済内属す」と述べている。この、百済が日本に内属しているという認識を支える根拠となったのが、百済王氏の存在なのである。

「高麗王」姓の登場

八世紀に入ると、百済王氏に続き高麗王氏が登場する。『続紀』大宝三年（七〇三）四月乙未条には次のようにある。

従五位下高麗若光《こまのじやつこう》に王《こにきし》の姓を賜ふ。

これによると、七〇三年、高麗若光なる人物にカバネ「王」が与えられて、「高麗王」を姓とする氏族が誕生した。ところが古代史料では、その後の若光どころか、「高麗王」氏の動向すら追うことができない。

ただ、「王」姓を与えられる前の若光については、手がかりとなる史料が二つある。一つは、『書紀』天智五年（六六六）一〇月己未《きび》条の、高句麗が倭国に派遣した使節のなかに、「玄武若光」という人物がみえることである。ここで若光は、使節団の「大使」「副使」につぐ「二位」という立場で登場する。その翌年、唐の高句麗攻撃が始まり、六六八年、高句麗は滅亡した。六六六年の高句麗の使節には帰国の記事はなく、この混乱のなか、若光は帰国せず、そのまま「帰化」したと考えられている。

もう一つは、六九四年（持統八）に遷《うつ》った藤原宮の遺跡から「高麗若光」と判読できる木簡が出土したことである。つまり玄武若光は、「帰化」の後、「高麗」というウヂ名を与えられて藤原京にあった。その後、七〇三年（大宝三）には、カバネの「王」が加えられたということになる〔鈴木正信・二〇一八〕。

さて「高麗王」姓は、「百済王」姓と同様、国名＋「王」のウヂ・カバネの構造となっている。つまり、「高麗王」姓は「百済王」姓を参考に、「高句麗王権」を日本が取り込んでいることを表象させようとしたものだろう〔田中史生・一九九七〕。問題は、なぜこの時期に、「百済王」姓に続くように「高麗王」姓まで登場したかである。残念ながら、そのことを直接示す史料はない。しかし筆者は、大宝律令の制定・施行を迎えた当時の日本に、中華国としての意識が高揚していたことが影響していたと考えている。大宝律令が完成する大宝元年（七〇一）正月の元日朝賀の儀式は、「蕃夷の使者」たる新羅使を参列させ、中華的な威容を備えた藤原宮正殿での儀式として挙行された。『続紀』はこれを「文物《ぶんぶつ》の儀、是《ここ》に備はれり」と誇っている。そして七〇二年には大宝律令が施行された。「高麗王」姓の登場は、この翌年のことである。

ならば、若光と高句麗王族の関係はどうであろうか。これについて参考になるのは、若光がもともと冠していた「玄武」である。「玄武」は「北」「黒」に通じるから、まずは高句麗の五つの支配部族のうち、「北部」「黒部」とも称された王妃族の絶奴部《ぜつぬ》（後部とも）に連なる支配層出身の可能性が考えられる。ただ、高句麗系移住民には他にも高句麗五部のうちの「後部」「後部王」（『続紀』）や、高句麗王を出す桂婁部《けいろう》に由来する「桂《けい》婁真《ろのま》老《おゆ》」といった人名もみえる（『日本後紀』）。しかし彼らですら、日本での新たな賜姓は祖の「帰化」から数世代を経た宝字元年勅以降であった。これに対し、百済王氏に続き早くに姓が賜与され、かつ「王」のカバネが認められた若光は、本国において高い地位・身分・立場にあった可能性が高い。

　では「高麗王」姓はなぜその後、歴史の表舞台から姿を消したのか。これは、七二〇年代以降、高句麗継承国を標榜する渤海《ぼっかい》国との国交がなったことによるだろう。渤海は、北方ユーラシアの靺鞨《まっかつ》諸族や高句麗遺民を率いた粟末《ぞくまつ》靺鞨人の大祚《だいそ》栄《えい》によって六九八年に建国された。最盛期には中国東北部からロシア沿海州、北朝鮮の北部にまたがる広大な領域を誇り、唐からも「海東の盛国」と呼ばれた。日本との関係は、第二代渤海王の大武《だいぶ》藝《げい》が、七二七年に日本へ使者を派遣したことに始まる。渤海はかつての強大な高句麗の後身国としての意識をもって日本に臨んだが、中華意識を醸成させた日本はこれを日本に従属する高句麗の後身国として処遇しようとした。このため、両国の間では外交形式をめぐり度々トラブルも発生する［石井正敏・二〇〇一］。しかしとにかく、日本が化外に高句麗継承王権

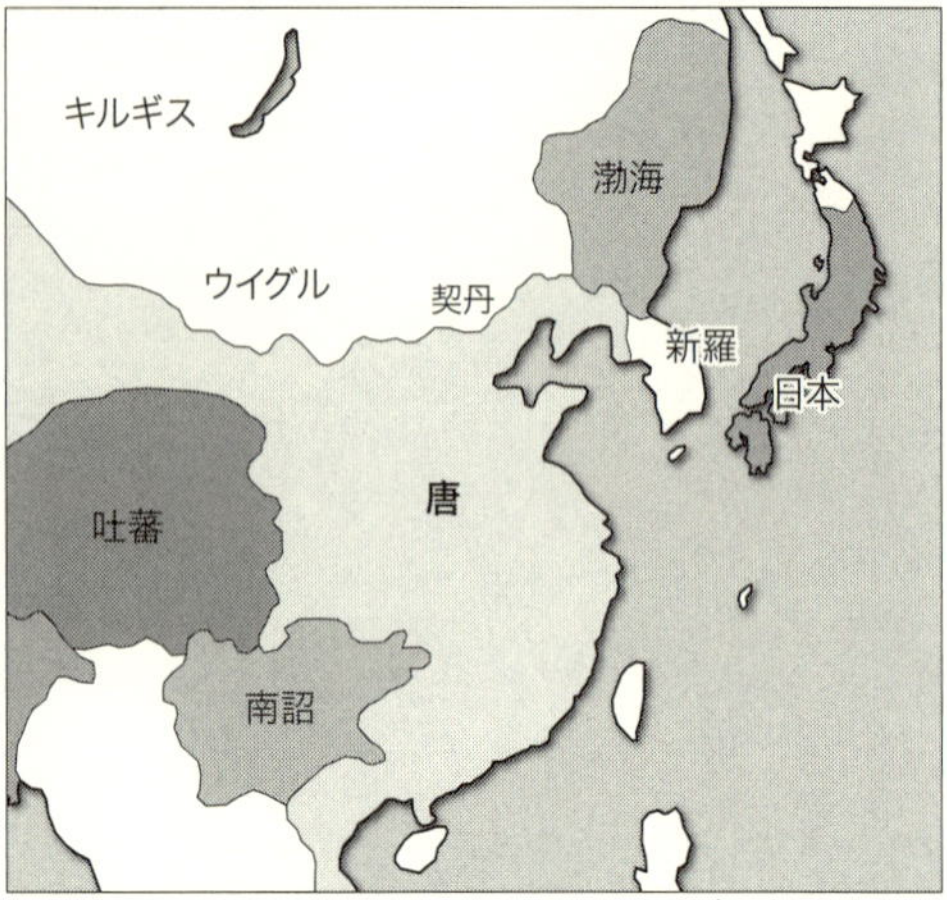

【図30】8世紀の東アジア（川北稔・桃木至朗監修、帝国書院編集部編『最新世界史図説タペストリー 16訂版』帝国書院、2018年より作成）

を認めた以上、化内に「高麗王」姓を存続させることはできない。このため「高麗王」姓は歴史の舞台からその姿を消すことになったと考えられる〔田中史生・一九九七〕。

高麗王若光と高麗郡

ところが興味深いことに、その後の若光が、武蔵国高麗郡に居地を移していたことを伝える後世の史料がある。埼玉県日高市の高麗神社が所蔵する『高麗氏系図』がそれである。この系図は、一二五九年（正元元）の失火で宝物・系図焼失後、高麗一門が再編纂した系譜をもととするという。系図は若光の高麗郡来住や没年などの部分を欠損するが、若光没後、霊廟《れいびょう》を建てて高麗明神としたことが記されている。これが高麗神社創建の経緯を伝える、最も古い史料である。実際、現在も高麗神社は高麗王若光を主神とし、宮司職は若光子孫と伝える高麗家が代々これを継承している。また、一八三〇年成立の江戸幕府官撰地誌『新編武蔵風土記稿』は、社伝に基づき、七一六年（霊亀《れいき》二）に高麗王を中心とする一七九九人の高句麗人が高麗郡に来住し開拓を行い、高麗王は七四八年（天平二〇）に没したとしている。『高麗氏系図』も、おそらくはこのような内容を伝えていたのだろう。

このうち武蔵国高麗郡の建郡のことは、『続紀』がはっきりと記している。それによると、七一六年五月、駿河・甲斐・相模・上総・下総・常陸・下野の七国の高句麗人一七九九人を移して建郡された。その範囲は現在の埼玉県日高市・飯能市を中心とする一帯が想定されている。

けれども、『高麗氏系図』の高麗郡の若光伝承を史実とすることについては様々な疑問も出されている。若光が六六六年の高句麗使「玄武若光」と同一人とすると、彼は七〇歳前後の高齢で高句麗人を率いて建郡を行い、一〇〇歳前後で死没したことになる。また若光を建郡時の郡司とみると、七〇三年にはすでに中央貴族たる従五位下の高位を得ていた彼の職としては、当時の慣例と照らしても特異なものとなる。

それでも、百済王氏や亡命百済人らが安置された難波に、七一五年以前に百済郡が建てられていることを踏まえると、「高麗王」が郡司ではなくとも、高句麗人を集めた建郡プロジェクトに何らかの役割を果たしたことが、伝承のベースになっている可能性はありうる。「高麗王」と高麗郡の関係は、「百済王」と百済郡の関係に類似するからである。

高麗郡が、百済王姓や高麗王姓と通じる、理念的な中華意識と結びついていたであろうことは、これが建郡された時期からも推し量ることができる。高麗郡建郡の直前、藤原京から遷した平城京の宮殿正殿となる大極殿域《だいごくでん》の整備がちょうど終了した。大極殿は、中国の宮殿の太極殿《たいきょくでん》に相当し、国家的儀礼を行う中華帝国の中心建物である。これによって、再び中華意識の盛り上がりをみせる日本は、途絶え気味となっていた新羅に朝貢を促すなど、対外政策を積極的に展開する。こうした雰囲気のなか、高麗郡建郡の翌年、すなわち七一七年（養老元）一一月、本国滅亡を契機に「聖化」に投じた「高麗・百済二国の士卒」に対し、終身の給復が約束された（『続紀』）。帰化人への給復規定を特例的に拡大適用し、天皇の恩典の及ぶ「帰化」を政治的に再生するやり方は、天武の時代にも行われたものである。高麗郡には当然、その恩典を被る「高麗人」が集中する。百済郡に続き高麗郡を設けると、給復の拡大適用によって、百済・高句麗からの「帰化」の歴史を再び掘り起こそうとしたのだろう。

肖奈氏と「高麗」

若光が亡くなったと伝えられる同じ頃、すなわち七四七年（天平一九）六月、この高麗郡出身の高句麗系氏族にカバネの「王」が賜与された。肖奈《しょうな》王氏である（『続紀』）。肖奈王氏のもとのカバネは「公」。『続紀』養老五年（七二一）正月甲戌条には学者として中央で活躍する「正七位上肖奈公行文《ぎょうぶん》」がみえ、「公」の賜与はそれ以前となる。やはり他の百済・高句麗滅亡後の渡来系移住民より賜姓が早い。

『続紀』延暦八年（七八九）一〇月乙酉条は、行文の甥《おい》の福信《ふくしん》が亡くなった際の伝を掲載する。それによると、彼らは武蔵国高麗郡の出身で、その祖は高句麗滅亡を逃れ「帰化」して武蔵国に移配された福徳《ふくとく》である。高麗郡の建郡は七一六年だから、七世紀後半に渡来した福徳は、高麗郡建郡以前の武蔵に居地を与えられたとみられる。その後、福徳の孫の福信が伯父《おじ》行文に連れられ上京し、相撲が強いというので評判となり、宮中の日常雑事を司《つかさど》る内豎《ないじゅ》所（豎子《じゅし》所）に勤務し、頭角をあらわして出世した。彼らは、肖奈王から高麗朝臣へ、さらに高倉朝臣へと改姓されていく。

「肖奈」のウヂ名は、高句麗五部のうち、旧王宗とされる消奴《しょうぬ》部に由来する。けれども『姓氏録』左京諸蕃下において、高麗朝臣は「高句麗王、好台《こうたい》の七世孫、延典《えんてん》王」を祖としている。「好台」とは、あの四世紀末から五世紀初頭の高句麗広開土王（好太王）のことである。つまり彼らはある段階で、高句麗広開土王につながる王族の系譜を持つようになった。その時期は不明ながら、こうした系譜と福徳らの本国での地位・身分、高句麗系移住民への影響力を踏まえ、カバネの「王」が与えられたのだろう。

　なお、肖奈氏に「王」姓が与えられた時期は、日本の外交が渤海や新羅との上下関係をめぐって激しく衝突した時期で、国内的にも、渤海国の位置づけを明確にしておく必要があった。したがって「肖奈王」姓は、高句麗継承国渤海との国交で「高麗王」姓が成立し得なくなった段階にあって、「帰化」して天皇の臣となった高句麗王族の存在を国内的に誇示したものだろう［田中史生・一九九七］。ただし『続紀』によると、高麗朝臣への改姓は天平勝宝二年（七五〇）正月で、「王」姓を称した期間は僅か二年半にすぎない。そしてこの高麗朝臣の時代になってからの彼らは、遣唐使や遣渤海使に頻繁に加わるようになる。唐でも遣唐使の活躍によって、朝臣姓は日本の高位者が名乗ることが知られていたようだから（『旧唐書』日本国伝）、国号「高麗」を冠した朝臣姓の使者は、高句麗王族が天皇の臣として活躍していることを対外的にアピールし得たであろう。「肖奈王」姓登場の意味は、むしろ「高麗朝臣」への改姓によって対外的に示されるようになったといえる。

このようにみると、百済王氏や高麗王若光も、外交使節として活躍することがなかったことが留意される。それは、中国を中心とする東アジアの国際秩序において、「王」号が、中国皇帝から内臣・外臣に与えられる爵号だったことによるだろう。日本はこの中国の中華的な秩序との摩擦を避けて、天皇中心の中華的世界観を表すカバネ「王」号を、外には持ち出さなかったのだと考えられる。ここには、律令国家の構想した「中華」日本の範囲や限界性がよくあらわれている。

では、高麗郡出身の肖奈氏と、高麗郡建郡にかかわったと伝えられる高麗王若光との関係はどうであろうか。これについては、色々な説が出されているが、とにかく出自については、肖奈氏が消奴部、若光が絶奴部の出身の可能性が高いから、異なっているとみてよいだろう。そして、高麗郡の建郡において、少なくとも肖奈氏がこれに主導的役割を果たしていたことは、ほぼ間違いないと思われる。

そう考えるのは、肖奈氏に七二一年以前に与えられていたカバネ「公」が、首長に対する尊称「君」がカバネとなったものだからである〔山尾幸久・一九九八〕。この「公」に注目するならば、高句麗滅亡で渡来した福徳を祖とし、高麗郡建郡以前から武蔵国を新たな居地とした肖奈氏は、東国各地から集まる高句麗系移住民に対して首長としての役割を果たしうる特別な一族としてあった可能性が高い。

右については、高麗郡建郡の前年、尾張国の席田君邇近《むしろたのきみにこん》と「新羅人の七四家」を美濃国に移し、席田郡が建てられたことが大いに参考となる（表4⑨）。建郡のリーダーとみられる席田君邇近はすでに日本的な姓を持ち、「新羅人の七四家」とは別に記されているから、おそらく福徳のような新来の渡来人ではないだろう。前述のようにこの席田郡には、席田君との関係は不詳ながら、六世紀以前の加羅国の渡来人を祖とする無姓の郡司氏族もあった。けれども「新羅人の七四家」は新来の渡来人であろうから、席田郡は新来の渡来人を尾張から美濃に再移配して建てられた郡で、それを率いたのがカバネ「君」を持つ席田君邇近だったということになる。これが高麗郡建郡の前年であるから、渡来系移住民を再移配した席田郡建郡のモデルが、肖奈公に率いられた高麗郡建郡へと発展した可能性がある。

この肖奈氏のうち、最も出世を果たした福信は、七六五年（天平神護元）には従三位の高位に上り詰め、七八九年（延暦八）に八一歳で亡くなっている。没年から換算すると、高麗郡設置以前の七〇九年（和銅二）、武蔵国に生まれたことになる。彼の経歴で特に注目されるのは、武蔵守に三度就任していることである。いずれも中央の要職との兼務で、赴任したわけではないが、同国の守を三度も経験するのは異例で、彼の武蔵国への影響力をうかがわせる。それは同時に、肖奈氏の武蔵国への影響力、つまりは武蔵国の経営における高麗郡の役割の重要性を示すものでもあろう。

福信は七五〇年（天平勝宝二）、同族の五人とともに肖奈王から高麗朝臣に改姓された後、七七九年（宝亀一〇）、さらに高倉朝臣に改姓された。この時、福信の近親者も姓を高倉朝臣に改めたとみられる。しかし八一五年（弘仁六）編纂の『姓氏録』左京諸蕃下・高麗には依然「高麗朝臣」がみえ、高倉朝臣の庶流は高麗朝臣にとどまったらしい。ならば古代の高麗郡にも、福徳を祖とする肖奈系の高麗氏が有力氏族としてあった可能性が高い。ここから先は想像だが、高句麗広開土王にルーツを求めた高麗朝臣が、高麗郡建郡に協力した在京の高麗王若光を、ある段階で系譜上の祖に取り込んだことも考えられなくはないと思う。

Ⅵ　渡来系氏族の変質と「帰化」の転換

1　拡散する渡来文化

官人の養成と渡来人

ところで、肖奈氏の初見となる『続紀』養老五年（七二一）正月甲戌《こうじゅつ》条では、肖奈公行文が特に学業に優れた官人の一人として褒賞を受けている。この時、彼は「明経」の「第二の博士」、つまり儒教の経書に精通した第二位の博士と讃《たた》えられた。行文は『万葉集』巻一六―三八三六に「博士」、『懐風藻』に「従五位下大学助」としてみえ、深い漢籍の学識をもって、大学寮で博士や助《すけ》などを歴任したことがわかる。

大学寮は中央の官人養成のための役所で、官人の人事関連を司《つかさど》る式部省の管轄である。頭《かみ》・助・允《じょう》・属《さかん》の四等官制をとる事務官庁と、博士・助教ら教官が所属学生を教育する官人養成機関としての大学からなっていた。日本の大学寮は唐の中央官司、国子監《こくしかん》に相当するが、日本との違いで留意されるのは、唐では儒教を学ぶコースと法学（律令学）を学ぶコースが分けられ、儒教を学ぶコースの方に父祖の身分の高い学生が進んだ。ところが大宝律令段階の日本は、法学コースを別置せず、「本科」（明経科）と呼ばれる儒教を学ぶコースの学生に、法学の学びも求めた。狭い範囲の法律専門家を養成することを避け、徳治政治を実現する有能な官吏を育てようとしたためと考えられている〔早川庄八・一九八六〕。

したがって、行文が上京した頃の明経の教官には、儒教だけでなく法学などにも通じる、幅広い専門知識が求められていたことになる。渡来後まもない氏族の出身で、かつ武蔵から上京した行文が、こうした知識に深く精通し大学寮で活躍したことからみても、肖奈氏が本国において、もともとかなり高度な学識を持ちうる環境・階層にあったことが察せられる。

そしておそらく、こうした考え方にも、朝鮮諸国からの渡来人の影響があっただろう。大学寮の前身は天智の時代に創設された学職《ふみのつかさ》で、この運営を、亡命百済人をはじめとする渡来系移住民らが担っていたからである。『懐風藻』序文は天智の時代に「庠序《しょうじょ》（学校）を建て」とし、『書紀』天智一〇年（六七一）正月条には「学職頭《ふみのつかさのかみ》」として亡命百済人の鬼室集斯がみえる。また『書紀』の同条に「五経に明らかなり」とある亡命百済人の許率《こそち》母《も》は、同天武六年（六七七）五月甲子条に「大博士《だいはかせ》」とあり、この学職の教官に就いたとみられる。さらに同持統五年（六九一）四月辛丑朔条には「大学博士上村主《うえのすぐり》百済」、同九月壬辰条には「音博士《こえのはかせ》大唐続守言《もろこししょくしゅげん》・薩《さつ》（薛カ）弘恪《こうかく》」「書博士《ふみのはかせ》百済末子善信《ばつしぜんしん》」とある。上村主は渡来が七世紀以前に遡《さかのぼ》る西漢《かわちのあや》氏系の氏族〔加藤謙吉・二〇一七〕、続守言と薩弘恪は故国再興を目指し唐・新羅と戦う百済遺臣らが倭国に送った捕虜の唐人、百済人の末子善信も百済滅亡前後の渡来者だろう。「音博士」は漢籍の漢音による音読を、「書博士」は書法を教えた、いずれも大学寮の教官である。古代日本の大学における論語重視などの学習のあり方は新羅の制度の影響も受けたとみられるが〔鈴木靖民・二〇一二〕、東アジアの実態を踏まえ、それを日本の実態とすり合わせつつ整えられた官人養成体制は、新来者を中心とした渡来系の人々の活躍に頼るところが大きかった。

興味深いのは、大学の入学者に、特定の渡来系氏族に対する特別枠が設けられていたことである。律令の規定によると、学生の採用は「五位以上の子孫、及び東西の史部の子」を基本とした（学令大学生条）。「東西の史部」とは、大和（東）や河内（西）などを拠点に漢字文化の知識をもって文字をあやつり王権に仕えた、あの「史」姓の渡来系氏族のことである。そうなると、大学に入る学生の多くは「東西の史部の子」であったことが推察される。入学後の学生は厳しい学びと試験を経てようやく官人となるが、五位以上の官人の子・孫には父祖の地位に応じて一定の位階を与える蔭位《おんい》などがあって、より容易な仕官コースが用意されていたからである〔中村順昭・二〇〇八〕。『藤氏家伝《とうしかでん》』武智麻呂《むちまろ》伝には、藤原武智麻呂が子の豊成《とよなり》と仲麻呂《なかまろ》のために、私費で学者を呼んで教育させたことが記されている。蔭位の及ぶ貴族層は、大学に通わなくとも、このようにして子弟に学識をつけさせていたとみられる。一方、大学で学んだ「史」姓諸氏の多くは、律令文書行政の様々な場面で実務官として活躍した〔加藤謙吉・二〇〇二〕。つまり日本の大学には、設立当初、百済・高句麗滅亡後に渡来した新来の知識人を中心とする教官群によって、漢字文化を世襲する旧来の渡来系氏族を再教育し、律令国家を下支えする実務官人を養成するという基本構想があったことになる。

重視される書物

また中央には、官人らの医療を担当し、医師らの養成にもあたる、今の医学部のような機関もあった。宮内省に属した典薬寮《てんやくりょう》である。やはり四等官制をとる事務官庁があり、医師・針師・案摩《あんま》師・呪禁《じゅごん》師・薬園《やくえん》師ら諸「師」が医療にあたるとともに、医博士・針博士・案摩博士・呪禁博士ら諸「博士」と薬園師が教官となって、それぞれ医生・針生・案摩生・呪禁生・薬園生ら学生を教育していた（養老職員令典薬寮条）。なお呪禁は呪術のことで、呪禁師は呪術を使って治療にあたる。また薬園師は、典薬寮の薬園を管理し、薬園生に薬用植物に関する知識を授けた。

この典薬寮の前身は、天武期の外薬寮《げやくりょう》である。『書紀』天智一〇年（六七一）是月条には、薬に通じた亡命百済人が多く見え、同持統五年一二月己亥条にも亡命百済人とみられる「医博士」「呪禁博士」がみえる。こうした人々によって外薬寮・典薬寮の基礎が築かれたと考えられる。

典薬寮の教育体制は、律令の医疾《いしつ》令に定められている。北宋「天聖令」の発見で、これが唐制をほぼ踏襲していることもわかってきた。例えば、医生・針生・薬園生らは中国の書物によって学習すべきことになっていたが、これも唐令を踏まえたものである。しかし日本令は、医生・針生・案摩生・呪禁生・薬園生の採用について「先ず薬部《くすりべ》及び世習を取れ」とする。「世習」とは三代以上の世襲のことで、これは、「天聖令」に「先ず家にその業を伝えるものを取れ」とあることと対応する。ただし「薬部」は、難波薬師《なにわのくすし》・奈良薬師《ならのくすし》などのように医術を受け継ぎ「薬師」を姓とする、主に倭国以来の渡来系氏族のことを指し、日本独自の文言である〔丸山裕美子・二〇一四〕。この方針は、大学寮において「東西の史部の子」から学生が採用されていたことと似ている。

しかしだからといって、律令国家の教育機関が、倭国以来の渡来人や渡来系氏族のあり方と技能にのみ頼って運用されていたわけではない。医疾令によれば、医生は医学書に関する試験が不合格でも医療技術に長《た》けていれば医師への任用が認められる（医針生選叙条）。けれども医博士の場合は、医療技術（術）に長けているだけでなく、書物の学習に裏付けられた高い学識（法）が求められた（医博士条）。これは「天聖令」も同じである。渡来系氏族の世襲的な技能を磨けば、それでよいというわけではないのである。

官人の休暇について定めた假寧令《けにょうりょう》にも、書物・文字による学習を重視する考え方が反映されている。師経受業《しきょうじゅぎょう》条は、「師」の喪に遭った際の休暇について定めるが、ここでの「師」とはこれまでみてきた教育機関の「博士」を指す。『令集解』が引く法解釈の諸説は、「師」からの学びについて、「文書」を学んだ場合とか（古記）、「書」を学ばなければこれにあたらない（額説）などとしている。学生の「師」となるべき「博士」には、唐制を踏まえ、技術だけでなく書物、漢字文化に基づく高い教養・学識が必要とされたのである。

このように、学識重視の唐の制度を踏まえた日本は、渡来系氏族の世襲的な専門技能の上位に書物や漢字文化の知識を置いていた。律令官制組織のもと、書物を使いこなす師による教育でその技能を更新・高度化することで、高い学識を備えた実務官人の安定的供給・再生産を目指したのである。

地方に広がる文字文化

一方、中央の大学に対し、地方で官人養成を担ったのは国学である。養老職員令によると、国学には博士・学生、医師・医生が所属した。いわば、中央の大学寮と典薬寮を統合したような組織で、学習方法やテキストも、概《おおむ》ね中央のそれと同様であったと考えられている。ただし、専当の事務官はなく、国司がこれにあたった。また、学生は郡司の子弟、医生は部内の庶人から選ばれたが、博士・医師は国別に各一人しか置かれない。要するに国学はその程度の規模だったのだが、逆に言えば、国の博士・医師はなんでもこなさねばならないから、かなり大変だったろう。だからたった一名とはいえ、部内からの任用を原則とする教官は、その人材を得ることもかなり困難だったようだ。

こうした国学は、大学寮（学職）や典薬寮（外薬寮）と異なり、その設立が大宝律令の制定まで遅れるとみられている。ところが地方でも、官人の間では、文書による行政がそれ以前から始まっていた。七世紀後半になると、各地で木簡が出土するようになるからである。国学もない時代、地方の官人にどのように文字が普及したかは、はっきりとわかっていない。しかし、滋賀県野洲《やす》市の西河原《にしがわら》遺跡群の出土木簡は、この問題にヒントをあたえてくれそうである。

まず、遺跡群の一つ、宮ノ内遺跡からは、倉庫を撤去した際の柱の抜取穴に一括投棄された木簡が六点出土している。そのうち三点には、それぞれ「辛卯年《しんぼう》」「庚子年《こうし》」「壬寅《じんいん》年」の年紀が記されていた。順に、六九一年（持統五）、七〇〇年（文武四）、七〇二年（大宝二）に相当し、大宝律令の施行前の木簡が含まれている。このうち、七〇二年の木簡には「勝鹿首 大国《かつかのおびとおおくに》」、六九一年の木簡には「宜都宜椋人《がつがのくらひと》」という人名が出てくる。「勝鹿」と「宜都宜」は同義で、「勝鹿」を古韓音で表記したものが「宜都宜」であると考えられている〔市大樹・二〇一〇〕。

右の問題と関連して注目されるのは、年紀を欠く木簡の一つに、「文作人」の「石木主寸《いわきのすぐり》文通《ぶんつう》」という人物が登場することである。「文作人」は文書作成者の意味で、石木主寸文通は東漢氏に属する渡来系氏族である。つまりこの木簡は、渡来系で文作人の石木主寸文通によって記された。その名前「文通」は、「文」に通じることをアピールする名であろう。興味深いのは、「文作人」が新羅の五七八年の「大邱《テグ》戊戌《ぼじゅつ》銘塢《う》作碑《さくひ》」にもみえることである。文通は、自らが文書作成者であることを、朝鮮半島に由来する「文作人」の用語で表現しているのである。木簡に古韓音による表記が用いられたのも、こうした朝鮮半島の文字文化に通じる渡来系の人々が木簡を作成していたからであろう〔田中史生・二〇一二a〕。

また、西河原遺跡群の一つで、宮ノ内遺跡に近い森ノ内遺跡からも、次のような木簡が出土している。

（表）椋□伝之我持往稲者馬不得故我者反来之故是汝トア

（裏）自舟人率而可行也　其稲在処者衣知評平留五十戸旦波博士家

この木簡は里を「五十戸《さと》」と表記するから、六八一年（天武一〇）以前の木簡である。内容は、稲を運ぼうとして馬を得られなかった「椋□」が、卜部《うらべ》に対し舟人を率いてこれを運搬するよう指示し、その稲は「衣《え》知評《ちのこほり》平留《へるの》五十戸《さと》」の旦波博士《たんばのふひと》の家にあることを記したものである。「衣知評平留五十戸」は、現彦根市稲里《いなさと》の湖辺に比定されている。その運搬先は、本木簡が出土し、倉庫もあった西河原遺跡群の可能性が高い〔市大樹・二〇一〇〕。

木簡冒頭の「椋」の下の文字は「首」なのか「直」なのか判断が難しいが、とにかく人名である。現在のところ「椋直《くらのあたい》」とよんで、東漢系の出身とみる説が有力であるから、ここでも「椋直」としておこう。また「椋」が、朝鮮半島や日本列島ではクラを意味する文字として使われたことはすでにみた。つまり、「椋直」はクラにかかわる職掌を持つ氏族出身者とみられ、稲の保管・運搬に関し指示を出しうる権限を持つ立場にあった。一方、その稲を保管する旦波博士は、渡来系の志賀漢人《しがのあやひと》一族の大友但波史《おおとものたんばのふひと》氏である。この旦波博士のようにフミヒトの「史」を「博士」と表記した例は、甲午年（六九四）の年紀を持つ法隆寺蔵観音菩薩《ぼさつ》造像記銅板や藤原宮木簡などが知られる。特に前者は「大原博士《おおはらのふひと》」が百済の出自であることが記されている。

また右の木簡によれば、旦波博士の「家」には、西河原遺跡群の倉庫に運ばれるべきまとまった量の稲がある。これは、「椋直」の指示で動く、「椋直」の管理下にある稲である。つまり旦波博士は、「椋直」の指揮下にあり、彼の「家」も、西河原遺跡群のクラと連携した農業経営の拠点の一つとなっていたとみられる。しかも、稲の運搬手段として馬・舟の二つの方法があったから、両地は、水陸双方の交通で結ばれていた。すなわち、西河原遺跡とその周辺の生産拠点は、水陸交通で結ばれ、そこにおいて「椋」の管理者のもと、渡来系フミヒトが活躍していたということになる。それは、瀬戸内海交通の要衝にあってネットワークを形成した六世紀の吉備のミヤケにおいて、田令《たつかい》の葛城山田直瑞子の副にフミヒトの胆津があったことと共通する。こうしたことから当遺跡は、安閑紀二年にみえる葦浦《あしうら》屯倉の経営形態を引き継いだ、評家・郡家関連遺跡である可能性が高い。

筆者は、以上の西河原遺跡群の木簡から、七世紀後半の地方木簡の出現について、次のように考えている。すなわち、六世紀後半から七世紀前半に始まるミヤケ経営などを契機に、渡来系のフミヒトらを介し、朝鮮半島の六世紀の文字文化が各地にも一部投入された。

それらが地方支配に文字を積極的に活用する評制の時代を迎え、在地首長層へも広がったという流れである〔田中史生・二〇一二a〕。つまり、地方では文字技能を持つ渡来系のフミヒトらがまずは文書行政の中核を担い、彼らによって地方行政を担うべき倭系の首長層にも文字が教え伝えられていったのではなかろうか。

師と書物を求めて

ところで官営の教育機関で重視された師と書物による学び自体は、律令国家から始まるわけではない。こうした学習スタイルが、仏教伝来とともに本格的に導入されたことはⅣ章でみた。渡来の師のもと、在来の渡来系氏族が世襲的な技能を刷新し、非渡来系氏族も高度な技能を身につけることは、七世紀にはある程度広がっていた。律令国家が唐制を踏まえて官人の養成体制を整えられたのは、こうした下地があったからだと考えられる。

しかしこうなってくると、国家を支える人材の育成は、いかに優れた師や書物を得るかがカギとなる。このため律令国家は、優れた師や書物をさかんに国外へ求めるようになった。遣唐使船で派遣された留学者たちは、唐に師を求め、仏教・儒教・律令・陰陽・医学・囲碁・音楽など、本国の求める多様な分野を学びとって帰国し、またそれらの関連書籍をもたらした〔森公章・二〇一〇〕。『旧唐書《くとうじょ》』日本国伝は、養老の遣唐使が、唐皇帝からの贈り物をことごとく換金して書物を購入し帰国したというエピソードを掲載する。ここまでして遣唐使が熱心に集めた書物は、大学寮や典薬寮などの日本での教育に活用されたことだろう。

深い学識をもって出世した吉備真備《きびのまきび》は、こうした遣唐使の時代の教育環境を象徴する律令官人である。岡山地方の首長の子弟で、中央の大学寮で学び、下級官人としてそのキャリアを始めたとみられる真備は、才学を認められて入唐《にっとう》留学生となると、二〇年近く、おそらくは多くの師のもとで様々な分野を学びとった。そして帰国後、大学寮の次官や東宮学士に任じられ、最後は正二位、右大臣にまで上り詰める。ここで注目されるのは、彼が唐から、その学びと対応する様々な分野の漢籍を持ち帰ったことである［東野治之・一九九二］。彼が日本にもたらした知識と書物は、大学寮での後進の学習や、東宮での阿倍内親王（のちの孝謙天皇）の教育に役立てられたであろう。また真備は、儒仏習合的な思想に基づき、私的な教育施設となる二教院も開く。二教とは儒教と仏教を指す［桃裕行・一九九四］。

ただし、白村江後の律令体制の整備期、なかでも天武・持統期は、遣唐使が派遣されていない。この間、日本がよく交流したのは、百済・高句麗滅亡後の朝鮮半島の支配をめぐり唐との関係を悪化させた新羅であった。そのなかで、明聡《みょうそう》・観智《かんち》・弁通《べんつう》・神叡《しんえい》・山田史《やまだのふひと》御方《みかた》など、新羅に留学する者も登場する。観智・弁通・神叡は帰国後、仏教界を統轄する僧綱《そうごう》の任に就く。また山田史御方は学問僧として新羅に渡ったが、帰国後、還俗《げんぞく》して学者官人として活躍し、養老五年正月、肖奈行文らとともに、学業に優れ師範たる者として褒賞された。日本は、唐の文化や制度を踏まえて国制を整えた新羅のモデルを、新羅からも積極的に学びとろうとしていたとみられる［鈴木靖民・二〇一二］。

また律令国家は、師そのものを国外から招聘《しょうへい》することも行った。鑑真《がんじん》は、その最も著名な人物の一人である。七四二年、日本に仏教戒律の師を招きたいと揚州大明寺を訪れた日本僧栄叡《ようえい》・普照《ふしょう》らの要請を受け、渡日を決意した鑑真は、すでにこの時、唐仏教界で戒律の実践・研究の第一人者であった。その後、様々な不運と妨害にあって渡海の失敗を重ねた後、遣唐使の帰国船に便乗し、七五三年（天平勝宝五）、ようやく日本の土を踏んだ。この時、多くの辛苦からすでに視力を失っていた鑑真を、日本の朝廷は盛大に迎えた。日本仏教界は戒律の伝授法の確立を悲願としていたが、この分野で高名な鑑真が、一四人の僧と三人の尼まで引き連れてきたことで、その環境が一気に整うことになったのである［東野治之・二〇〇九］。

一方、鑑真を招聘した栄叡・普照については、いずれも父方氏族は不明だが、普照の母は白猪与呂志女《しらいのよろしめ》であったことがわかっている（『続紀』天平神護二年二月甲午条）。「白猪」が百済の姓であることは既述した。善信尼や山田史御方も渡来系氏族の出身者であったように、遣外使節のメンバーには渡来系の者が多くみられる。遣外使に高度な国際的知識・文化的能力が必要とされたため、その文化的素養を備えた渡来系氏族出身者がふさわしかったのである。これは、大学寮や典薬寮の学生に渡来系氏族出身者が採用されたことにも通じる。特に七世紀の遣外使節団は渡来系氏族出身者が突出していて、前述のように、六〇八年の遣隋使で名前のわかる使節員や通訳、留学生など一一名をみると、大使の小野妹子を除く実に一〇名が渡来系氏族出身者であった。

ところが時代が下るにつれ、遣唐使構成員における渡来系氏族の割合は減少する。六〇八年の遣隋使から約二〇〇年後の、八〇四年の遣唐使（延暦の遣唐使）をみると、大使以下、使節・通訳・留学生ら実名のわかる二〇名近くの入唐者のうち、渡来系氏族出身者と判明するのは僅《わず》か四名にすぎない。

このような変化は、これまでみてきた師と書物による学習の広がりが生み出したものである。こうした学習スタイルの広がりによって、渡来の知識・文化の習得機会は非渡来系へと大きく広がった。渡来系氏族の「大陸文化」の担い手としての特性は、こうして相対的に低下していくこととなったのである。

官営工房と渡来系技術者

律令国家の官司には、その職務遂行上、官営工房を持つものがあった。例えば兵部省のもとで兵器を造った造兵司《ぞうへいし》、大蔵省のもとで金属器・ガラス器・玉器などを製作した典鋳司《てんちゅうし》、宮内省のもとで金属器を鋳造した鍛冶司《たんやし》などがそれにあたる。こうした官営工房には、品部《しなべ》・雑戸《ざっこ》といった世襲的な技術民を動員する体制があった。

品部・雑戸には、Ⅳ章で詳しくみたように、今来漢人の一部の組織を引き継いだものがある。少しおさらいをしておくと、彼らは渡来系技術者集団で、ミヤケを介した造籍をともなう編戸によって戸から徴発され、王権の工房で手工業生産などに従事した。この組織は、少なくとも六世紀末から七世紀初頭には、「手人《てひと》」が「戸《べ》」を統率する「手人―戸」の編成方式がとられるようになった。

一方、律令制下では、上記の技術者の上位に「才伎長上《さいぎちようじよう》」と呼ばれる常勤の技術官人が置かれる場合があった。彼らには技術指導者・教習者としての役割が期待された。例えば養老令によれば、大蔵省のもと、諸種の高級織維類の織染を担当した織部司《おりべし》には、その専門家として挑文師《あやのし》があった。挑文師は、官位令で大初位下の官位相当が定められた才伎長上である。そしてこの挑文師のもとで挑文生が技術を学び、さらにその下に品部の染戸《そめへ》があった。このうち挑文師による挑文生の教育、つまり「師」による「生」の教育は、先にみた、仏教伝来とともに広がった技能伝習方式と共通する。

ただし大宝令では、挑文師―挑文生の区別はなく、「挑文」はもともと今来漢人系の織染技術を伝え、染戸などを統率した番上（非常勤）の織手であったようだ。しかしその後、唐技術の伝来や日本での技術開発などを踏まえ、「師―生」編成が導入されたとみられている。つまり、大陸の新たな技術を導入し、旧来の渡来系の技術の刷新をはかるために

「師―生」方式が導入されたのである。

しかし、こうした「師―生」の技能伝習方式が官営工房で一旦《いったん》採用されると、その技能は特定の世襲的な集団のものではなくなっていく。実は品部・雑戸制は、奈良時代から平安初期にかけて解体されていくことが知られている。その背景には、こうした「師―生」による技能伝習の広がりがあったとみられている［上村順造・一九六八］。官制組織に組み込まれた師弟関係による技能伝習方式が、渡来文化と渡来系の人々との関係を次第に薄めていくのは、先の学術の文化伝習の場合と同様、もはや時間の問題なのである。

ただし、こうした手工業技術における官司内での「師―生」方式の積極的な採用は、学術の伝習の場合のような唐制を意識したものではない。唐代の官営工房では、官人は教習者ではなく監督者であった。官司内の教習は、むしろ「家」を単位に世襲される工人の「家技」を前提としていたのである。こうした日唐の差異の背景について、櫛木謙周は、古代日本では中国のように職能的な社会身分が未成立で、膨大な官僚国家を支える生産力を王権・国家が前面に出て短期間で整えざるを得なかったためと説明する［櫛木謙周・一九九六］。筆者は、この日唐の差異に関する重要な指摘を、倭国に遡る問題として受け止めるべきだと思う。

というのは、本書はすでに、中国の官吏たちが、〈私〉的な「家」の文化を「姓」によって継承し、それを基盤に〈公〉的な場において王権に仕えたことをみた。これは主に漢字文化、学術の継承に関する話だが、中国の場合は手工業技術も「家」単位の世襲が古くから行われていた。ところが倭国では、王権に仕える基盤となる文化の継承を、文字文化・手工業技術にかかわらず、王権の側が氏族を編成することで果たす。「家」が未成立の倭国では、渡来の技能が閉鎖的・自立的な血縁組織のなかで維持されず、王権側からの再編を絶えず受けることによって維持されたのである。

だから王権が、技能者の再生産のあり方を律令官制のもとに変更すれば、渡来系技能者集団もその姿を変えるのは当然なのである。これまでの研究が、奈良時代頃までで渡来系氏族の「特殊性」が失われるとしたのは、こうした歴史的な背景と特性があったからでもある。

2　永遠なる帰化人

桓武王権と百済王氏

七一〇年（和銅三）に藤原京から遷都されて以来、七〇年以上都として君臨し続けた平城京が、七八四年（延暦三）、長岡京に遷《うつ》された。都が大和盆地から飛び出し、北方の山背国に築かれたのである。その一〇年後、都はさらにその北方の平安京に遷った。これとともに、山背国は山城国とその表記名を変えた。

この二度の遷都を断行したのが桓武《かんむ》天皇である。その出自は、これまでの天皇のなかでも異色であった。というのは、奈良時代の皇統は天武天皇の子孫が席巻《せっけん》し、母方も皇族か藤原氏などの有力氏族を出身とするのが常であった。しかし桓武は、このいずれにもあてはまらない。

桓武の父の光仁《こうにん》天皇は、天武系で皇位を継ぐことに行き詰まった奈良時代の終わりに、思いもかけず即位することになった天皇である。けれども、光仁の皇后には天武系の聖武《しょうむ》天皇の娘、井上《いのうえ》内親王が立ち、皇太子にはその息子の他戸《おさべ》親王がついた。他戸が即位すれば天武系の血統はつながるはずであった。ところが七七二年（宝亀三）、井上内親王が光仁天皇を呪詛《じゅそ》した罪で皇后の地位を追われ、他戸も廃太子となる。そして七七五年（宝亀六）、幽閉先でいずれも不審な死を遂げた。この呪詛事件の真相はよくわからない。とにかくこうして、新たな皇太子として山部《やまべ》親王が立てられ、その山部が七八一年（天応元）に即位して桓武天皇となった。天武系から天智系への切り替えが決定的となったのである（図31）。

一方、桓武の母は高野《たかの》朝臣新笠《にいかさ》。新笠のもとの姓は和史《やまとのふひと》で、百済をルーツとする渡来系氏族である。和史氏は、新笠までは正倉院写経所関係文書に散見する程度で、六世紀頃に渡来した文字技能者に始まる、中小の渡来系氏族であったとみられる。

ところが、古代日本では天皇の血統的正統性は、父方と母方の両方から継承するものとされていた。このため、天智系の桓武は、母が比較的低位の氏族出身者だったこともコンプレックスとなる。こうして即位後の桓武は、自らの天皇としての血統の正統化に腐心することになった。その際に重要な役割を担ったのが、あの百済王氏である。

長岡への遷都を計画した桓武は、中国で都の南郊に設けられる天壇をモデルに、京南方の河内国交野《かたの》に天壇を築いた。天壇とは、天命思想に基づき、天子が天を祀《まつ》るための巨大な円形の祭壇である。中国で現存するものといえば、北京市にある明清《みんしん》代の天壇が観光地としても著名だが、唐代の天壇も西安市の陝《せん》西《せい》師範大学キャンパス内に遺構が遺《のこ》る（図32）。ここで冬至の日、皇帝は天帝と王朝を創始した皇帝を祀る。ところが桓武は、それにならいつつ、天神とともに光仁天皇を祀った。父の光仁から新たな王統が始まったことを宣言したようなものである。中国の天命思想を利用し、天武系でなく天智系であること

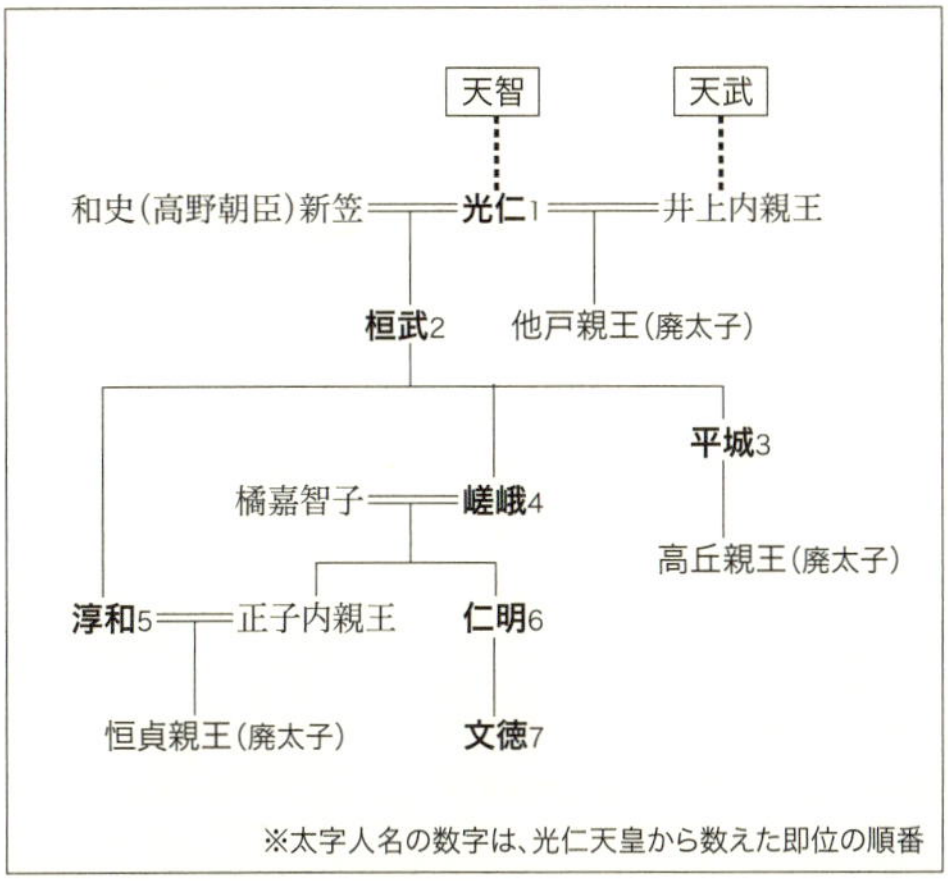

【図31】平安初期の天皇系図

【図32】中国西安市にある唐代の天壇（筆者撮影）

を逆手にとった、父方の血統の正統化である。

　しかもこの天壇の築かれた当時の交野は、百済王氏の本拠地となっていた。理由はよくわからないが、彼らは八世紀の半ば頃、難波から河内に本拠地を移していたのである。桓武はこの交野で度々遊猟を行っているが、その際は、当地の百済王氏を奉仕させ、彼らによく叙位を行った。遊猟は、冬至祭天儀礼とともに行われることもあった〔林陸朗・一九七四〕。ならば百済王氏は、交野の祭天儀礼にも参加していた可能性が高い。天命思想に裏付けられた唐皇帝の冬至祭天儀礼は、諸臣に加え四方の「蕃客《ばんかく》」も参加することが想定された、中華帝国の象徴的な儀礼である（『大唐開元礼』）。日本では、この儀礼が行われたことが確実な七八五年（延暦四）、七八七年（延暦六）とも、外国からの来航使節がいない。中華皇帝の率いる「蕃客」に擬しうるのは、百済王氏をおいて他にありえない〔田中史生・一九九七〕。

また百済王氏は、桓武の母方の血統を彩ることでも大いに活躍した。まず七八九年（延暦八）頃、中宮大夫の和気清麻呂《わけのきよまろ》と中宮亮《ちゅうぐうのすけ》の百済王仁貞《にんじょう》らによって、母方氏族の和氏が百済王族に連なると主張する系譜、「和氏譜《わしふ》」が完成する。桓武はこれに基づき、延暦九年（七九〇）、百済王氏を「朕の外戚《がいせき》」と宣言した。百済王族直系の百済王氏を「外戚」と呼ぶことによって、母方氏族の百済王族としての血統を保証しようとしたのである〔田中史生・一九九七〕。さらに百済王氏を「外戚」として以降、百済王氏の後宮への進出も目立つ。桓武は、擬似的であれ、中国皇帝のあり方をモデルに日本王権の婚姻の「国際化」をすすめようとしたとみられる〔荒木敏夫・二〇〇六〕。その軸となったのも百済王氏であった。

中華国日本の百済王

桓武は、こうした百済王氏との関係の深化と並行して、中華の皇帝としての政策を次々と実行に移していく。「和氏譜」成立の頃から北の蝦夷《えみし》に積極的に大軍を差し向けるようになり、七九五年（延暦一四）に平安宮の正殿、大極殿が完成すると、七七九年（宝亀一〇）以来途絶えていた遣外使節の任命を相次いで行っている。大極殿の完成で中華意識が高まると、遣外使節を積極的に派遣する動きは、平城宮の大極殿が整った時と似ている。

桓武王権を特徴づける「軍事と造作」、つまり蝦夷との戦いと都の造営は、桓武王権の中華意識と密接な関係にある。

そして七九七年（延暦一六）五月、桓武は百済王氏に対し特例的な恩典を与える勅命を下す（『令集解』賦役令没落外蕃条所引）。「百済王等」は、百済国時代から日本王権へ貢献し、新羅の「肆虐《しぎゃく》」（残虐な行為）による「扶余」の「并呑《へいどん》」後は「我が士庶《ししょ》」として日夜奉公していると褒め称《たた》え、彼らの課役を永年免除する勅を発令したのである。ここでは、百済国王としての貢献と百済王氏としての貢献が、「百済王」の天皇への貢献として、連続した同一の意味を与えられている。この政治的な意味を、またも給復の特例的適用で永年に及ぼし、税制上、天皇に仕える百済王の「帰化」の事実を永久に王権の記憶にとどめようとしたのである〔田中史生・一九九七〕。

右の百済王氏への勅の意味については、その三ヶ月ほど前の二月、『続紀』の完成に際し編纂《へんさん》責任者の菅野《すがのの》朝臣真道《まみち》らが天皇に奏上した言葉も参考となる。そこで真道は、理想的な明王である桓武天皇の仁徳は「渤海の北」「日河の東」にまで及び、「前代の未《いま》だ化せざるを化し、往帝の臣とせざるを臣とす」と述べている（『日本後紀』）。

このうち「渤海の北」は、扶余の地を指すだろう。扶余は高句麗・百済の故地とされ、それは高句麗（渤海）の北にあったからである。また「日河」も扶余と関連する可能性が高い。扶余を開国したと伝えられる百済王の始祖は、河伯《かはく》（河の神）の娘の太陽（日）の精に感応して生まれた子とされていた。「日河」とは、この伝承を意識した表現と思われる。そして新笠は、「和氏譜」によって、その河伯の娘が日精に感応して生んだ百済王の始祖の子孫と位置づけられていた（『続紀』延暦九年正月条）。それはとりもなおさず、桓武が、扶余国を開いた百済王の始祖の血を引き継いでいることを意味する。一方、先の百済王氏への勅には、新羅による不当な扶余併呑によって百済王が日本に「帰化」したとある。つまり「前代の未だ化せざるを化し、往帝の臣とせざるを臣とす」には、扶余を起源とする「百済王」をも天皇の身体に取り込んだ桓武を、従前の天皇以上の中華の帝たると讃えるニュアンスを込めていたのだろう。桓武王権の強烈な中華意識において、「外戚」百済王氏の存在は重要な根拠となっていたのである。

しかも『続紀』を編纂して右の奏上を行った菅野真道自身、百済王氏との関係が深かった。真道のもとの姓は津連《つのむらじ》。あの王辰爾とも系譜的に関連する、百済を出自とする渡来系氏族である。七九〇年（延暦九）七月、真道は「和氏譜」作成にもかかわった百済王仁貞ら三名の百済王氏をともない、「真道等は本系百済国貴須王より出たり」と天皇に奏上し、津連から菅野朝臣への改姓を認められた（『続紀』）。正統な百済王族出身と認められることで出身氏族のランクを上昇させたい真道は、桓武王権における百済王氏の血統保証機能をうまく利用したのである。桓武を中華の皇帝と讃えた真道は、百済王氏の王権における存在意義を誰よりもよく理解した人物であったといえるだろう。

桓武以後、交野の天壇を用いた郊祀《こうし》は、桓武の曾孫《そうそん》にあたる文徳天皇の八五六年（斉衡《さいこう》三）に行われたことが確認できるが、その後は見えなくなる。桓武朝以降、中国の宗廟《そうびょう》制を参考に、天智・光仁から桓武へとつながる歴代天皇陵への祭祀が整えられ、新王朝創始に擬した王統の正統性をそれほどアピールする必要性もなくなると、冬至祭天儀礼を行う意味は低下していったのだろう。しかし、中華国としての体裁を持つ桓武の冬至祭天儀礼と百済王氏の関係は、「氏爵《うじのしゃく》」という別の形で、象徴的に引き継がれたようだ。氏爵とは、王権が重視する限られた氏族出身者に位を与えるもので、平安時代に始まる。正月の恒例の氏爵では王・源・藤原・橘《たちばな》の四氏から推挙された各一名に従五位下が授けられたが、他の諸氏にも、即位・大嘗会《だいじょうえ》・朔旦冬至《さくたんとうじ》などの際に氏爵があり、百済王氏はその対象となった〔田島公・一九八八〕。興味深いのは、百済王氏への氏爵は九世紀半ばの貞観《じょうがん》年間に遡り、しかも朔旦冬至において始まったらしいことである。貞観年間といえば、文徳天皇の次の清和天皇の時代である。文徳天皇までは交野で冬至郊祀が行われたが、中華的な意味を持つ百済王氏の奉仕は、その後、このような別の形で次の清和王権へと引き継がれたのではなかろうか。

右の「氏爵」の問題とかかわり、もう一つ注目されるのは、百済国より奉《たてまつ》られたと伝えられる霊剣（大刀契《だいとけい》）の存在である。これは古代・中世の皇位継承において、前天皇から新天皇に渡されるレガリア（王位を象徴する宝器）の一つである。ただしその存在は奈良時代以前に確認できず、これが桓武の時代に「外戚」と呼ばれた「百済王」氏からの奉献品であった可能性は高い〔田島公・一九八八〕。桓武は、レガリアにこの霊剣を加えることで、日本王権が「百済王権」を包摂した王権であることを再確認し、また強調しようとしたのだろう。前述の延喜一四年（九一四）の「意見十二箇条」で述べられた「三韓入朝し、百済内属す」というような意識も、こうして日本支配層の間に広がり定着していったとみられる。

空洞化する中華

ただしこうした桓武王権以降の百済王氏に注目した中華意識も、日本を取り巻く国際環境の現実からはかけ離れたものである。新羅に「蕃国」の振る舞いを要求し続ける日本は、八世紀前半の関係悪化後、光仁天皇の時代で途絶えた新羅との王権外交を、平安時代に復活させることはできなかった。結局、遣唐使の新羅漂着を想定した日本側からの事務的な交渉が細々と続けられる程度にとどまる。その遣唐使も、九世紀半ばを最後に、発遣されなくなった。渤海との関係は、九二六年に渤海が滅亡するまで続いたが、渤海側の対等姿勢を変えられぬまま、日本側には政治的内容に乏しい交易中心の関係となっていった。桓武の信頼する側近の藤原緒嗣《ふじわらのおつぐ》も、渤海使について「商旅にして隣客にたらず」と述べている（『類聚国史』）。平安時代になって、天皇に従順な百済王氏への注目度が高まったのは、桓武の生母の問題だけでなく、こうした時代背景によるものである。

　変わっていったのは国際関係だけではない。「帰化」の内実も急速に変わっていった。そもそも律令国家形成期の「帰化」の多くは、百済・高句麗の滅亡などによって故郷を追われた大量の流民であって、その数は少なく見積もっても数千人規模。王・貴族層から一般人まで極めて多様だった。これを日本は天皇への「帰化」と位置づけて、化外のあらゆる階層の民がその徳を慕う中華の明王の存在を演出したのである。しかし八世紀以降、すでに滅亡した百済・高句麗からの「帰化」があるはずもなく、新羅からの渡来人に支配層が含まれることもまずない。六八一年（天武一〇）と七一七年（養老元）、百済・高句麗滅亡後の帰化人に給復を拡大適用したのは、「帰化」が急速に先細るなか、彼らに頼る以外、中華国としての理想的な「帰化」の存在をアピールできなかったからでもある。

　こうしたなか、八世紀半ばになると、今度は新羅からの「帰化」が急増する。新羅で七四五年頃から飢《き》饉《きん》・疫病が続発し、生活に苦しむ人々が国外へ避難する動きを強め、その一部が九州北部へ流れ着くようになったのである。つまり流民だが、政治的亡命でも故国を失ったわけでもない点で、七世紀後半の亡命百済人・高句麗人とは性格が異なる。しかもこのなかには、日本律令が想定しない新たな渡来人が紛れ込んでいた。交易者である。

　この少し前から、中国大陸沿岸部では商人の国際的な交易活動が活発化し、貧困を逃れて海へ漕《こ》ぎだした新羅人のなかにも、交易活動に加わる者が登場する。七五五年に唐帝国を傾ける安史の乱が勃発《ぼっぱつ》すると、その流れは一気に加速した。その波が日本列島にも到達し始めたのである〔田中史生・二〇一六〕。その徴証は、考古学からも捉《とら》えられている。新羅土器は、八世紀に入ると、日本海沿岸や瀬戸内海沿岸などで分散的に分布するようになり、その背景に私的な交易の存在が想定されている〔重見泰・二〇一二〕。また八世紀後半から、交易者がもたらしたとみられる中国陶磁器が確認されるようになる〔田中克子・二〇一八〕。

しかしこの頃の日本は、商人の渡来を想定していなかった。律令国家の成立期、東アジア海域では国際商人の活動がほとんどみられず、国際交易といえば、外交使節による交易を想定しておけばよかったからである。だから律令でも、「蕃客」との交易の手続きはしっかりと整えていて、天皇とその官が優先的に国家の必要品を購入した後、関連官司の監視のもと、日本の貴族たちにも身分に応じた交易が許可されることになっていた。これを古代史では官司先買制と呼んでいる。対外関係を独占的に管理する体制を築いた律令国家は、外交使節の交易も掌握して、渡来文物が首長層の権威と結びつく倭国以来の構造を、天皇制を軸とする身分体制に組み込んだのである。

けれども商人は「蕃客」ではない。多様な渡来人を「蕃客」と「帰化」のいずれかに分類する律令体制下において、渡来の交易者は「帰化」として扱われる。そうなると、彼らは他の流民とともに、東国などに移配されてしまうだろう。ところが中央政府は、次々と押し寄せる流民を前に、受け入れ先をきちんと用意できず、その処理は滞っていたらしい。

新羅国内の状況を踏まえると、新羅の流民は七四〇年代後半から増えていたはずだが、その対応が史料ではしばらく確認できないのである。

「帰化」と「流来」

その対応が史料で確認できるのは、七五八年（天平宝字二）になってからのことである。この八月、仲麻呂政権下で皇太子の大炊王が即位し（淳仁《じゅんにん》天皇）、その体制を確立させると、同月、「帰化」の新羅の僧三二人、尼二人、男一九人、女二一人を武蔵国の閑地に移して、新羅郡を置いた（『続紀』）。百済郡・高麗郡に続く新羅郡の新設は、中華国としての体面を意識した、新天皇の即位に照準を合わせた施策だろう。この前年に「移風易俗」思想に基づく賜姓策を打ち出した、仲麻呂政権らしい施策だともいえる。しかも当時の日羅関係はかなり緊迫していた。新羅郡建郡において特に目を引くのは、移配者における僧尼の比率が半分近くと極めて高いことである。新羅人の交易活動では新羅僧も深くかかわってはいたが、さすがにこの高い比率が流民の構成比率と対応しているとは考えられない。彼らは、多くの新羅流民の中から敢《あ》えて選び出されたとみて、まず間違いない。仏教は東アジアの文明の象徴である。新羅僧の「帰化」を前面に出した新羅郡の設置には、新羅に対する日本の文明的優位性を示す意図も込められていたとみられる。

この新政権は、翌七五九年（天平宝字三）、新羅侵攻の準備まで開始する。そうなると、今度は、まだ筑紫に残る多くの新羅流民が問題となった。流民の中には交易者が紛れ込んでいたから、彼らを通じて、新羅攻撃の兵站《へいたん》基地となる北部九州の情報が新羅へ漏れる可能性があったからである。そして実際、それは起こっていた〔田中史生・二〇一六〕。そのため同年九月、大宰府に対して次のような天皇の勅を出している（『続紀』）。

近ごろ、新羅の人々が帰化を望んでやってきて、その船が絶えることがないが、彼らは本国の賦役の苦しみから逃れるため、遠く墳墓の地を離れてやってきた者たちである。その心中をおしはかると、どうして郷里を思わないことがあろうか。そこで、彼らに再三質問して、帰国したいと思う者があったら、食料を支給して帰すように。

この勅を受けて翌年には、最終的に「帰化」を望んだ一三一人が一気に武蔵国に移されている（『続紀』）。おそらく新設の新羅郡に置かれたのだろう。これとは別に帰国を選択した者もあったはずだから、大宰府管内には、七五八年の新羅郡新設後も相当数の新羅人が残っていたことになる。

しかしその後、仲麻呂政権が崩壊し、新羅侵攻計画も頓挫《とんざ》すると、「帰化」以外の帰還をすすめる施策はうやむやとなる。けれども、それで北部九州を国際交易に巻き込む交易者の渡来がやむわけではない。地域間の国際交流が王権を揺るがした倭国時代の経験を踏まえ、対外関係を集権的に管理する律令国家にとって、官司先買制を揺るがすようなこの問題を放置し続けることはあり得ない。

果たして、光仁天皇の時代の七七四年（宝亀五）五月、あらためて、「帰化」以外の新羅人来航者を「流来《るらい》」に区分し放還する「永例」が立てられ、その実行を大宰府に命じることにした。これは、「帰化」と「蕃客」に加え、「流来」という新たな法的区分を加えた点において、律令の修正ともいえる法令である。ただし、「蕃客」と「帰化」を基軸とした、律令国家成立以来の対外関係独占体制は堅持されている。しかも、「流来」者にも帰国のための食料や船の便宜をはかり、彼らを哀れむ天皇の威徳を示すという、中華的な体面もしっかりと保っている。こうして、「蕃客」「帰化」以外は、交易者であろうが漂着者であろうが「流来」として放還できるはずであった〔田中史生・二〇一二b〕。

けれども、東アジアの海で拡大する交易者たちの波を水際で防ぐのは難しい。対馬や五島列島、日本海沿岸地域では散発的に交易船や海賊船が出没した。さらに、来航理由に表向き「帰化」を掲げて放還を免れると、筑紫の官人層・有力層との関係を深め、鴻臚館周辺にしばらく留住し、外から海商を導く新羅人まであらわれる〔田中史生・二〇一六〕。「帰化」の内実は、ますます空虚なものとなっていったのである。

『新撰姓氏録』の世界観

けれども律令国家は、中華的な内実がいくら空虚となっても、その構造を放棄することができない。律令の位置づける天皇は、「蕃」に慕われ、「蕃」を支配する中華の王である。

「蕃」を支配せぬ王は律令国家の理想的な王たり得ない。

すでに何度か登場している八一五年（弘仁六）の『姓氏録』は、このように、日本が「諸蕃《しょばん》」や「帰化」の集い来る中華国としての体面を保つことがいよいよ難しくなった時代に編纂された。

この書物は、京・畿内《きない》居住氏族の系譜について収録したもので、現在伝わるのはその抄録本である。収載された氏族は全部で一一八二氏。これを、天皇や皇子を祖とする「皇《こう》別《べつ》」、神をルーツとする「神別《しんべつ》」、中国大陸や朝鮮半島をルーツとする「諸蕃」の「三体」に大別し、その出自や同祖関係などを記している。皇別氏族は三三五氏、神別氏族は四〇四氏、諸蕃氏族は三二六氏。これに系譜のよくわからない「未定雑姓」の一一七氏が加わる。そうすると、諸蕃氏族は全体の二七・六％を占めることになる。I章でみたように、古代の帰化人を血統的観点から日本人の祖先に位置づける言説は、必ずといってよいほどこの比率の高さに注目する。「諸蕃」はさらにその出自によって、「漢」「百済」「高麗」「新羅」「任那」に分けられている。

『姓氏録』の序文によると、『氏族志』を編纂する動きは、藤原仲麻呂政権時にもあったが、政権の崩壊で頓挫した。ついで桓武天皇の時代、諸氏族に本系を記した本系帳を提出させて、氏族に関する書物を撰録する動きがあった。しかしこれも、天皇の崩御で中断したという。そこで嵯峨天皇の時代になって、「前業」を受け継ぎ、『姓氏録』を編纂したのである。また『姓氏録』編纂の必要性については、次のように説明されている。

勝宝年（宝字元年）中、特に天皇の恩典により、「諸蕃」に、願いのままに姓氏を賜うことが許された。しかし、これによって与えられた新たな姓は以前から日本にある姓と文字が同じで、「蕃俗・和俗」の氏族が互いに混乱するようになった。あらゆる庶民が高貴な系譜につらなろうとし、「三韓の蕃賓《ばんぴん》」は「日本の神胤《しんいん》」を称するようになった。時が経つにつれて、事実を知って言うものも希《まれ》となった。

つまり、序文によれば、『姓氏録』を編纂することになったのは、「移風易俗」思想に基づき「高麗・百済・新羅の人等」に「姓を給はらむことを志願《ねが》はば、悉《ことごと》く聴許《ゆる》せ」とした、あの宝字元年勅が原因だという。これによって「蕃俗」と「和俗」の氏族が姓字で区別できなくなり、互いに混乱し、「三韓の蕃賓」で「日本の神胤」を名乗るものまで登場したというのである。『姓氏録』はこれを糺《ただ》す意図のもとに編纂された。

ならば、「皇別」「神別」「諸蕃」の「三体」分類も、その主目的は「和俗」氏族と「蕃俗」氏族を分別するためということになろう。つまり「皇別」「神別」の「別」で構成される和俗氏族と、「諸蕃」を出自とする蕃俗氏族の二大分類である。

しかしこの『姓氏録』の論理は、「移風易俗」思想に基づく宝字元年勅の論理の否定に他ならない。宝字元年勅は、天皇による教化で「蕃俗」が「我が俗」に昇華されることを前提に、姓を与えるものである。ところが『姓氏録』は、この「俗」の可変性を否定する。

実際、『姓氏録』以降、宝字元年勅を根拠とした賜姓・改姓がみられなくなる。

宝字元年勅を否定する右の『姓氏録』のスタンスは、同じく氏族系譜を整理しようとした仲麻呂政権や桓武王権のスタンスを継承したものではないだろう。仲麻呂政権下に宝字元年勅の論理が否定されるはずがないし、桓武の時代も、七九九年（延暦一八）一二月に「三韓・諸蕃」も含め、本系帳の提出を命じる一方で、同月、宝字元年勅による改姓の申請を二件も認めている（『日本後記』）。

では、これらと『姓氏録』とは何が違うのか。それは端的にいって、出自・系譜の不変性が「蕃俗・和俗」の区別にまで及ぶとするか否かの違いであろう。

王権への仕奉の歴史をもとに、氏族の出自と系譜を固定的に捉える考え方は、倭国の時代から律令国家の時代まで一貫している。それを前提とした出自・系譜の「三体」分類は、すでに『書紀』にもみえている〔吉田一彦・二〇一六〕。仲麻呂政権や桓武王権が問題視したのは、この固定的であるべき出自・系譜の混乱だったと考えられる。一方、律令国家になって、こうした考え方に新たに加わったのが「移風易俗」の思想である。ルーツや系譜は不変でも、明王の教化によって人の文化（俗）は変わるという中華的な考え方である。これを「諸蕃」氏族に全面的に適用したのが仲麻呂政権であった。桓武王権もこれを否定するつもりはなかったのである。ところが『姓氏録』は、出自・系譜によって「和俗」氏族と「蕃俗」氏族も区別されるべきだという。序文は「蕃」の「和」への侵犯を特に問題

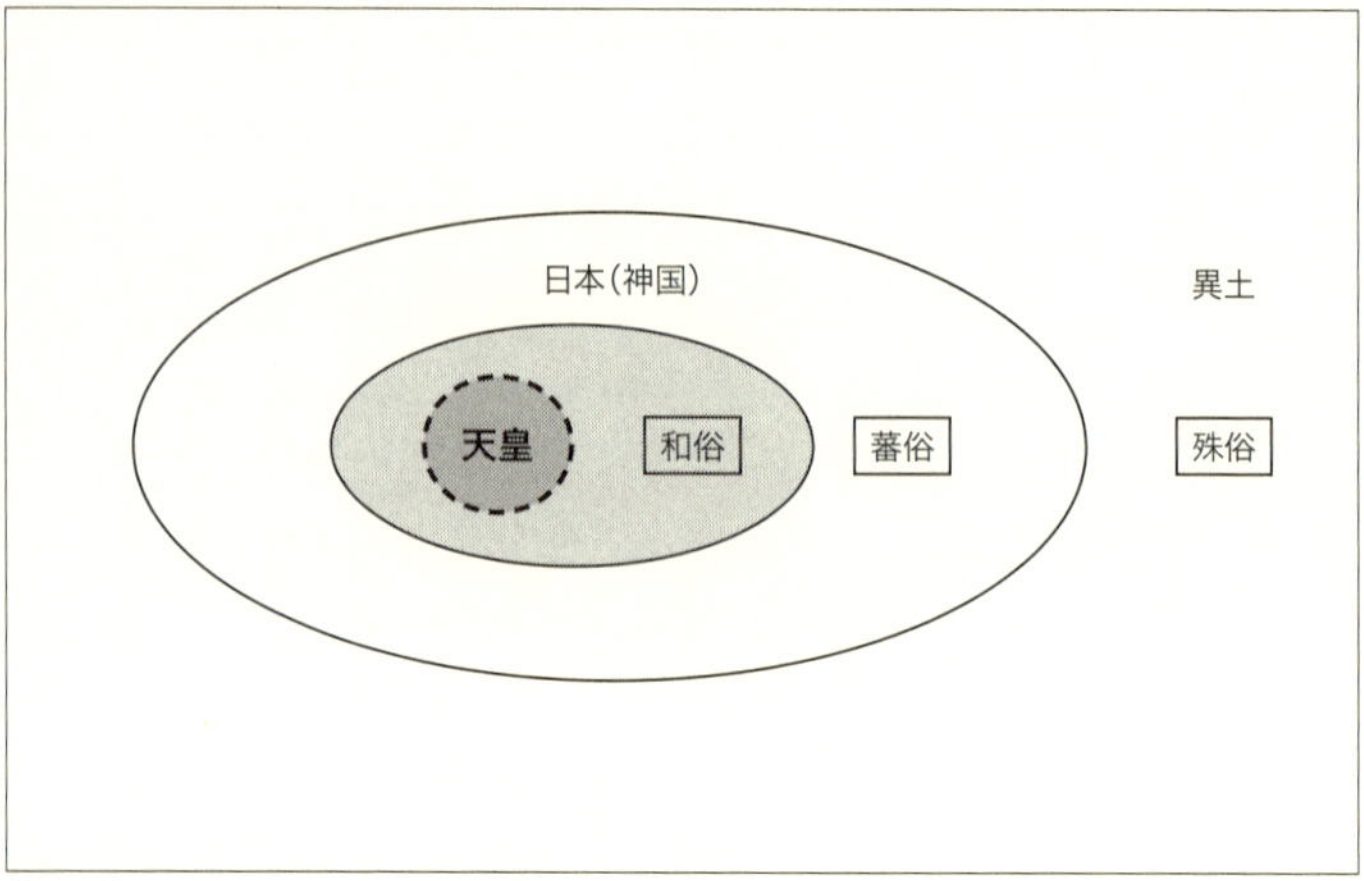

【図33】平安時代の支配層の世界観

としているように、その主眼は「蕃俗」の可変性の否定にある（図33）。

化外から化内への「帰化」の「蕃俗」の供給は先細る一方なのに、化内においては「移風易俗」思想に基づき「蕃俗」の「我が俗」への変移を認め続ければ、天皇の支配する化内の「蕃俗」は減るばかりである。多民族を支配する中華の王の理想的な姿から、どんどん遠ざかってしまう。けれども『姓氏録』によって、「蕃俗」を出自で固定的に捉えたことで、「帰化」の「蕃俗」は一気に三割近くに復活した。化内に、天皇の支配する「蕃俗」が半永久的に創り出されたのである〔田中史生・一九九七〕。

こうして「蕃俗」に慕われ、「蕃俗」を支配する中華の構造が、化内で自己完結するようになった。そうなると今度は、思い通りにならない現実の国際関係と相まって、化外の「蕃俗」に天皇の徳化を及ぼそうとする意識が急速に薄れていく。こうして、新羅や渤海などの「化外」の「諸蕃」の「俗」を、「殊俗」とみなす考え方も生まれてきた（『類聚国史』）。「殊俗」とは、未だ教化の及びがたい「俗」の意味である。だからこの意識は、新羅や渤海を常に朝貢し天皇の教化を被るべき存在と喧伝《けんでん》した奈良時代には遡らない〔田中史生・二〇一八a〕。

また、「日本」を「神国」とし、その外側をケガレた「異土」と見下し、内と外の境界を隔てる意識も強まっていった。八七二年正月、京洛《きょうらく》では「咳逆病《がいぎやく》」（インフルエンザ?）が流行《はや》ったが、これを人々は前年末に来着の渤海使がもたらした「異土の毒気」のせいだと噂し、内裏の建礼門前で大祓《おおはらえ》が行われている（『三代実録』）。また、八九七年（寛平九）の宇多天皇による著名な「寛平御遺誡《かんぴょうのごゆいかい》」も、ケガレを嫌い、「外蕃之人」を召し見る際は直接面会せず必ず御簾《みす》越しに会うよう、新天皇（醍醐《だいご》天皇）に申し送っている。これが、後世の天皇の外国人との面会に大きな影響を与えることになる。

3　渡来商人と「帰化」

「化来」の商人

『姓氏録』からしばらく経った八二四年（天長元）八月、中央政府は、「帰化」を建前に大宰府管内に居留し、新羅との間で交易の橋渡しを行う新羅人を警戒し、その邪《よこしま》な心（覬《き》覦《ゆ》之《の》奸心《かんしん》）を絶つとして、彼らを陸奥《むつ》へ移配する措置を講じた（『三代実録』貞観一二年二月二〇日条）。彼らには、律令の「帰化」受け入れの規定に基づき、口分田も支給された。けれどもこれは、自ら天皇の民となることを望む者を受け入れるという、従来の「帰化」の受け入れ論理とは大きく異なる。ちょうどこの頃から、蝦夷の「帰化」も史料に登場する。それらはいずれも、内に「野心」を抱く蝦夷が「帰化」したという文脈でみえる。『姓氏録』によって化内に理想的な「帰化」の「蕃俗」が創り出される一方、化外からの「帰化」に対する見方は大きく変わっていったことがわかる〔田中史生・一九九七〕。

八二四年の法令は、一定の「効果」があったようだ。というのは、この後、新羅人の「帰化」をうかがわせる史料がみられなくなるからである。交易者たちは、交易拠点から遠く離れた地に移住させられることを嫌ったのだろう。この時の日本は、個別分散的に渡来する交易者を国家に取り込むのではなく、排除する方向に動いていた。

けれども、それで交易者たちの活動がストップするわけではない。彼らは、新羅のみならず長江（揚子江）以北の中国沿岸部にも拠点を築き、黄海の全海域にその活動を拡大させていた。八二六年（天長三）に大宰府が示した軍制改革案に「夷民往来し、盗賊も時なく、追捕拷掠《ごうりやく》、その備えあるべき」とあるように（『類聚三代格《るいじゅうさんだいきゃく》』天長三年一一月三日太政官符）、その海賊行為も悩ましい問題であった。しかし、これらへの有効な対応策はなかなか見いだせなかったのである。

ところが八三一年（天長八）になって、律令国家は突如、拡大する民間交易に積極的に関与する方針に転じる。そのきっかけは、新羅系交易者のなかから張宝高《ちょうほうこう》（張保皐）が台頭したことにある。新羅の海島出身者で身分の低い宝高は、飢饉・疫病の蔓延《まんえん》する故郷から唐へ逃れると、安史の乱後に成長した山東半島の反唐勢力を鎮圧する軍隊に身を寄せ軍功を挙げた。その後、八二〇年代頃には帰郷し、朝鮮半島西南の莞島《ワンド》に清海鎮《せいかいちん》を設置して、新羅だけでなく唐や日本に居留する新羅系交易者たちをその影響下におさめると、清海鎮大使という公的な地位を新羅王権に認めさせた。こうして、新羅政界にも影響を及ぼし、黄海海域を中心に唐―新羅―日本を結ぶ交易世界をリードするようになる（図34）。

宝高ら交易者グループの特徴は、「新羅」アイデンティティによって結ばれていたことである。彼らの交易船にとって唐の出入り口となる山東半島の突端部には、彼らの精神的支柱となる赤山法花院が営まれていた。ここで行われる仏教行事は、そのほとんどが新羅式で、新羅の対渤海戦の勝利まで祝うなど、故郷「新羅」を追慕する行事が満載であった。

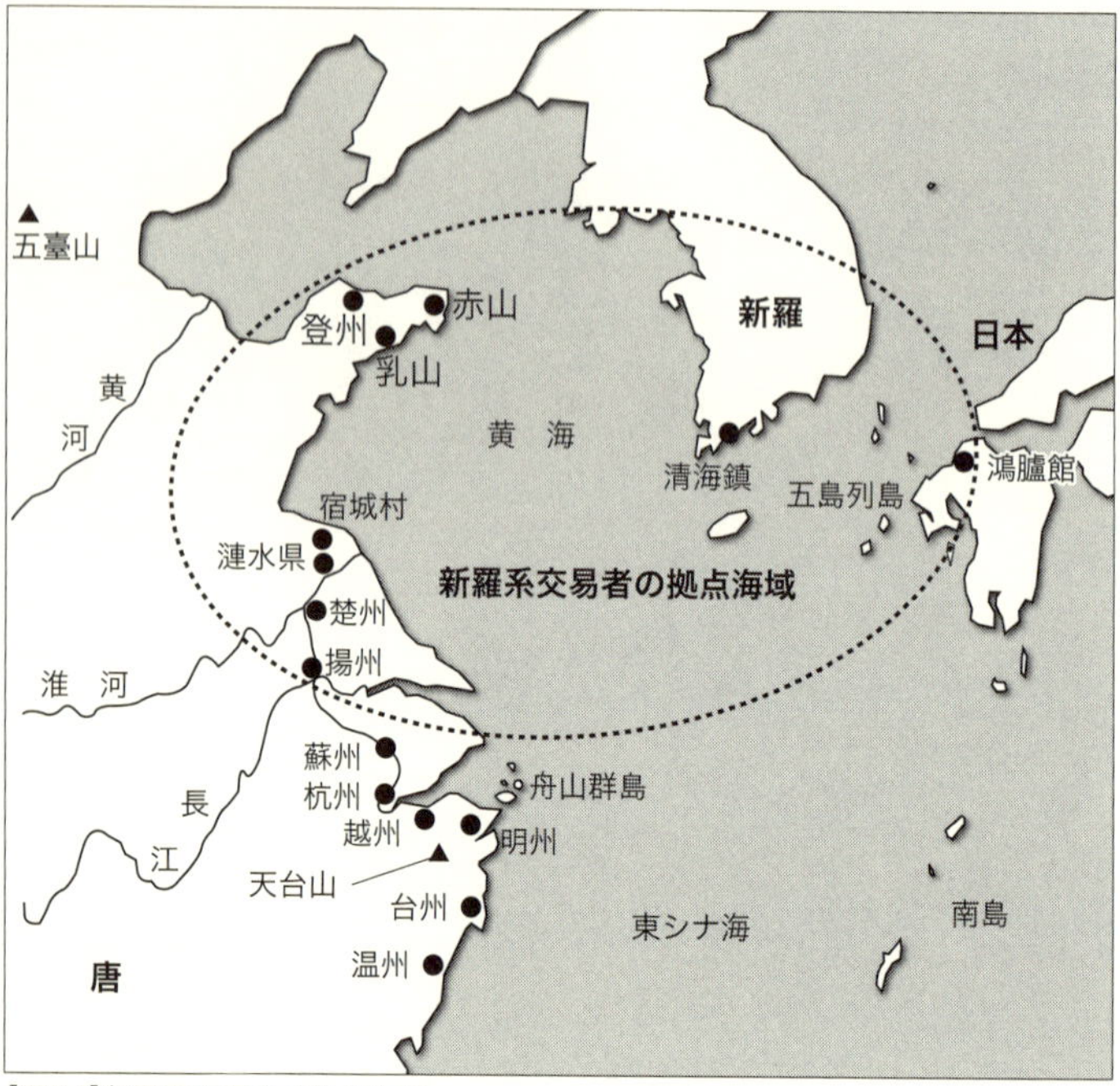

【図34】新羅系交易者の拠点海域

寺院に集う人々も、宝高の交易船を操る新羅人や、在唐新羅人、つまりは「新羅人」である。そしてこの寺院を建立したのが宝高であった。宝高は仏教なども用いて、「新羅」という地縁を利用した交易者たちの組織づくりを越境的に行っていたのである〔田中史生・二〇一六〕。

この宝高の登場が、新羅系交易者たちへの対応に苦慮する日本の対外政策に好機をもたらす。宝高を取り込めば、彼らのコントロールが可能となるからである。こうして日本は、宝高らに国家との交易の機会を保証し、その勢力を自らの秩序に取り込む方針に切り替えた。八三一年に整えられた商船来航時の手続きは、次のようなものであった。

まず、大宰府の役人が商人の来着理由を調査し、その結果を中央へ報告する。彼らの来航理由は、概ね天皇の徳を慕って「化来」したというもので、これに基づき、商人を博多湾に面した鴻臚館に安置した。外から隔離された鴻臚館に置けば、その管理は容易である。そして、商人のもたらした貨物は、大宰府がチェックし、国家の必要品が先に購入される。その後、先買対象から外れた品々について、大宰府の監視のもと、取引価格の公定基準を遵守した民間交易が許可される〔田中史生・二〇一二b〕。この渡来商人との管理交易は、それまでの「蕃客」との官司先買制に準じたものである。また、「化来」者に鴻臚館安置を認める対応は、「帰化」への対応に準じたものである。こうして渡来の商人は日本の中華的世界に組み込まれ、その管理下で交易を行うこととなった。

ただ、「化来」の商人を「帰化」に準じて扱うといっても、化内への編入は前提としない。化外からの「帰化」の意味はますます多様性を持つようになった。これにともない、八二四年に定めた「帰化人」の陸奥移配は停止されたとみられ、鴻臚館、もしくはその周辺に居留する新羅人も再び増加したのである。

新羅人の「帰化」の停止

ところが国際交易で新羅王権との関係を強めた宝高は、新羅国内の激しい権力闘争の末、八四一年一一月に暗殺されてしまう。暗殺者は、宝高に代わって交易世界の支配を目論《もくろ》む閻長《えんちょう》（閻丈）であった。その詳報が日本にもたらされた際、宝高と前筑前守の文室宮田麻呂《ふんやのみやたまろ》との取引関係が明るみに出て、中央では動揺が広がった。

唐風文化が隆盛していた当時の日本政界では、皇位継承をめぐる派閥的な対立が表面化しつつあり、「唐物《からもの》」と呼ばれる唐由来の輸入ブランド品が注目を集めていた。官司先買制をとった律令国家では、身分の高い者ほど高級な輸入ブランド品を保有しているはずである。このため、権力闘争が激しくなると、王族・貴族層は、政治的な贈答や、権威を高める財として、「唐物」の確保に躍起となったのである。渡来商人の登場で「唐物」入手の機会が増大したことが、この傾向に拍車をかけた。

宮田麻呂はその権力闘争において、皇太子派に属していたとみられる。彼の出身氏族文室氏は、天武天皇の孫の智努王《ちぬおう》を祖とし、その近親者の文室秋津《あきつ》が、春宮《とうぐう》大夫として皇太子の恒貞《つねさだ》親王を支えていた。そこで八四〇年（承和七）、国司として筑前に赴任した文室宮田麻呂は、自派の威信を高めるため、宝高を介して「唐物」の入手を企てた。結局宮田麻呂は、宝高の死で注文品の入手に失敗するが、宝高も新羅国内の政治闘争を勝ち抜くために日本政界との協力関係を探っていたから、新羅王権の矛盾と日本王権の矛盾は、交易者によって結びついたことになる〔田中史生・二〇一二b〕。

宝高暗殺後、日本は宝高一派の逃亡先の一つとなった。また、宝高を倒した閻長からも、宝高残党の捕縛の依頼や新たな交易秩序への協力要請が届いた。すると、八四二年（承和九）、日本は「帰化」政策を大きく転換する決断を下す。新羅からの「帰化」は「流来」に準じて放還することとし、新羅商人が来着した場合は、鴻臚館に安置せず、民間交易は許して、その後速やかに放却することにしたのである（『三代格』承和九年八月一五日官符）。

このうち、政府が新羅人の「帰化」を認めないとしたことと、新羅の商人に鴻臚館の使用は認めないとしたことは、互いに関連している。商人は来着時に「化来」したと申上し、「帰化」に準じた扱いを受けて鴻臚館に安置された。けれども新羅人の「帰化」が承認されないということは、新羅商人の「化来」申請も認められないということである。当然、鴻臚館への安置も行われない。こうして鴻臚館から締め出された新羅の商人は、官司先買対象から除外され、民間交易だけが認められることになった〔田中史生・二〇一六〕。

ただし、これによって締め出されたのは、新羅から渡来した商人だけで、唐に拠点を持ち、唐の渡航証明書を持って来航する商人はその限りではなかった。例えば在唐新羅人などは、依然、鴻臚館での交易が可能であった。ちょうどこの頃から、中国江南地域の唐商は、宝高暗殺の混乱を避けて北から流入する新羅商人らを取り込んで、対日交易を本格化させていた。彼らは、八三一年に整えられた鴻臚館での管理交易の対象で、在唐新羅人も唐商に混じって唐商船で来航し、鴻臚館に安置されている。

しかし、新羅を拠点に宝高後の交易支配をねらう閻長にとって、これは大きなダメージであったろう。閻長は、宝高と日本との交易関係を引き継ぐことに完全に失敗したのである。日本は、宝高後の新羅情勢に警戒感と不信感を高めていた。どうやらこの時の日本は、新羅の権力闘争を持ち込む交易者を、政府の交易相手から遠ざければ、それでよいと考えていたようである。新羅人の「帰化」の停止も、宝高後の新羅の混乱を日本に持ち込む亡命者たちの留住防止が主な目的だったと考えられる。

けれども日本側のこの対応も、政策としてはいかにも中途半端である。渡来商人を鴻臚館からも官司先買対象からも締め出しながら、民間交易は認めるということは、彼らの交易活動を、官司先買制を軸とする対外交易体制の枠外に置くということである。お得意の中華的な論理や建前にすら取り込んでいない。さらに、それまでに九州北部に留住拠点を築いた新羅人も、そのままとされた。このため新羅商人は、鴻臚館から締め出されても、日本で交易の手引きをする同胞を頼ることができた。そうなると、監視の目をくぐり抜ける交易活動が広がるのは当然である。

実際、八六〇年代になると、新羅商人と現地の日本官人が結びついたトラブルが、有明沿岸部や日本海側でみられるようになる。そしてとうとう八六九年（貞観一一）、新羅船二隻が博多湾に侵入し、豊前《ぶぜん》国の官船から税の真綿を奪い取る海賊事件が発生した。これに九州に留住する新羅人の関与が疑われる。そのなかには僧侶《そうりょ》や造瓦《ぞうが》技術者が含まれていた。彼らの技能は、寺院や官衙《かんが》といった公的機関に有用なもので、これらを経営する当地の官人や有力層とつながり、留住を続けていたのだろう〔田中史生・一九九七〕。この事件によって、彼らは「外は帰化せるに似て、内に逆謀《ぎゃくぼう》を抱く」者と警戒されるようになる。そして、翌八七〇年（貞観一二）、大宰府管内の新羅人に陸奥移配を命じたあの八二四年（天長元）の法令が復活する。こうして「新羅」をキーワードとしてつながる九州の交易者たちの拠点が解体され、彼らの対日交易はいよいよ低調となっていった〔田中史生・二〇一六〕。

留住する中国商人

一方、これにとって代わるように、江南からの中国商船の渡来は増加していった。彼らの受け入れ手続きも、基本的に宝高時代に整えられた八三一年の体制を継承し、これに官司先買制を維持するためのいくつかの対策が新たに付け加えられていった。渡来商人が大宰府鴻臚館での安置・交易の許可を得るため、天皇の徳化・王化を慕って来航したと訴えるのは相変わらずで、一〇・一一世紀になると、これを日本支配層は、明王の徳が及んで宋人が「帰化」したと表現したり、商人からの進上品を化外の民からの朝貢の品のように扱ったりした〔山内晋次・二〇〇三〕。律令法において「蕃客」や「帰化」の受け入れは、化外の諸国と人民を取り込み拡大する文明帝国の論理と一体のものである。しかし化外への拡大を完全に放棄した「中華」日本は、化外からの「蕃客」と「帰化」を、それとは異質な、渡来商人の「朝貢」と「帰化」に集約的に矮小化《わいしょうか》し引き継いだのである。

また、渡来の中国商人のなかには、かつての新羅人のように日本に留住し、交易拠点を築く者も登場してくる。

その早い例が、中国商人の初期の対日交易を牽引《けんいん》した張友信《ちょうゆうしん》である。江南の明州《めいしゅう》、現在の浙江《せっこう》省寧波市を主要拠点とした友信は、八四〇年代の後半から、対日交易にかかわるようになった。新羅系交易者との関係を深め、彼らの対日ネットワークを取り込むと、日本の僧や官人の帰国などを手助けし、日本王家の信頼も勝ち取った江南唐商の一人である。その後、ある段階で大宰府から大唐通事《だいとうつうじ》という任を与えられる。この肩書きは友信が日本に定住したことを示すものではない。日唐を往還する交易活動を行いながら、筑前に一定期間留住して、唐商と大宰府の間に立つ世話人の役である〔田中史生・二〇一六〕。日本が交易者のキーパーソンを取り込んで交易の管理をはかるのは、張宝高の時代から相変わらずである。また友信が唐に帰国している間、大宰府は唐商の往来に備え、唐僧の法恵《ほうえ》という人物を観世音寺に住まわせて、大唐通事の任にあたらせている（『三代実録』貞観六年八月一三日条）。交易において留住の渡来僧が重要な役割を果たすのも、新羅系交易者と変わらない。友信後の大唐通事には、張建忠《ちょうけんちゅう》という人物がついた。同じ張姓であることから、彼は友信の親族だったのではないかと推測されている〔森公章・一九九八〕。

実際、中国商人は、親族を日本に住まわせて、対日交易の手引きを行わせる場合があった。例えば、友信とともに対日交易にかかわった江南唐商の徐公直《じょこうちょく》・徐公祐《こうゆう》兄弟は、公直の息子の胡婆《こば》を京に住む唐僧義空《ぎくう》のもとに送り込んで、鴻臚館から京への貨物運搬にかかわらせている。義空は日本の王家の招聘に応じた渡来の禅僧で、義空を追った胡婆の渡来は信仰心によるところも少なくない。しかし渡来商人にとっては、日本に住む親族を利用することに大きなメリットがあった。鴻臚館で管理を受ける渡来商人も、日本に住む親族との面会を理由にすれば、その管理の手が緩んだからである〔田中史生・二〇一一b〕。

これは、唐商の対日交易を受け継いだ宋商の場合も同じであった。唐滅亡直後の九一一年（延喜一一）、日本は同一商人の来航に一定年限をあけるよう定めた年紀《ねんき》制という制度を導入する。頻繁に渡来して築いた日本のコネをテコに、管理の目をすり抜けて交易を行う中国商人の実態を踏まえ、そこに楔《くさび》を打ち込むための制度である。しかしそこでも、日本に住む近親者との面会を理由とすれば、この規制が緩められることがあった。中国海商のなかには、日本滞在中に日本女性と婚姻関係を結んだり、こうしてもうけた子を交易にかかわらせたりして、日本の拠点化をすすめる者まで登場する。

渡来商人と日本の購買者の間に立つ渡来の居留者は、今でいえば、本社の意向で海外に住み、人脈づくりに腐心する駐在員のようなものである。こうした信頼ある人間関係の構築は、官による秩序維持がはかられていたとしても、異文化間の交易の安全性や利益の確

【図35】博多遺跡群の出土品（福岡市埋蔵文化財センター所蔵）

保に、不可欠のものである［田中史生・二〇一六］。特に、一一世紀半ばに鴻臚館が焼けて、その再建が断念されると、博多にはこれに代替するように、渡来商人たちの集住地区「唐房《とうぼう》」（唐坊）の形成が本格化する。彼らは保護と出資者を求めて博多周辺の寺社や荘園との関係を深め、博多に家を構え、日本人の妻を娶《めと》り、船を操り交易に従事した。こうして博多が日本の国際流通と国内流通をつなぐ、集散地・結節点としての性格を強めると、一二世紀には、年紀制や官司先買制を軸とする交易管理体制も放棄されていった［渡邊誠・二〇一二］。

古墳時代が始まる頃、渡来の交易者が居留し国際交易港として発展した博多は、中世が始まる頃、再び渡来商人の居留地として発展の時代を迎えたのである。

渡来商人と地域社会

以上のようなことだから、古代・中世史で渡来商人と地域社会との関係といえば、どうしても博多ばかりに注目が集まる。実際、博多周辺の遺跡をめぐると、アジアを直《じか》に感じる遺跡・遺物の多さに圧倒される。ここが「日本」とアジアを結んだ主要なジャンクションであったことは疑いようがない。これほどの国際交易拠点を、列島の他の地域に見いだすことはできない。

しかしこの評価は、あくまでも規模に基づく相対的な評価にすぎない。博多以外の地域が、渡来商人とかかわりがなかったというわけではないのである。そして地域史からみれば、博多ほどではないにしても、たまにやってくる渡来商人が、アジアとの直接的なつながりをもたらす重要な意味を持つことがあった。

例えば古記録などの日本の史料によって、一〇世紀末から一二世紀前半まで、宋商人が若狭《わかさ》・越前に頻繁に渡来・滞在していることが知られている。これについては従来から、当地が平安京に近いという地理的条件と、彼らが日本海側に沿うように北陸道―山陰道―大宰府の間の、海・陸を移動していることが注目されてきた。彼らは、京の購買層との交流の便から北陸への来航を繰り返しつつ、博多の国際交易とつながっていたとみられる。

例えば、一〇六〇年頃、越前国敦賀津《つるがのつ》に来着した宋商林養《りんよう》は、その後、但馬国に居地を構え、息子の林皐《りんこう》は博多—江南を往還する宋商として活躍する（『参天台五臺山記』）。若狭湾に来航後、但馬に拠点を築いた林養と、博多と江南を往還する林皐の父子の動きは結びついているだろう。当時の日本海側は、北陸と博多を東西の口として、アジアの動きとつながっていた可能性がある。

そこで北陸の西方に目を転じると、朝鮮半島では九三六年に高麗が統一的な支配を確立し、中国大陸では九六〇年に北宋が漢民族の支配を確立させる。またその北では九二六年に渤海を倒した契丹《きったん》（遼）が、中国北方の支配を確立させている。契丹と宋・高麗は対立的な関係にあったが、宋と契丹の間には一〇〇四年に盟約が結ばれて関係が安定し、高麗と契丹の関係も高麗が契丹の冊封を受けた一〇二二年から安定する。そしてこうした状況を反映し、黄海海域の交易関係も発展する。北宋は一〇八八年、山東半島密州に国際交易を管理する市舶司《しはくし》を置くが、その背景には当地に華南・江南からの商船が往来し、その北方の契丹への密航船も絶えないことがあった［榎本渉・二〇〇七］。宋商船の北陸への来着も特に一一世紀半ば以降に活発化するから、黄海海域の政治的安定を背景とした宋海商船の北方への積極的な進出が、北陸への宋海商の来着につながった可能性はあるだろう。実際、一一二〇年前後から国際関係が再び混乱し北宋も滅亡すると、この頃を境に宋商の北陸来着も途絶える。

一方、博多から西方に目を向けると、ここは、江南と博多を行き来する商船の通る海域で、唐津や五島列島あたりには、商船の寄港が頻繁にあった。日本の官司先買制を軸とする管理交易体制は、輸入品を満載した入境商船に目を光らせるものであったが、管理交易を終えて博多湾を出た商船については、関心が薄い。だから、帰路に就いた船が、その途中で交易を行うことは十分考えておかねばならないし、そうしたことを示す史料もある［田中史生・二〇一八b］。しかも博多湾を出航した船は、現在の長崎あたりから航路を南に転じれば、南九州へ向かうことができる。そのさらに先の薩南諸島硫黄《いおう》島で産出される硫黄や奄美以南で採れる大型の貝殻は、宋や高麗の商人も求める日本の特産品となっていた。この運搬・交易に、日本商人だけでなく宋商が直接かかわった可能性は高い［田中史生・二〇一六］。実際、『平家物語』には、一一七七年（安元三）の鹿《しし》ヶ谷《たに》事件で、「鬼界が島」（硫黄島）に配流となった俊寛らのもとに遣わされた船を、「もろこし船」として表現している。これは中国式の大型構造船、つまりジャンク式の構造船を想像した表現らしい［渡邊誠・二〇一五］。ならばこれも、硫黄島に宋商船が入ることを前提とした文学表現の可能性が高いと思う。強い海流に阻まれ、和船で薩摩・大隅から薩南諸島へ向かうのは容易ではないが、宋商船はこの波に耐えうる。

ところで、近年、長崎の考古学や古代史では、大村市の竹松《たけまつ》遺跡が注目されている。九〜一一世紀の良質の輸入陶磁器や一一世紀頃から徳之島《とくのしま》で生産される須恵《すえ》質の土器（カムィヤキ）などが出土し、中国と南九州と博多を結ぶ交差点の様相が読み取れるからである。また、南九州から長崎、博多にかけては、一三世紀を中心に、中国寧波付近の石材をわざわざ使って作られた「薩摩塔」と呼ばれる謎の石塔も分布している。一方、日本海側では、島根県益田《ますだ》市沖手《おきて》遺跡など、一一～一二世紀に良質の輸入陶磁器がまとまって出土する遺跡がある。これらがどのようにしてこの地域にもたらされたかは、まだよくわかっていない。ただ、そこにはアジアと直接・間接的につながる人の動きがあったことは確かである。列島史に影響を与える渡来人の歴史は、古代史で終わらない。まだまだ続くのである。

エピローグ――「渡来」と「帰化」と「日本史」

渡来人・帰化人を捉え直す

本書では、渡来人を古代の「倭」「日本」への移動者と定義し、古代の渡来人や帰化人の実態や変遷を追った。またここでは、従来混同して論じられがちであった渡来人、帰化人、渡来文化、渡来系氏族を、それぞれ区別して捉《とら》えた。こうすることで、私たちが辞書や教科書などでなじんできた帰化人像、渡来人像の課題や問題点が、よりはっきり見えてきたと思う。

まず、明確に言えることは、渡来人にしても帰化人にしても、これを辞書や教科書の説明のように、中国大陸や朝鮮半島から「日本」へ移住・定住した人と限定的に捉えると、古代の実態と大きくかけ離れたものとなるということである。

「渡来」の語が古代において、外から渡って来たことを示す一般的な語で、どこを〈内〉とするかによって様々な意味を持ちうることは、最初に述べた通りである。そのなかで古代社会に、「倭」「日本」を〈内〉とし、その〈外〉からの移動を「渡来」と認識する場合があったこともみた。こうした意味の「渡来」は、以後も長く、歴史のなかで使われてきた。例えば幕末でも「異国船渡来之節」とか「近来外国人追々渡来」といった表現を探し出せる（『大日本維新史料』井伊家史料）。しかし「日本」に「渡来」した人を、移住者・定住者と限定的に捉えるのは、戦後の新しい考え方である。なぜこのようになったのか。それは「帰化人」の語を批判して登場した「渡来人」が、一方で、従来の帰化人研究の枠組みを引き継ごうとしたからである。

けれども、現在の「渡来人」像の基礎をつくった古代の「帰化人」でさえも、史料に基づくならば、「日本」に移住・定住した人に限定できない。こうした「帰化人」は七世紀後半の天智・天武の時代に登場したが、平安時代になると往還を繰り返す渡来商人を「帰化」というようになった。平安貴族にとっては、渡来商人を受け入れ管理することが、「化来」や「帰化」の受け入れなのである。つまり、帰化人は古代に通時的に存在したわけではないし、その意味も同じではない。そもそも「帰化」は、政治的な世界観や論理と表裏の関係にあるのだから、政治が変われば意味も中身も変わる。歴史学は、こうした「帰化」の変遷にこそ、歴史の実態を見いだしていくべきである。

さらに、従来の「帰化人」「渡来人」の用語上の問題は、これに渡来の子孫も含めていることである。「渡来」にそのような意味がないことは明らかだが、律令の定める「帰化」も、そのような意味はない。ただし、律令国家は確かに、渡来の子孫に「帰化」の性格を強調する場合があった。本書でみたように、それは強い政治的意図のもとに行われている。

けれども現代の古代史研究が「帰化人」「渡来人」に子孫を含めるのは、その古代の為政者の意図を継承したからではない。近代日本が古代の帰化人に向けた、「われわれの祖先」としての眼差《まなざ》しを受け継いだからである。「帰化人」「渡来人」の大陸的な「特殊性」は数世代失われないとの前提のもと、これらが日本の基層部に取り込まれるまでの歴史を明らかにすることが、帰化人・渡来人研究の重要なミッションとされてきた。

そしてこのために、それがある程度完成したと評価される平安初期で、帰化人・渡来人の研究はだいたい終わる。教科書もそうである。現在の日本史の教科書の「渡来人」は、各種生産技術や儒教・仏教が伝来した五・六世紀に重点を置いた説明となっている。しかしその後は、七世紀後半の亡命百済人の活躍に触れる教科書が一部にあるものの、奈良時代以降になると、いずれも唐僧鑑真を取り上げるにとどまり、「大陸文化」の導入では、むしろ遣唐使の役割が強調されるようになる。「渡来人」の史的意義は、五・六世紀をピークにだんだんと小さくなる印象を受ける。それは、九世紀頃までで大陸文化の吸収が一段落し、以後「国風文化」が花開くといった見方ともつながっている。

けれども、古代社会における渡来人や帰化人の意義も、渡来系氏族の意義も、それぞれの異なりも、国民史、国民文化論としての位置づけから捉えるだけでは不十分である。例えばI章でみたように、関晃『帰化人』（至文堂、一九五六年）は、『姓氏録』を根拠に、血の問題からも「帰化人はわれわれの祖先」と位置づけた。また『姓氏録』の編纂《へんさん》された時代を、帰化人が氏族的にも意識的にも日本在来者との区別が難しくなった「帰化人の歴史の終末期」と捉えた。この見方は、その後の研究に大きな影響を与えている。しかしそもそも、九世紀が「帰化人の歴史の終末期」であるならば、なぜこの時代に「諸蕃《しょばん》」部を大々的に掲げた『姓氏録』が登場したのか。結局、関も『帰化人』の最後で「姓氏録のようなものを作って、諸氏の政治的資格と序列を固定しようとしたことの意味は、広く種々の面から考察しなければならないむつかしい問題」と述べ、これを課題として残してしまった。それは、関が『姓氏録』の「諸蕃」部を、帰化人の〈日本化〉が完了する直前に編まれた「帰化人系諸氏の終末期におけるリスト」と位置づけ、古代国家における「諸蕃」や「帰化」の意味を、九世紀史の問題としては捉えなかったからではなかろうか。

近代「日本」と古代の渡来人・帰化人

しかし本書が、こうした課題を意識し、その射程を平安時代まで伸ばしたことによって、新たな課題も見えてきた。それは古代史にとどまらない「日本」と「日本史」の問題である。

日本の古代王権を渡来人・帰化人の問題からざっくり捉えると、大きな転換は七世紀後半と九世紀に起こっている。

七世紀前半までは、多様な渡来人のあった倭国の時代である。この時代の渡来人への主な関心は、政治的な交渉を主とする外交使節を除けば、渡来の技能や文物にあった。これらが、倭人《わじん》首長層の権威や権力と直結したからである。外交使節、五経博士や僧侶《そうりよ》、「質《しち》」、金属器や土器の生産技能者、その他様々な技能者が、主に朝鮮諸国・諸地域から派遣・贈与され、また戦争にともないに移動した。漂着する者もあったし、スパイのような者もいた。彼らはしばらく滞在した後、期待された役割を終えて帰国したり、そのまま住み着いたり、渡来系氏族の祖となったり。とにかく多様である。しかし七世紀後半になると、律令体制の導入によって、こうした渡来人の多様性も、中華的な思想を背景とした「蕃客」と「帰化」のいずれかに分類され、そこに押し込められることとなった。「質」や五経博士などは、この段階で姿を消す。ところが八世紀の半ばになると、日本を取り巻く国際環境がまた大きく変化し、それまで見られなかった新たな渡来人が登場する。往還を繰り返す商人である。すると今度は、九世紀に『姓氏録』が編纂され、化内《けない》に「帰化」の「蕃俗」の歴史が固定化された。そしてとうとう、新羅からの「帰化」の受け入れが停止されることとなった。

それにしても、百済・高句麗が消滅した八世紀以降、「帰化」といえばそのほとんどが新羅人であったから、新羅からの「帰化」の停止は、七世紀後半に導入した、化外《けがい》から集う「帰化」を化内に編入する膨張型の中華モデルを放棄したに等しい。結局、律令国家の理想とした「帰化人」は、七世紀以前の、多様な渡来系移住民の「歴史」を超えることはなかったのである。九世紀になって、「帰化」申請者を「流来」とみなして放還することも、「外は帰化せるに似て、内に逆謀を抱く」者を、「覬覦之姧心《きゆのかんしん》」を絶つ目的で「帰化」と同様に受け入れることも、中華の論理とはかけ離れている。

しかしだからといって、九世紀がそれ以前の倭国の時代に逆戻りしたわけではない。律令天皇制を支える中華国としての体面は、維持しているからである。八六九年（貞観一一）の新羅海賊事件を受けた清和天皇の諸神への告文には、新羅人は古くから日本朝廷の「敵」であるとか、日本は神が護持する「神明之国《かみ》」だから「他国異類《たこくいるい》」の乱を防ぎ退けるといった文言がみえる（『日本三代実録』貞観一一年一二月）。化内に「蕃俗」支配を固定し、「日本」を神国とみなすと、その内外を隔てる境界意識を高めていったのである。そして、律令の定める化外からの「蕃客」や「帰化」は、それとは異質な往還の商人を化外からの「朝貢」「帰化」と矮小化《わいしょうか》して引き継いだ。九世紀には中華思想的世界観が低下したといわれることもある。しかしそうではなくて、「中華」を、「化外」を巻き込み支配領域の拡大を目指す中国モデルの膨張型から、王権のコントロール可能な限定的領域で論理が完結する、閉鎖性を帯びた非膨張型に変換して維持したと評価すべきだろう。こうした措置をやってのけたことに、九世紀の日本王権の転換が示されている。

しかも、「外蕃之人」に対するケガレ観を前面に出した「寛平御遺誡《かんぴょうのごゆいかい》」が、後世の天皇の外国人観を規定したように、この転換は、以後の「日本史」の展開に大きな影響を与えた。それが、幕末の尊王攘夷《そんのうじょうい》にまで引き継がれていったのではないかと思う。というのは、「尊王」は、天皇―朝廷を大いに崇敬し、君臣上下の分をはっきりさせよとする大義名分論で、「攘夷」は、外国人は夷狄《いてき》で、神聖な神国日本に近づけるべきでないとする排外論である。この尊王攘夷思想の世界観の原形は、九世紀に創られた日本型の中華的世界観にあるといってよい。しかもこの尊王攘夷思想は、尊王攘夷運動のうねりとなった。そして「諸事神武創業ノ始ニ原《もとづ》キ」との「古代」を意識した「王政復古」を看板に掲げ、近代日本を生み出した。そこであらためて欧米列強と向き合い、内地雑居論争をおさめた日本は、今度は古代の帰化人の歴史にあらためて注目し、再び膨張型の国家へと舵《かじ》を切る。そうであれば私たちは、古代国家と渡来人・帰化人の関係史を、単なる古代史の話と片付けるわけにはいかない。

グローバリズムの波に飲まれ、国民の存在を必須《ひっす》とした近代「日本」にとって、古代の帰化人をどう捉えるかは「日本」と「日本人」を考える重要なテーマとなった。これを渡来人に書き換えた戦後の動きも、近代「日本」と古代史の関係性を問題とし、「日本」と「日本人」をどう捉えるべきかという議論とともに起こった。それぞれの国境で切り取った「歴史」を総動員し、ナショナリズムとナショナリズムが互いにぶつかり合う今のアジアでは、この問いもますます重たいものとなる気配である。「日本」の〈内〉と〈外〉との関係を、「国」ではなく「人」のレベルで歴史的に捉える帰化人・渡来人研究が、このの問題と無関係でいられることはないだろう。現在の歴史研究には、一国史の文脈を超えて歴史を読み込む視点が求められている。本書が〈移動〉をキーワードに「渡来」を捉え直し、その終点だけでなく始点にも目配りをしたのは、こうした問題意識による。渡来人・帰化人研究は、古代史で終わらないし、終わらせるべきではない。歴史との対話から現代的課題をもう一度見つめ直しつつ、その研究を再構築しなければならないと考えるのである。

主要参考文献

Ⅰ章

井上哲次郎『内地雑居論』哲学書院、一八八九年
上田正昭『帰化人』中公新書、一九六五年
上田正昭『渡来の古代史』角川選書、二〇一三年
小熊英二『単一民族神話の起源』新曜社、一九九五年
小熊英二『〈民主〉と〈愛国〉――戦後日本のナショナリズムと公共性』新曜社、二〇〇二年
加藤謙吉「渡来人」『古代史研究の最前線』第一巻、雄山閣出版、一九八六年
喜田貞吉『韓国の併合と国史』三省堂書店、一九一〇年
金　達寿「「帰化人」ということば」『日本のなかの朝鮮文化』六、一九七〇年
金　達寿「「帰化人」とはなにか」『歴史読本』一九七二年八月号
金　達寿「古代には「日本」も「朝鮮」もなかった」『渡来人』〈別冊人物読本〉河出書房、一九八五年
金　達寿『日本の中の朝鮮文化』一二、講談社、一九九一年
関　晃『帰化人――古代の政治・経済・文化を語る』至文堂、一九五六年
田口卯吉『居留地制度ト内地雑居』経済雑誌社、一八九三年
田中史生『日本古代国家の民族支配と渡来人』校倉書房、一九九七年

田中史生「古代の渡来人と戦後「日本」論」『関東学院大学経済経営研究所年報』二四、二〇〇二年
田中史生「文献史学から見た渡来人」『季刊 考古学』一三七、二〇一六年
田中史生「ヒト・モノ・文化の移動をどう捉えるか――移動史の主体と空間」『日本古代交流史入門』勉誠出版、二〇一七年
中野高行『日本古代の外交制度史』岩田書院、二〇〇八年
平野邦雄『大化前代政治過程の研究』吉川弘文館、一九八五年
平野邦雄『帰化人と古代国家』吉川弘文館、一九九三年
丸山裕美子「帰化人と古代国家・文化の形成」『岩波講座 日本歴史』第二巻、岩波書店、二〇一四年
李 成市『古代東アジアの民族と国家』岩波書店、一九九八年
和田 萃「渡来人と日本文化」『岩波講座 日本通史』第三巻、岩波書店、一九九四年

Ⅱ章

石井正敏「5世紀の日韓関係――倭の五王と高句麗・百済」『日韓歴史共同研究委員会報告書』第一期第一分科（古代）、二〇〇五年
井上主税『朝鮮半島の倭系遺物からみた日朝関係』学生社、二〇一四年
井上直樹「百済の王号・侯号・太守号と将軍号――5世紀後半の百済の支配秩序と東アジア」『国立歴史民俗博物館研究報告』二一一、二〇一八年
尾形 勇『中国古代の「家」と国家』岩波書店、一九七九年

加藤謙吉『大和政権とフミヒト制』吉川弘文館、二〇〇二年
河内春人「東アジアにおける文書外交の成立」『歴史評論』六八〇、二〇〇六年
河内春人『日本古代君主号の研究——倭国王・天子・天皇』八木書店、二〇一五年
窪添慶文「楽浪郡と帯方郡の推移」『東アジア世界における日本古代史講座』3、学生社、一九八一年
佐伯有清『古代東アジア金石文論考』吉川弘文館、一九九五年
坂元義種『古代東アジアの日本と朝鮮』吉川弘文館、一九七八年
坂元義種『倭の五王——空白の五世紀』教育社、一九八一年
佐藤興治「王城」『古代日本と朝鮮の都城』ミネルヴァ書房、二〇〇七年
島根県教育庁埋蔵文化財調査センター『出雲市山持遺跡』〈シリーズ しまねの遺跡 発掘調査パンフレット1〉二〇一三年
鈴木靖民『倭国史の展開と東アジア』岩波書店、二〇一二年
武末純一「日韓交流と渡来人——古墳時代以前」『古代東ユーラシア研究センター年報』四号、二〇一八年
武田幸男『高句麗史と東アジア』岩波書店、一九八九年
田中史生『倭国と渡来人——交錯する「内」と「外」』吉川弘文館、二〇〇五年
田中史生「倭の五王と列島支配」『岩波講座 日本歴史』第一巻、岩波書店、二〇一三年
田中史生『国際交易の古代列島』角川選書、二〇一六年

仁藤敦史「ヤマト王権の成立」『日本史講座』一、東京大学出版会、二〇〇四年
仁藤敦史「邪馬台国からヤマト王権へ」『東アジア世界の成立』〈『日本の対外関係』一〉吉川弘文館、二〇一〇年
平川 南『墨書土器の研究』吉川弘文館、二〇〇〇年
フィリップ・カーティン『異文化間交易の世界史』NTT出版、二〇〇二年
森 博達「稲荷山鉄剣銘とアクセント」『ワカタケル大王とその時代』山川出版社、二〇〇三年
吉村武彦「倭国と大和王権」『岩波講座 日本通史』第二巻、岩波書店、一九九三年
李 成市『古代東アジアの民族と国家』岩波書店、一九九八年

Ⅲ章

諫早直人「馬匹生産の開始と交通網の再編」『内外の交流と時代の潮流』〈『古墳時代の考古学』七〉同成社、二〇一二年
大橋信弥『継体天皇と即位の謎』吉川弘文館、二〇〇七年
加藤謙吉『渡来氏族の謎』祥伝社、二〇一七年
亀田修一「西日本の渡来人」『季刊 考古学』一三七、二〇一六年
川本芳昭『中華の崩壊と拡大――魏晋南北朝』講談社、二〇〇五年
熊谷公男「倭王武の上表文と五世紀の東アジア情勢」『東北学院大学論集 歴史と文化』五三、二〇一五年

氣賀澤保規「倭人がみた隋の風景」『遣隋使がみた風景——東アジアからの新視点』八木書店、二〇一二年
河内春人『倭の五王』中公新書、二〇一八年
酒井清治『古代関東の須恵器と瓦』同成社、二〇〇二年
佐藤長門「倭王権における合議制の機能と構造」『日本古代王権の構造と展開』吉川弘文館、二〇〇九年
鈴木英夫『古代の倭国と朝鮮諸国』青木書店、一九九六年
高田貫太『海の向こうから見た倭国』講談社現代新書、二〇一七年
武田幸男『高句麗史と東アジア』岩波書店、一九八九年
田中俊明『古代の日本と加耶』山川出版社、二〇〇九年
田中史生「渡来人と王権・地域」〈『倭国と東アジア』〈『日本の時代史』二〉吉川弘文館、二〇〇二年
田中史生『倭国と渡来人——交錯する「内」と「外」』吉川弘文館、二〇〇五年
田中史生「倭の五王と列島支配」『岩波講座 日本歴史』第一巻、岩波書店、二〇一三年
田中史生「五・六世紀の大阪湾岸地域と渡来人——河内を中心に」『歴史科学』一七五、二〇〇四年
田中史生「磐井の乱前後の北部九州と倭王権」『日本古代史の方法と意義』勉誠出版、二〇一八年
土生田純之「東日本の渡来人」『季刊 考古学』一三七、二〇一六年
橋本達也「古墳時代中期の武器・武具生産」『中期古墳とその時代——5世紀の倭王権を考える』〈『季刊考古学・別冊』二二〉、二〇一五年

坂　靖・青柳泰介『葛城の王都・南郷遺跡群』〈シリーズ「遺跡を学ぶ」七九〉新泉社、二〇一一年
坂　靖「ヤマト王権と有力地域集団の支配拠点――南郷遺跡群を中心として」『古墳時代の畿内』〈『畿内の古代学』Ⅱ〉雄山閣、二〇一八年
菱田哲郎「須恵器の生産者――五世紀から八世紀の社会と須恵器工人」『人と物の移動』〈『列島の古代史』四〉岩波書店、二〇〇五年
平野邦雄『大化前代政治過程の研究』吉川弘文館、一九八五年
丸川義広「山城の渡来人――秦氏の場合を中心に」『ヤマト王権と渡来人』サンライズ出版、二〇〇五年
望月精司「壺・甕――貯蔵具」『モノと技術の古代史 陶芸編』吉川弘文館、二〇一七年
溝口睦子「氏族系譜からみた稲荷山鉄剣銘文」『日本古代氏族系譜の成立』学習院、一九八二年
溝口優樹『日本古代の地域と社会統合』吉川弘文館、二〇一五年
山尾幸久『古代の日朝関係』塙書房、一九八九年
山尾幸久『筑紫君磐井の戦争』新日本出版社、一九九九年
渡辺信一郎『中国古代の王権と天下秩序――日中比較史の視点から』校倉書房、二〇〇三年

Ⅳ章

浅香年木『日本古代手工業史の研究』法政大学出版局、一九七一年
市　大樹『飛鳥の木簡――古代史の新たな解明』中公新書、二〇一二年

大橋信弥『日本古代の王権と氏族』吉川弘文館、一九九六年
加藤謙吉『大和政権と古代氏族』吉川弘文館、一九九一年
加藤謙吉『大和政権とフミヒト制』吉川弘文館、二〇〇二年
加藤謙吉『渡来氏族の謎』祥伝社、二〇一七年
鎌田元一『律令公民制の研究』塙書房、二〇〇一年
河上麻由子『古代アジア世界の対外交渉と仏教』山川出版社、二〇一一年
笹川進二郎「「糟屋屯倉」献上の政治史的考察――ミヤケ論研究序説」『歴史学研究』五四六、一九八五年
笹川尚紀「白猪屯倉・児島屯倉に関する初歩的研究」『史料としての『日本書紀』――津田左右吉を読みなおす』勉誠出版、二〇一一年
新川登亀男『日本古代文化史の構想』名著刊行会、一九九四年
舘野和己「畿内のミヤケ・ミタ」『近畿I』〈『新版［古代の日本］』五〉角川書店、一九九二年
田中史生「ミヤケの渡来人と地域社会――西日本を中心に」『日本歴史』六四六、二〇〇二年
田中史生『倭国と渡来人――交錯する「内」と「外」』吉川弘文館、二〇〇五年
田中史生「六世紀の倭・百済関係と渡来人」『百済と倭国』高志書院、二〇〇八年
田中史生「王辰爾」『日出づる国の誕生』〈『古代の人物1』〉清文堂出版、二〇〇九年
田中史生「飛鳥寺建立と渡来工人・僧侶たち――倭国における技能伝習の新局面」『古代東アジアの仏教と王権』勉誠出版、二〇一〇年

田中史生「倭国史と韓国木簡――六・七世紀の文字と物流・労働管理」『日本古代の王権と東アジア』吉川弘文館、二〇一二年
田中史生「遣隋使・遣唐使と文化的身体・政治的身体――仏教伝来のインパクト」『互恵と国際交流』〈クロス文化学叢書 第1巻〉クロスカルチャー出版、二〇一四年
田中史生「磐井の乱前後の北部九州と倭王権」『日本古代史の方法と意義』勉誠出版、二〇一八年
東野治之『遣唐使と正倉院』岩波書店、一九九二年
橋本　繁『韓国古代木簡の研究』吉川弘文館、二〇一四年
平石　充「人制再考」『前方後円墳と東西出雲の成立に関する研究』〈『島根県古代文化センター研究論集』一四〉島根県古代文化センター、二〇一五年
平野邦雄『大化前代社会組織の研究』吉川弘文館、一九六九年
平野邦雄『大化前代政治過程の研究』吉川弘文館、一九八五年
溝口優樹『日本古代の地域と社会統合』吉川弘文館、二〇一五年
吉田一彦『仏教伝来の研究』吉川弘文館、二〇一二年
吉村武彦「倭国と大和王権」『岩波講座 日本通史』第二巻、岩波書店、一九九三年
李　成市『古代東アジアの民族と国家』岩波書店、一九九八年
李　炳鎬「扶余陵山里出土木簡の性格」『木簡研究』三三、二〇一一年

V章

荒井秀規『古代の東国3　覚醒する〈関東〉』吉川弘文館、二〇一七年
石井正敏『日本渤海関係史の研究』吉川弘文館、二〇〇一年
石上英一「古代東アジア地域と日本」『日本の社会史』第一巻、岩波書店、一九八七年
伊藤千浪「律令制下の渡来人賜姓」『日本歴史』四四二、一九八五年
上田正昭『帰化人』中公新書、一九六五年
筧　敏生『古代王権と律令国家』校倉書房、二〇〇二年
鬼頭清明『大和朝廷と東アジア』吉川弘文館、一九九四年
鈴木正信「高麗王若光と武蔵国高麗郡」『日本古代史の方法と意義』勉誠出版、二〇一八年
鈴木靖民『古代対外関係史の研究』吉川弘文館、一九八五年
関　晃『帰化人――古代の政治・経済・文化を語る』至文堂、一九五六年
積山　洋『東アジアに開かれた古代王宮・難波宮』〈シリーズ「遺跡を学ぶ」九五〉新泉社、二〇一四年
田中史生『日本古代国家の民族支配と渡来人』校倉書房、一九九七年
田中史生『倭国と渡来人――交錯する「内」と「外」』吉川弘文館、二〇〇五年
田中史生『国際交易と古代日本』吉川弘文館、二〇一二年
田中史生『越境の古代史』角川ソフィア文庫、二〇一七年
長瀬一平「白村江敗戦後における『百済王権』について」『千葉史学』六、一九八五年
西本昌弘「豊璋と翹岐――大化改新前夜の倭国と百済」『ヒストリア』一〇七、一九八五年

仁藤敦史「外交拠点としての難波と筑紫」『国立歴史民俗博物館研究報告』二〇〇、二〇一六年
廣瀬憲雄『古代日本と東部ユーラシアの国際関係』勉誠出版、二〇一八年
古市　晃「百済王氏と百済郡」『検証古代日本と百済』大巧社、二〇〇三年
三舟隆之『日本古代の王権と寺院』名著刊行会、二〇一三年
山尾幸久『古代の日朝関係』塙書房、一九八九年
山尾幸久『カバネの成立と天皇』吉川弘文館、一九九八年
渡里恒信「百済大井宮と百済大井家の所在地」『日本歴史』七〇二、二〇〇六年

Ⅵ章

荒木敏夫『日本古代王権の研究』吉川弘文館、二〇〇六年
市　大樹『飛鳥藤原木簡の研究』塙書房、二〇一〇年
上村順造「古代専制国家における技術労働者編成の一側面」『歴史評論』二一〇、一九六八年
榎本　渉『東アジア海域と日中交流——九〜一四世紀』吉川弘文館、二〇〇七年
加藤謙吉『大和政権とフミヒト制』吉川弘文館、二〇〇二年
加藤謙吉『渡来氏族の謎』祥伝社、二〇一七年
櫛木謙周『日本古代労働力編成の研究』塙書房、一九九六年
重見　泰『新羅土器からみた日本古代の国家形成』学生社、二〇一二年
鈴木靖民『日本の古代国家形成と東アジア』吉川弘文館、二〇一一年

鈴木靖民『倭国史の展開と東アジア』岩波書店、二〇一二年
早川庄八『日本古代官僚制の研究』岩波書店、一九八六年
林　陸朗「長岡・平安京と郊祀円丘」『古代文化』二六―一二、一九七四年
田島　公「「氏爵」の成立――儀式・奉仕・叙位」『史林』七一―一、一九八八年
田中克子「貿易陶磁器の流通」『古代日本と興亡の東アジア』〈古代文学と隣接諸学1〉竹林舎、二〇一八年
田中史生『日本古代国家の民族支配と渡来人』校倉書房、一九九七年
田中史生「倭国史と韓国木簡」『日本古代の王権と東アジア』吉川弘文館、二〇一二年a
田中史生『国際交易と古代日本』吉川弘文館、二〇一二年b
田中史生『国際交易の古代列島』角川選書、二〇一六年
田中史生「大高氏の報告に寄せて」『日本史研究』六六八、二〇一八年a
田中史生「国際交易者の実像――史実と古代文学」『古代日本と興亡の東アジア』〈古代文学と隣接諸学1〉竹林舎、二〇一八年b
東野治之『遣唐使と正倉院』岩波書店、一九九二年
東野治之『鑑真』岩波書店、二〇〇九年
中村順昭『律令官人制と地域社会』吉川弘文館、二〇〇八年
平野邦雄『大化前代社会組織の研究』吉川弘文館、一九六九年
丸山裕美子「帰化人と古代国家・文化の形成」『岩波講座 日本歴史』第二巻、岩波書店、二〇一四年

桃　裕行『上代学制の研究〔修訂版〕』〈桃裕行著作集第一巻〉思文閣出版、一九九四年
森　公章『古代日本の対外認識と通交』吉川弘文館、一九九八年
森　公章『遣唐使の光芒 東アジアの歴史の使者』角川学芸出版、二〇一〇年
森　公章「朱仁聰と周文裔・周良史――来日宋商人の様態と藤原道長の対外政策」『東洋大学文学部紀要』〈史学科篇〉四〇、二〇一四年
山内晋次『奈良平安期の日本とアジア』吉川弘文館、二〇〇三年
吉田一彦『『日本書紀』の呪縛』集英社新書、二〇一六年
渡邊　誠『平安時代貿易管理制度史の研究』思文閣出版、二〇一二年
渡邊　誠「平安・鎌倉期「唐船」考」『九州史学』一七〇、二〇一五年

あとがき

私の渡来人をテーマとした選書は、本書で二冊目となる。最初は二〇〇五年の『倭国と渡来人』(歴史文化ライブラリー)。その「あとがき」を外留先の北京で書いた。そしてまた、不思議な巡り合わせで、この「あとがき」も、調査のためにしばらく滞在中の中国で書いている。

前著で留意したことは主に二つあった。一つは、大きく進む考古学の成果を積極的に取り込んで、古代史料を読み直すこと。もう一つは、渡来人を移住者ではなく移動者と位置づけて、その越境的な社会関係と倭人《わじん》社会の多様で多元的な国際交流の姿を浮き彫りにすること。あれから十数年が経った。現在、少なくとも考古学では、倭国の時代の国際交流を国と国との関係史としてだけでなく、地域間交流史の観点からも多元的に捉《とら》え直す試みが広がっている。

けれども、渡来人は古代「日本」への移住者・定着者だというイメージはほとんど変わっていない。これに対し、単なる物理的移動にすぎない「渡来」の語は不適切だという「渡来人」批判も健在である。帰化人・渡来人論争はもう半世紀近く続いている。そこで今回、思い切って「渡来人」や「帰化人」の用語の問題に本格的に切り込むことにした。また、平安時代まで視野を広げて、渡来人・帰化人を古代の通史として考え直すことにした。

研究書や教科書で渡来人とされる古代人は、本当に移住者・定着者だったのか。渡来人は、なぜ奈良時代以前の歴史のなかでしか評価されないのか。私が渡来人の一般的な説明に疑問を持つようになったのは、学位論文をもとに著した『日本古代国家の民族支配と渡来人』（校倉書房、一九九七年）においてであった。その後、帰化人・渡来人をめぐる近代の議論を細かく検討する機会を持った。そこで、現在の帰化人・渡来人研究が、近代の日本論・日本人論と深い関係にあることを知った。渡来人を日本への移住者・定着者とするのは、古代社会の実態論とは次元の異なる、「日本人」のルーツをめぐる議論や視点と結びついていることに気づき、軽いショックを感じた。

思い返せば、そもそも私自身、渡来人研究を始めたのは、漠然とした移民史への関心からであった。ところが今の私は、自身の通った渡来人研究の入り口を、自ら批判し、別の場所に付け替えようとしている。けれども、当初の見通しや期待がひっくり返されるのが、歴史の研究なのだろうとも思う。

本書のきっかけは、株式会社ＫＡＤＯＫＡＷＡの竹内祐子氏にお声がけ頂いたことによる。『越境の古代史』の文庫化（角川ソフィア文庫）に続き、再びご一緒させて頂き、色々と支えて頂いた。また本書は、研究拠点を早稲田大学に移して取り組んだ最初の著書となる。本書の基本構想は関東学院大学に在職中に練った。そして、その具体化と本格的な執筆作業は、職場を新たにして今年の夏から始めた。大学を取り巻く環境が厳しいなか、前職では研究に対し様々な支援を頂いた。そして今回、早稲田大学からも特別に研究費の助成（特定課題研究助成費）が認められ、いくつかの必要な文献や資料を揃えることができた。本書が土台とした視角も個別の研究成果も、多くの方々や機関からのご支援と、様々な分野の研究者との交流があって得られたものである。これまでお世話になった皆様に、あらためて謝意を表したい。

二〇一八年一二月二四日

田中史生

田中史生（たなか・ふみお）

1967年福岡県生まれ。早稲田大学第一文学部卒業。國學院大學大学院文学研究科博士課程後期修了、博士（歴史学）。島根県教育庁文化財課（埋蔵文化財調査センター）主事、関東学院大学経済学部教授を経て早稲田大学文学学術院教授。著書に『日本古代国家の民族支配と渡来人』（校倉書房）、『倭国と渡来人』『国際交易と古代日本』（吉川弘文館）、『国際交易の古代列島』（角川選書・第4回古代歴史文化賞大賞）、『越境の古代史』（角川ソフィア文庫）など。

角川選書 614

渡来人《とらいじん》と帰化人《きかじん》

平成31年2月22日　初版発行
令和3年12月25日　再版発行

著　者　田中史生《たなかふみお》
発行者　青柳昌行
発　行　株式会社 KADOKAWA
東京都千代田区富士見 2-13-3　〒102-8177
電話 0570-002-301（ナビダイヤル）
装　丁　片岡忠彦　　帯デザイン　Zapp!
印刷所　横山印刷株式会社　　製本所　本間製本株式会社

●お問い合わせ
https://www.kadokawa.co.jp/（「お問い合わせ」へお進みください）
※内容によっては、お答えできない場合があります。
※サポートは日本国内のみとさせていただきます。
※Japanese text only

定価はカバーに表示してあります。

ISBN978-4-04-703632-1 C0321

この書物を愛する人たちに

詩人科学者寺田寅彦は、銀座通りに林立する高層建築をたとえて「銀座アルプス」と呼んだ。
戦後日本の経済力は、どの都市にも「銀座アルプス」を造成した。
アルプスのなかに書店を求めて、立ち寄ると、高山植物が美しく花ひらくように、
書物が飾られている。
印刷技術の発達もあって、書物は美しく化粧され、通りすがりの人々の眼をひきつけている。
しかし、流行を追っての刊行物は、どれも類型的で、個性がない。
歴史という時間の厚みのなかで、流動する時代のすがたや、不易な生命をみつめてきた先輩たちの発言がある。
また静かに明日を語ろうとする現代人の科白がある。これらも、
銀座アルプスのお花畑のなかでは、雑草のようにまぎれ、人知れず開花するしかないのだろうか。
マス・セールの呼び声で、多量に売り出される書物群のなかにあって、
選ばれた時代の英知の書は、ささやかな「座」を占めることは不可能なのだろうか。
マス・セールの時勢に逆行する少数な刊行物であっても、この書物は耳を傾ける人々には、
飽くことなく語りつづけてくれるだろう。私はそういう書物をつぎつぎと発刊したい。
真に書物を愛する読者や、書店の人々の手で、こうした書物はどのように成育し、開花することだろうか。
私のひそかな祈りである。「一粒の麦もし死なずば」という言葉のように、
こうした書物を、銀座アルプスのお花畑のなかで、一雑草であらしめたくない。

一九六八年九月一日　角川源義

国際交易の古代列島

田中史生

弥生時代以来、東アジア海域で広域的・重層的に行われた国際交易により、古代社会はどう変わったのか。その実態を、首長層の交易ネットワーク、海商の登場、国家の交易管理と唐物偏重の背景などから探る。

567 | 256頁

978-4-04-703567-6

忍者の歴史

山田雄司

一口に忍者といっても、時代によってその姿を変えてきた歴史がある。真の忍者とはいかなる者か？　今まで解明されることのなかった「忍者」の歩みを、忍術書「万川集海」をはじめとする資料から読み解く。

570 | 272頁

978-4-04-703580-5

武士はなぜ歌を詠むか

鎌倉将軍から戦国大名まで

小川剛生

戦乱の中世、武士は熱心に和歌を詠み続けた。武家政権の発祥地・関東を中心に、鎌倉将軍宗尊親王、室町将軍足利尊氏、江戸城を築いた太田道灌、今川・武田・北条の大名を取り上げ、伝統の足跡をたどる。

572 | 296頁

978-4-04-703589-8

装いの王朝文化

川村裕子

衣服は、いつの時代も、着用している人物の位や性格など、様々な情報を示してきた。『源氏物語』『枕草子』などの記述を手がかりに装束の記号性を読み解き、作品の新たな解釈と古典を読む楽しみを味わう！

573 | 192頁

978-4-04-703575-1

長崎奉行の歴史
苦悩する官僚エリート
木村直樹

松平定信が「長崎は日本の病の一つ」と言うほど治めるのが難しかった長崎。各集団のパワーバランスに注目し、海防やキリシタン禁制、長崎の文化・政治的な葛藤と軋轢について長崎奉行を軸に明らかにする。

574　208頁
978-4-04-703574-4

日本思想の言葉
神、人、命、魂
竹内整一

古い言葉をじっくりと読み味わうことで、我々は先人の叡智や、消えゆくものへの静かな眼差しに触れることができる。今日という時代を生きるよすがとなる、美しい言葉の数々が織りなす、日本思想史の新たな地平。

575　264頁
978-4-04-703590-4

風土記
日本人の感覚を読む
橋本雅之

七一三年の官命によって編纂された「風土記」。全国各地の産物や土地、神話などを記す古代の貴重な資料である。その地誌としての性格をふまえ「風土記」を読み解き、日本人に通底する心のありようを知る。

577　208頁
978-4-04-703582-9

コロンブスの不平等交換
作物・奴隷・疫病の世界史
山本紀夫

「コロンブスの交換」が後の歴史に与えた衝撃は計り知れない。交換により生じた様々なドラマを取り上げ、「コロンブスの交換」とは何であったのか、現代世界にどのような影響を与え続けているのかに迫る。

579　248頁
978-4-04-703592-8

平山優

甲相越三国和睦構想、御館の乱、高天神城攻防戦という長篠敗戦後の転換点を主軸に、史料博捜と最新研究から、詳述されてこなかった勝頼の成果と蹉跌を徹底検証。戦国史研究に新たなる足跡を刻む決定版！

580｜752頁

978-4-04-703588-1

「国民主義」の時代
明治日本を支えた人々

小林和幸

国民の困難を見ず専制的な政治にかたよる藩閥政府に対峙し、民権派や政党の利己的な行動を非難する政治勢力「国民主義」。彼らが担ってきた役割を検証し、近代国家建設期の日本の多様な姿を描き出す。

581｜264頁

978-4-04-703573-7

足利尊氏

森茂暁

これが「尊氏研究」の最前線！「英雄」と「逆賊」の間を揺れ動き、南北朝動乱を招いた中心人物として解明が進まなかった足利尊氏を徹底研究。発給文書一五〇〇点から見えてくる新しい尊氏像とは。

583｜256頁

978-4-04-703593-5

古典のすすめ

谷 知子

神話から江戸の世話物へとつながる恋愛観、挽歌と哀傷歌そして源氏物語に描かれた「死」と「病」など、日本の古典作品に描かれた哲学をやさしく説く。古典に立ち返り、人生を見つめる新たな視点を養う。

594｜296頁

978-4-04-703620-8

角川選書